中国国际贸易学会"十二五"规划教材

全国高等院校服务外包专业统编教材

ITO 接包操作实务

主　编　李炳森

副主编　黄　斌　孟宪宁　姜宗建　温金祥

组　编　中国外包世界(香港)有限公司

中国商务出版社

图书在版编目（CIP）数据

ITO 接包操作实务/李炳森主编 . —北京：中国商
务出版社，2011.4
中国国际贸易学会"十二五"规划教材　全国高等院
校服务外包专业统编教材
ISBN 978 - 7 - 5103 - 0449 - 1

Ⅰ.①Ⅰ⋯　Ⅱ.①李⋯　Ⅲ.①服务业－对外承包－高
等学校－教材　Ⅳ.①F719

中国版本图书馆 CIP 数据核字（2011）第 056946 号

中国国际贸易学会"十二五"规划教材
全国高等院校服务外包专业统编教材
ITO 接包操作实务
ITO JIEBAO CAOZUO SHIWU

主编　李炳森

组编　中国外包世界（香港）有限公司

出　　版：中国商务出版社
发　　行：北京中商图出版物发行有限责任公司
社　　址：北京市东城区安定门外大街东后巷 28 号
邮　　编：100710
电　　话：010—64269744（编辑室）
　　　　　010—64266119（发行部）
　　　　　010—64263201（零售、邮购）
网　　址：www.cctpress.com
邮　　箱：cctp@cctpress.com
照　　排：中国农业出版社印刷厂
印　　刷：北京密兴印刷有限公司
开　　本：787 毫米×980 毫米　1/16
印　　张：16.5　　字　数：292 千字
版　　次：2011 年 4 月第 1 版　　2011 年 4 月第 1 次印刷

书　　号：ISBN 978 - 7 - 5103 - 0449 - 1
定　　价：28.00 元

前　言

当今，在欧美的公司中，外包是一个很重要的趋势。IAOP（国际外包专业协会）主席 Michael Corbert 表示外包被视为一种重要的管理工具，超过 90% 的组织都在使用这一工具（Bassi et al. 1997）。未来对于外包的需求会变得更加强烈。多项调查已经表明，大约有一半的公司决策人期望在未来的五年里将更多的任务和职能外包出去。现在几乎每一家大公司都将外包列入了议程，正在以某种形式考虑是否要采用外包这样的方式。

早在 20 世纪 60 年代中期，计算机服务就为金融和营运领域提供了支持。到了 20 世纪 80 年代，外包的范围变得更加广泛。现在外包行业的发展路线主要起源于信息系统，在这个领域取得的成功以及人们对它的大力宣传将外包引入了制造业、服务业、物流业、人力资源（HR），最终涉及培训和教育领域。

到目前为止，在中国图书市面上还没有一本书是从学生和初入门从业者的角度来解析信息技术外包（ITO），并定位在接包商角色来阐述如何做好 ITO 接包工作。中国在未来的数十年，是向高端服务业快速挺进的时刻，位于外贸最前沿的 ITO 领域，一定会有更多的公司进入到 ITO 接包商行列。这对于我们所有读者来说都是一个难得的机遇，要想跻身于 ITO 行业，就需要接受挑战，使自己成为一个具备专门知识技能和专业管理能力的 ITO 人才。

本书以 ITO 接包为中心，从 ITO 项目接包立项与投标开始到 ITO 接包项目收尾等全生命周期介绍如何进行 ITO 的接包工作和如何做好多项目的接包工作。涉及了 ITO 的基本概念、接包要点和具体手段，提出一个操作性强、易于上手的解决办法，能够帮助读者清晰地了解整个过程，理解在各阶段如何做好 ITO 接包工作。

本书围绕实际的 ITO 项目展开，理论联系实际，给出了具有很强实践性的具体建议。本书语言浅显、文字生动，蕴涵了许多商务、项目管理方面的知识，即使非技术背景的读者也能够轻松读懂绝大部分内容，从中受益。

在学术上，本书的主要线索是编者在 ITO 基本知识的基础上，结合长期从事 ITO 工作的实际经验，总结出来的一个针对 ITO 接包的实用方法。

本书条理清晰、理论扎实、实践性强，可以帮助 ITO 接包人员快速应用到工作中，有效提高项目质量和效率。

与国内外已有的服务外包类图书相比，本书有以下特点：

（1）编者多年从事 ITO 接包的经验总结，来源于实践，更具实用性。

（2）理论联系实际，围绕真实的 ITO 项目展开。

（3）读者只要完整地阅读了本书籍，就切实掌握了解了整个 ITO 接包的全貌。

（4）提供完整的 ITO 接包的操作实务，读者可直接用于实践。

一、编写情况

信息技术外包（ITO）是现代服务外包的核心内容。本书力求通过循序渐进、图文并茂的方式使读者能以最快的速度理解和掌握基本概念和应用方法。本书内容使读者可在较短的时间内以最快的速度理解和掌握 ITO 的基本概念和接包操作实务，每章末尾附有练习与解答以供读者熟悉和巩固所学知识，作者将长期实践的经验融入其内，相信必会使读者受益匪浅。在本书中，强调重点和给予读者练习的机会，最好能够详细阅读并亲身实践。

本书主要由李炳森编写，并率领公司团队对全书进行了统筹、规划、审校、修改和协调，其中第 4—8 章由杨红蕾参与编写。福建对外经济贸易职业技术学院黄斌院长、青岛职业技术学院软件与外包学院孟宪宁副院长、山东工商学院服务外包学院姜宗建副院长、烟台职业学院温金祥院长对全书的编写提出了许多宝贵的意见或建议。

二、技术支持

本书由中国外包世界（香港）有限公司（以下简称外包世界）组织编写，其在外包领域中有着数十年的实践经验，客户遍布欧美和东南亚。公司由一批具有多年国内外商业经验的中国和国外专家联盟而成。在过去15年中，一直处在来自印度和东欧激烈竞争的国际外包市场最前端，为欧美外包客户提供着优质的服务，为此积累了大量的实战经验和优良的项目记录，使得在与印度等地区的竞争中立于不败之地。中国有着丰富的软件工程师资源，完全符合外包的基本环境要求，在进入到中国的这几年之中，感觉到中国的工程师只是缺乏处理欧美客户订单的基本操作环境训练和项目管理的知识，因为你要知道这些欧美客户在过往已经非常适应和熟悉来自印度和东欧外包供应商给他们提供的服务了。所以决定要用自己的经验、知识和掌握的技术技能来培养我们的工程师，使他们提高工作能力，为那些已经进入到中国的欧美外包客户进行服务。

建立外包世界之初的愿望是将集团十几年来的科学技术有效地进行知识转化，形成科技产品，利用培训的手段，来使员工的知识不断地更新，客户在人力资源提升方面的需求得以不断地满足。在公司不断发展的过程中，慢慢地发现，中国除了有若干客户公司对于新科技知识有继续学习的需求，广大的中国知识分子、技术人员、若干的中国学生也需要这些更新的知识。作为一个由炎黄子孙组成的团队，作为一个由华人组织构成的跨国高科技公司，感到了责任重大、使命光荣。这也是决定投资开发一套适合中国科技生产力更新、帮助中国企业有效参与国际外包产业竞争、协助中国企业规模化的培养、具有科技能力兼有国际素质和业务能力的新人类的知识产品的初衷。

在中国，外包世界希望努力使自己成为一家专门致力于全球外包产业的技术发展、知识转化并提供行业人才培养总体方案的专业教育机构。利用在美国、欧洲外包科学技术以及业务经验和资源，将掌握高端技术领域的专家学者的知识资源整合为高端教材，利用他们多年国际知名公司项目外包的经验，有效地把科技研发力量从实验室引向市场。根据市场需求研发出与国际标准接轨的外包技术人才培养标准和知识体系，为国内企业培养具有复合能力的国际化新型人才。同时，培养一大批具有实战能力的工程师级别教官，与中国各地的技术院校、专业学校合作，培养众多的院校师资掌握培训内容和业务技巧，通过努力引进先进的教育理念与中国的专业培训课程相结合，开创了全新的人才培养模式，继续得到政府和社会认可。公司自主研发的软件外包人才测评系统得到工业和信息化部的认可，2011 年起将在全国推广。公司旗下的 NTC—注册外包专业认证行业管理中心也获工业和信息化部批准成立，正在与各类院校、考试中心、职业培训机构合作培养外包专业人才，为通过考核的学员颁发职业技术水平资质证书。公司 2011 年准备上线的用于院校实验教学辅助的服务外包职业能力实训工程实验室从根本上解决了中国外包服务业基础人才与中级人才的培养内容、培训手段、测评标准等一系列问题，对中国服务外包业人才培养与选拔机制的升级起着革命性的引导和推动作用。

截至 2010 年年底，外包世界已经在国内与 10 多所学（院）校和培训机构签订了协议。2011 年将进一步与国内工程类院校、服务外包学院合作安装服务外包职业能力实训工程实验室，为应届毕业大学生提供在校实习及外包企业的就业机会。同时在工业和信息化部教育考试中心的指导下，全国 200 多个考点推广服务外包职业能力测评服务。

有关本书的意见反馈和咨询，读者可登录由外包世界主办的中国外包教育网（http：//www.outsourcing.org.cn）与编者进行交流。

三、致谢

在本书的编写过程中，参考了许多相关的资料和书籍，在此恕不一一列举（详见参考文献），编者在此对这些参考文献的作者表示诚挚的感谢。

在本书的出版过程中，来自苏州工业园区服务外包职业学院、湖南外贸职业学院、福建外经贸学院、浙江大学宁波理工学院经贸分院、西安软件服务外包学院、山东外贸职业学院、无锡商业职业技术学院、浙江纺织职业技术学院、青岛职业技术学院、吉林省国际商务学校等院校的领导和老师们提出了许多宝贵的意见或建议，得到了商务部和中国国际贸易学会领导们的悉心指导，也得到了中国商务出版社给予的支持和帮助，在此向所有关心和支持本书出版的人士表示感谢。

由于受水平所限错误疏漏之处在所难免，恳请各位专家、读者不吝赐教。对此，编者将深为感激。

编　者

2011 年 3 月于北京

内 容 提 要

发展服务外包是我国吸收外商投资新的增长方式，不仅可以推动信息技术产业的发展，更是扩大招商引资提高利用外资质量、扩大对外出口、提高出口产品技术含量和创新对外经济工作的有效途径。服务外包的快速发展在我国积极应对国际金融危机、保增长、调结构、稳外需、促就业、保稳定上发挥了重要作用，并成为我国转变经济增长方式和推进产业机构调整的新亮点。信息技术外包（ITO）是现代服务外包的核心内容。本书是了解、学习、应用 ITO 接包的基础实用教程。

《ITO 接包操作实务》以 ITO 接包为中心，从 ITO 项目立项与投标开始到 ITO 接包项目收尾等全生命周期介绍如何进行 ITO 的接包工作，最后还指出了如何做好多项目的接包工作。全书共计 9 章，内容分别为：ITO 概述、ITO 项目立项、ITO 项目投标、ITO 接包项目启动、ITO 接包项目计划、ITO 接包项目执行、ITO 接包项目控制、ITO 接包项目收尾、多项目接包操作实务。

本书内容循序渐进，图文并茂，使读者可在较短的时间内以最快的速度理解和掌握 ITO 的基本概念和接包的操作实务，每章末尾附有练习、书的最后附有解答以供读者熟悉和巩固所学知识，作者将长期实践的经验融入其内，相信必会使读者受益匪浅。

本书内容翔实、条理清晰、实用性强，既适合于企业单位等从事 ITO 接包的工作人员以及行政机关和事业单位相关管理人员的工作参考，作为希望从事这些工作的人员的学习教材，亦可作为大中专院校、相关专业师生自学、教学参考书以及社会各类培训班的即学即用教材。

目　录

第一篇　基础篇 ……………………………………………………… 1

  第 1 章　ITO 概述 ………………………………………………… 3

    1.1　服务外包 ………………………………………………… 3

    1.2　信息技术外包（ITO）………………………………… 15

    1.3　软件外包 ………………………………………………… 20

第二篇　商务篇 …………………………………………………… 33

  第 2 章　ITO 项目立项 …………………………………………… 35

    2.1　项目案例 ………………………………………………… 35

    2.2　项目机会研究 …………………………………………… 42

    2.3　项目可行性研究 ………………………………………… 47

    2.4　需求开发与跟踪 ………………………………………… 51

    2.5　项目论证与评估 ………………………………………… 59

  第 3 章　ITO 项目投标 …………………………………………… 75

    3.1　招标要求 ………………………………………………… 75

    3.2　认证资质 ………………………………………………… 78

    3.3　项目投标 ………………………………………………… 101

    3.4　客户信用评估 …………………………………………… 105

    3.5　合同签订 ………………………………………………… 106

第三篇　项目管理篇 ……………………………………………… 113

  第 4 章　ITO 接包项目启动 ……………………………………… 115

    4.1　项目启动 ………………………………………………… 115

    4.2　项目章程制定 …………………………………………… 117

    4.3　初步范围说明书制定 …………………………………… 117

第 5 章　ITO 接包项目计划 ……………………………………………… 122

5.1　项目计划制订 …………………………………………… 122

5.2　工作任务分解 …………………………………………… 124

5.3　项目进度计划编制 ……………………………………… 133

5.4　成本估算 ………………………………………………… 139

5.5　风险识别与分析 ………………………………………… 142

第 6 章　ITO 接包项目执行 ……………………………………………… 157

6.1　指导与管理项目执行 …………………………………… 157

6.2　实施质量保证 …………………………………………… 158

6.3　项目团队建设 …………………………………………… 164

6.4　项目干系人沟通 ………………………………………… 167

6.5　合作伙伴选择 …………………………………………… 169

第 7 章　ITO 接包项目控制 ……………………………………………… 172

7.1　项目工作控制 …………………………………………… 172

7.2　变更控制 ………………………………………………… 174

7.3　进度控制 ………………………………………………… 185

7.4　成本控制 ………………………………………………… 190

7.5　质量控制 ………………………………………………… 197

7.6　风险控制 ………………………………………………… 205

第 8 章　ITO 接包项目收尾 ……………………………………………… 208

8.1　管理收尾 ………………………………………………… 208

8.2　合同收尾 ………………………………………………… 210

第四篇　提高篇 …………………………………………………………… 213

第 9 章　多项目接包操作实务 …………………………………………… 215

9.1　项目选择和优先级排列 ………………………………… 215

9.2　在项目间共享资源 ……………………………………… 217

9.3　借助 Project 工具软件进行多项目管理 ……………… 218

附录一　思考题参考解答要点 …………………………………………… 221

附录二　模拟试卷 ………………………………………………………… 232

附录三　课程教学大纲 …………………………………………………… 240

参考文献 …………………………………………………………………… 246

第一篇 基础篇

第1章　ITO 概述

本章导读　作为本书的开篇章节，首先从服务外包的基本概念说起，分析了国内外服务外包产业发展的情况，介绍了我国的"千百十"工程和服务外包政策。然后，解释了什么是信息技术外包（ITO）及其好处。最后，谈到了作为 ITO 主要形式之一的软件外包，并对软件外包市场进行了分析。

本章学习目标
1. 了解服务外包的概念及其发展情况。
2. 了解我国的"千百十"工程和服务外包政策。
3. 掌握 ITO 的概念。
4. 了解软件外包的概念及其市场现状。

1.1　服务外包

1.1.1　服务外包的基本概念

"外包"（Outsourcing）这个概念是由加里·哈梅尔（Gary Hamel）和 C. K. 普拉哈尔德（C. K. Praharad）于 1990 年发表在《哈佛商业评论》的题为《企业的核心竞争力》文章中首次提出的。美国著名的管理学家彼得·德鲁克曾预言："在 10~15 年之内，任何企业中仅做后台支持而不创造营业额的工作都应该外包出去，任何不提供向高级发展的机会和活动、业务也应该采用外包的形式。"随着全球经济一体化及信息技术的飞速发展，企业生存环境的变化越来越快。为了在激烈的全球竞争中保持优势，越来越多的企业选择采用全部或部分外包信息技术的策略，以便用更低的成本获取更好的技术，使自身能够更集中精力于企业的核心能力。

现在，外包已经成为了一种潮流，已经成为未来企业发展的方向，正如著名的外包专家迈克尔·F.科比特（Michael F. Corbett）谈到的那样："外包不是昙花一现的时尚，实际上，外包对于下一代的经理人员将像计算机对于我们现在的孩子一样自然。"自从柯达公司于1989年将其信息技术的主要业务外包以来，信息技术外包产业得到了蓬勃发展。近年来，随着信息网络时代的到来，外包更得到了迅猛的发展。据美国《财富》杂志的一期报道披露，全世界年收入5 000万美元以上的公司，都普遍开展了业务外包。信息技术应用服务外包的支出占企业所有业务外包开支的比重最大。据意大利的一项调查表明，信息技术外包占所有业务外包服务开支的大约28%，几乎每一家实行业务外包的公司都将其信息技术的某些职能外包出去了。

目前全球外包业务活动的60%集中在北美。外包在美国已是一个极为普遍的现象，欧洲与亚洲也在朝这个方向发展，其中亚洲的发展尤为迅猛。根据国际数据公司的数据：亚太地区的IT外包市场在未来5年仍将会迅猛增长。其中，中国大陆将成为IT外包成长最快的市场，中国在整个亚太外包市场的占有率将会持续增加。

20世纪90年代中后期，随着信息技术的高速发展，跨国公司将现代服务产品的生产过程分解成更小单位，通过互联网在全球重新配置，继制造业之后，全球出现了以现代服务业及高端制造业和研发环节转移为特征的世界经济新一轮产业转移趋势，"服务外包"应运而生。

服务外包一般是指"企业为了将有限资源专注于其核心竞争力，以信息技术为依托，利用外部专业服务商的知识劳动力，完成原来由企业内部完成的工作，以达到降低成本、提高效率、优化企业核心竞争力的一种服务模式"。

目前国际上主要将服务外包分为三大类，即信息技术外包（ITO, Information Technology Outsourcing）、业务流程外包（BPO, Business Processing Outsourcing）和知识流程外包（KPO, Knowledge Processing Outsourcing）。ITO强调技术领域的外包，主要包括IT软件开发、硬件维护、基础技术平台整合等。BPO强调业务流程管理。重点解决业务流程和运营效益问题，如业务流程分拆后的数据信息采集、集成、分析委托外包服务，人力资源管理服务、供应链管理服务等。KPO更注重高端研发活动外包，主要涉及远程医疗服务、医药研发等。还有一类最为高端的服务外包，即信息技术驱动的服务（IT Enabled Service，简称ITES），主要是为ITO, BPO, KPO无缝联合提供服务，为客户提供全方位解决方案。

1.1.2　国内外服务外包产业发展的现状与意义

近年来，随着经济全球化的加强和跨国公司的战略调整，服务外包发展迅速，影响广泛。当前，服务外包已成为跨国公司增强国际竞争力的重要手段之一。据调查，全球财富 1 000 强中 95％的企业已经制定了离岸服务外包战略。据 Gartner 公司预测 2006—2009 年全球 IT 服务市场的年复合增长率为 6.1％，其中服务外包（ITO 和 BPO）占一半以上。麦肯锡公司报告显示，2005 年，全球服务外包市场已达 4 650 亿美元，2010 年的市场规模增长到 6 000 亿美元。

全球外包年会主席、美国闻名外包治理专家迈克尔·科比特最近估算，外包市场在 20 世纪 90 年代后期得到迅速发展，1998—2000 年间增长了 1 倍。2001 年全球外包金额达 3 178 万亿美元，占全球商务活动总金额的 14％。2003 年全球外包市场规模为 511 万亿美元，目前正以每年约 20％的速度增长，到 2010 年已有 20 万亿美元的规模。发达国家和地区是主要服务外包发包国。在全球外包支出中，美国占了约 2/3、欧盟和日本占近 1/3，其他国家所占比例较小。发展中国家是主要的服务外包业务接包国，其中亚洲是承接外包业务最多的地区，约占全球外包业务的 45％。目前，印度是亚洲的外包中心，墨西哥是北美的外包中心，东欧和爱尔兰是欧洲的外包中心。

改革开放以来，我国坚持对外开放，经济实力迅速增强，人民生活显著改善，国际地位空前提高。但在我国经济实力大幅提升的同时，也出现了一些值得关注的矛盾和问题：一是能源资源难以支撑粗放型发展模式；二是节能减排形势严峻；三是产业结构亟待调整；四是自主创新能力较低，我国"比较优势"在相当程度上依靠劳动力、资源和环境等生产要素的低价格来形成，缺乏核心技术和自主知识产权；五是大学生就业压力增大。近几年，我国大学生毕业人数逐年增多，年均增长率超过 28％，而每年的就业率约为 70％，只有约 10％的工科学生符合服务外包企业用人要求。据初步预计，2008—2012 年每年毕业生规模将保持 600 万～700 万人，国内每年新增就业岗位还无法满足大学生就业需要，就业形势严峻。

当前我国正处于改革发展的关键阶段，也正处于工业化、现代化的重要时期，我们必须紧紧抓住国际产业结构调整的重要机遇，使服务外包真正成为推动科学发展的重要方式和有效途径，促进国民经济又好又快发展。

（1）发展服务外包有利于实现节能环保和经济可持续发展

相对于制造业 2％至 5％、最高不超过 15％增值幅度，服务外包的增值幅度高达 100％。而从收益来看，服务外包对经济增长的贡献是制造业来料加工的 20 倍，而能耗却只有制造业的 20％，被人们形象地喻为"绿色产业"。党的十七大提出转变发展方式，大力发展服务外包能有效缓解我国经济发展中遇到的能源、环境压力，有助于建立资源节约型和环境友好型社会。

(2) 发展服务外包有利于提高开放型经济的发展水平

市场经济的本质就是开放的经济，只有参与全球分工，才能分享国际专业化协作带来的益处。我国是人力资源相对丰富和自然资源相对短缺的国家，而当前我国经济结构和经济发展水平，难以实现这些生产要素的最优组合，需要继续通过对外开放，加强与世界各国经贸往来，形成经济全球化条件下参与国际经济合作的新优势。当前，以信息技术，特别是网络技术在全球的广泛应用，彻底改变了跨国公司运营理念，创新了国际贸易理论和实践，推动了服务外包的发展，使之成为新一轮世界产业结构调整的重要引擎之一，为我国实现科学发展提供了难得的机遇。

(3) 发展服务外包有利于发挥科教资源优势，拓宽大学生就业渠道

服务外包是人才资源密集型产业，中国目前在校大专学生超过 2 000 万人，为服务外包发展提供了大量高素质的人才储备。中国的服务外包企业通过承接跨国公司的国际业务，依托国内资源，在境内实现人力资源出口，有效地解决相当一部分"白领"就业问题，实现我国由"世界工厂"向"世界办公室"的转变。

(4) 发展服务外包有利于自主创新能力的提高

十七大报告提出提高自主创新能力，建设创新型国家的战略。中国企业通过承接外包方式，不断参与国际高端技术研发活动，有利于通过吸收国际研发经验，为我所用，培育大批高素质研发人才，迅速提升自主创新能力。

(5) 发展服务外包有利于发挥后发优势，促进区域协调发展

在国际制造业产业转移浪潮中，东部地区凭借其优越的地理位置，较低的物流成本等优势，率先对外开放，实现跨越式发展。中西部地区受区位、物流等因素制约，发展相对滞后。服务外包通过网络提供服务，中西部地区与东部地区具有同样的竞争力，而其人力资源和运营成本相对较低，因此，服务外包为我国中西部地区直接参与国际分工，创造新的后发优势提供难得的机遇。

(6) 发展服务外包有利于产业结构调整，加快服务业发展

我国是全球第三大货物贸易国，约占全球贸易总额的 8%，但服务贸易明显滞后，仅占全球服务贸易的 4.1%。十七大报告提出，"要加快转变外贸增长方式，大力发展服务贸易"。鼓励服务外包发展，在较短时间内形成人才资源密集型产业发展级，扩大智力密集型服务产品出口，有利于创造我国新的比较优势。

(7) 发展服务外包有利于抓住机遇，应对全球金融危机和经济衰退的影响

在当前国际金融危机引发的全球经济衰退的情况下，跨国公司和金融机构将通过降低成本、裁减人员，加大非核心业务外包进程等措施，渡过难关，提高生存和竞争能力，未来服务外包作为发达国家服务业产业转移的主要趋势，对全球各国来讲，都将是一次难得的发展机遇。中国应当创造条件，参与并抓住这一历史机遇，提高我国现代服务业发展水平，为大学生提供更为广阔的国际服务外包就业市场。

1.1.3 "千百十"工程

近 20 年来，信息技术的高速发展催生出了基于信息技术的现代服务业。借助于信息技术，现代服务业也开始在全球范围内迅速转移，以服务外包为主要特征的新一轮世界产业结构调整方兴未艾。

近年来，在商务部等部委的大力推动下，中国的服务外包产业迅速发展。

2004 年，商务部派员参加全球服务外包最高规格、最高水平的美国高德纳服务外包大会，这是我国第一次以政府名义参加服务外包方面的会议。然后，在大连、北京、西安等地进行了深入调研，最后提出推动我国服务外包产业发展的建议。

起初提出的只是"推动我国服务外包发展"，后来，商务部前部长薄熙来给予肯定，并提出要有目标、有方向。当时基于三方面的考虑，一是从全国产业布局考虑，挑选 10 个城市作为重点发展服务外包城市；二是从贸易结构的需要和推动 480 家在华跨国公司将非核心业务就地发包给中国企业的双重考虑，量化为推动 100 家跨国公司将其服务外包业务转移到中国；三是从壮大企业规模考虑，提出培育 1 000 家取得国际资质的大中型服务外包企业。这就是"千百十工程"名称的由来。

当时提出的是"十一五"期间，在全国建设 10 个具有一定国际竞争力的服务外包基地城市，条件是高等院校比较集中的城市、科研机构比较集中的城市和已有一定服务外包产业规模的城市。同时，从全国布局的战略考虑，兼顾东北、沿海、中部、西部区域平衡。

"十一五"期间，在全国建设 10 个具有一定国际竞争力的服务外包基地城市，推动 100 家世界著名跨国公司将其服务外包业务转移到中国，培育 1 000 家取得国际资质的大中型服务外包企业，创造有利条件，全方位承接国际（离岸）服务外包业务，并不断提升服务价值，实现 2010 年服务外包出口额在 2005 年基础上翻两番。这是 2006 年商务部发布的"千百十工程"中的工作目标。

1.1.4 我国的服务外包政策

自 2006 年"千百十工程"以来，政府的支持和政策的推动一直是中国服务外包产业发展的关键动力。仅 2009 年，国务院以及发展改革委、教育部、科技部、工业和信息化部、财政部、商务部、人民银行、海关总署等 16 部委，先后制定并实施了 10 余项服务外包扶持政策，累计投入大量资金扶持服务外包产业发展。

2008 年 12 月 19 日，为落实国务院领导指示精神，商务部向国务院报告《商务部关于鼓励和支持服务外包产业发展若干政策建议》的请示，16 个部委会签，2009 年 1 月 15 日国务院办公厅下发了《国务院办公厅关于促进服务外包产业发展问题的复函》（国办函（2009）9 号），业界人士称"9 号文件"，批复了商务部会同有关部委共同制定的促进服务外包发展的政策措施，批准北京等 20 个城市为中国服务外包示范城市，并在 20 个试点城市实行一系列鼓励和支持措施，加快我国服务外包产业发展。20 个试点城市分别是北京、天津、上海、重庆、大连、深圳、广州、武汉、哈尔滨、成都、南京、西安、济南、杭州、合肥、南昌、长沙、大庆、苏州、无锡。根据国务院办公厅的批复，将在这 20 个城市实行以下政策：在苏州工业园区技术先进型服务企业有关税收试点政策继续执行的基础上，自 2009 年 1 月 1 日起至 2013 年 12 月 31 日止，对符合条件的技术先进型服务企业，减按 15％的税率征收企业所得税，对技术先进型服务外包企业离岸服务外包收入免征营业税；对符合条件且劳动用工管理规范的技术先进型服务外包企业，可以实行特殊工时工作制；对符合条件的技术先进型服务外包企业，每新录用 1 名大专以上学历员工从事服务外包工作并签订 1 年以上劳动合同的，中央财政给予企业不超过每人 4 500 元的培训支持，对符合条件的培训机构培训的从事服务外包业务人才（大专以上学历），通过服务外包专业知识和技能培训考核，并与服务外包企业签订 1 年以上劳动合同的，中央财政给予培训机构每人不超过 500 元的培训支持；中央财政对服务外包示范城市公共服务平台设备购置及运营费用和服务外包企业创建品牌、知识产权保护、参加境内外各类相关展览、国际推介会、取得国际资质认证等给予必要的资金支持，中西部地区国家级经济技术开发区内的服务外包基础设施建设项目贷款，可按规定享受中央财政贴息政策；鼓励政府和企业通过购买服务等方式，将数据处理等不涉及机密的业务外包给专业企业；制订符合服务外包企业特点和需要的信贷产品和保险险种。批复还同意建立国际服务外包人才库和服务外包人才网络招聘长效机制，设立服务外包研究和行业性组织。

国务院办公厅要求商务部会同有关部门和地方政府加强对试点工作的指导和服务，把促进服务外包产业发展作为推进产业结构调整、转变外贸发展方式、增加高校毕业生就业机会的重要途径。2009 年 1 月 22 日，商务部以商资函（2009）4 号文件转发了复函。

"复函"的发布正式吹响了中国各个城市大力发展服务外包的又一次冲锋号，继"千百十工程"之后，成为中国服务外包产业发展的又一个标志性的里程碑事件。从商务部主导，到国务院复函支持，这是第一次从国家层面提出建立服务外包示范城市，由此可见国家对服务外包产业的扶持力度和决心。中国把促进服务外包产业发展作为推进产业结构调整、转变外贸发展方式、增加高校毕业生就业机会的重要途径；并着力培育"中国服务"的国际品牌。

之所以把"复函"放在十大事件之首，其冲锋号的作用不言而喻，正是在这一锤定音之后，有了国家层面的支持和力度，各地政府更加坚定了将发展服务外包这一新兴产业作为工作重点的决心，也才会出现服务外包企业如雨后春笋、百花齐放的局面。也正是有了从中央到地方各级政府的大力支持，从基础设施的建设到人才的培养，从领军企业的引进到本地企业的扶持，中国的服务外包产业才得以在全球经济全面衰退的环境下得以逆势发展。

2009 年，国务院 9 号文件的下发，是我国服务外包产业具有里程碑的文件，它标志着来自国家层面对服务外包产业的关注和扶持，这对我国服务外包产业的快速发展具有深刻而深远的影响。同时，王岐山副总理两次出席全国性服务外包工作座谈会，并做重要讲话，这对提振我国服务外包产业信心、加速服务外包产业发展，都起到了极大的鼓舞和推动作用。

1.1.5　我国发展服务外包产业的有利条件与面临问题

1. 我国在承接服务外包时所拥有的优势

服务外包的发展正在受到各方面的大力支持和积极推动。

(1) 各级领导高度重视服务外包产业发展

胡锦涛总书记和温家宝总理先后视察服务外包企业听取服务外包产业发展情况汇报，鼓励服务外包企业"在国内争第一，世界争第一，超过马尼拉，超过班加罗尔"！李源潮同志要求江苏各级干部"要像抓外贸外资一样抓外包，把江苏建成国际服务外包在中国的主要承接地"。吴仪同志指出"服务外包产业市场巨大，对带动我国服务贸易的发展、推动外贸结构调整均有重要意义。希商务部认真研究这份报告，扎实抓好这项工作。"

(2) 国务院部委出台鼓励试点政策

为促进服务外包产业发展，2006 年起，我国商务部会同信息产业部、科技部、教育部、财政部等部门实施了推动服务外包产业发展"千百十工程"，即在"十一五"期间，在全国建成 10 个以上具有一定国际竞争力的服务外包基地城市，推动 100 家世界著名跨国公司将其一定规模的服务外包业务转移到中国，培育 1 000 家取得国际资质的大中型服务外包企业，力争 5 年内新增 20 万~30 万大学生就业，实现 2010 年服务外包出口额在 2005 年基础上翻两番。

商务部会同工业和信息化部、科技部、教育部、财政部等部门成立了"千百十工程"部际合作协调机制，共同研究解决服务外包产业发展过程中面临的困难和问题。

2006 年起，国家有关部门在苏州工业园区对服务外包企业进行税收、劳动工时等优惠政策试点。新修订颁布的《外商投资产业指导目录》中，服务外包列为鼓励类项目，科技部、商务部将服务外包列入《鼓励外商投资高新技术产品目录》，享受相应的鼓励政策。

从 2007 年起，商务部和财政部给予符合条件的服务外包企业和培训机构财政资金支持。2007 年，全国共有 425 家服务外包企业和 54 家培训机构约 5 万人享受到近 1.5 亿元的中央财政培训资金支持。2008 年，获得资金支持的企业大幅增加，共有 1 101 家服务外包企业和 167 家培训机构约 11 万人享受到近 3.6 亿元资金支持。

（3）地方政府将服务外包作为支柱产业

陕西省省长袁纯清同志指出："我们要花大力气发展和促进软件和服务外包产业，砸锅卖铁也一定要把西安的软件和服务外包产业搞上去。"浙江省将服务外包作为加快转变经济发展方式，再创浙江科学发展新优势的重要抓手，杭州服务外包产业同比增长了近 90%。江苏省省委、省政府组织全省市委书记、市长培训班，专题研讨发展服务外包。山东省召开了由各地市领导参加的发展服务外包电视电话会议。服务外包"基地城市"和"示范园区"所在的省、市均出台了地方性支持服务外包产业发展的政策措施。

（4）拥有完善的基础设施

我国基础设施日臻完善，已至少拥有 5.4 亿个手机用户，3.6 亿固定电话用户，互联网用户超过 2.1 亿，长途光缆线路 77.4 万公里，我国铁路总营运里程突破 7.8 万公里，居亚洲第一，港口吞吐量超过 64 亿吨，居世界之首，高速公路总里程已达到 5.4 万公里，居世界第二，为服务外包产业发展创造了良好的外部环境。

（5）具有充足的人才储备

我国拥有普通高等学校 1 867 家，研究生培养机构达 767 家，在校生超过 2 000 万。每年有 600 多万的大学毕业生，其中包括研究生有 31 万人。2006 年，全国劳动力中，研发人员已达到 150.2 万人，国家认定的企业技术中心近 500 家，省级企业技术中心 4 032 家，为服务外包发展提供了较为充足的人才基础和研发环境。

综合环境优势：我国政治环境稳定，宏观经济持续高速增长，国际化程度正在进一步提高；法制建设也正在进一步推进；信息化水平已经达到一定的高度。经过20多年的飞速发展，已经形成门类齐全的工业和服务体系，投资环境尤其是软环境不断改善，税收政策稳定、透明，并在WTO规则允许的范围内给予一定的优惠。我国在改善硬环境的同时，也注重软环境的改善，更注重政府职能的转变。我国基础设施建设相对超前。道路交通发达便捷，高速公路网络及连接机场、车站、码头的交通网络安全快速；通讯设施相当发达，网络宽带和卫星电视比较普及；能源供给充裕稳定，大型商用设施中一般均备有备用电源；高档宾馆、写字楼供给充分，设备设施配套齐全。这些因素构成了我国企业大规模承接服务外包的客观条件。

软件产业方面的比较优势：近年来中国的高新技术产业得到了突飞猛进的发展，且由于中国人智力和思维以及劳动力包括高素质劳动力成本方面的竞争优势，已经并正在软件产业方面形成一定的比较优势。中国经过多年的市场化改革。市场已成为资源配置的主要方式。

其一，政府规模更加合理，政府行为更加规范。其二，经济主体更加自由化，国有企业的公司制改革取得新进展，非国有企业继续保持快速增长势头，国有商业银行的改革加快进行；各类中介组织的规模、开放度和成熟度不断提高。其三，各种生产要素市场化程度显著提高。其四，贸易环境更加公平。加快了内外贸一体化进程，贸易主体多元化格局已经形成。国内市场进一步开放，适应市场经济需要并且符合世界贸易组织规则的经济贸易法律制度已经基本建立。

成功吸纳发达国家制造业的经验启示：改革开放以来，我国大量承接发达国家和地区的制造业外包，制造业实现了跨越式发展，已开始进入新兴工业化成熟期，这对推动我国成为贸易大国发挥了关键性作用，也积累了大量的吸纳发达国家制造业的经验。跨国公司作为国际直接投资的载体，成为世界经济的主宰，并对一国的经济发展举足轻重。但跨国公司在东道国的发展，不可避免地给东道国带来各种问题，如何运用政策、法规对跨国公司行为进行有效而适度的规制和引导，以避免跨国公司不公正的市场行为对东道国带来和可能带来的危害，而又不至于对吸引跨国公司的投资产生不利影响，并使跨国公司更有效地推动东道国经济发展和社会、环境的和谐进步，这是摆在东道国尤其是发展中东道国政府面前的重大课题。我国在吸引制造业跨国公司方面的经验对于我们吸引服务业跨国公司的发展有一定的启发作用。只要我国抓住新的战略机遇，采取积极有效措施承接服务外包，就完全可能像制造业外包那样，逐步形成新一轮出口增长，为实现我国从贸易大国向贸易强国转变奠定扎实的基础，为我国经济发展提供持续的动力。

发展服务外包的人才基础：近年来，我国基础教育和高等教育迅速发展，已成为世界上教育规模最大的国家。我国劳动力成本低廉，劳动力成本仅为印度的 70%。这是我国发展服务外包的巨大优势，是其他国家无法比拟的有利条件。

发展服务外包的政策基础：我国政府积极引导和鼓励，已经出台了一系列鼓励软件等外包出口的优惠政策。全国已建立了近 20 个软件园区以及 10 个软件产业基地。如上海市政府规定：软件出口享受优惠利率的信贷支持；软件产品年出口额超过 100 万美元的企业可享有软件自营出口权；新创办软件企业经认定后，自获利年度起，享受企业所得税"两免三减半"的优惠政策。这些政策措施必将促进我国服务外包继续上规模、上水平。

2. 我国承接服务外包的劣势及应对策略

与此同时，我国服务外包发展尚处于起步阶段，在服务外包产业发展方面还存在以下主要瓶颈。

（1）与印度等国相比，还存在较大差距

2007 年印度离岸服务外包金额是我国的 24 倍。印度已有 300 多家软件公司通过 ISO9001 质量标准国际认证，上百家企业获得了 CMM5 级，成为世界上获得质量认证软件企业最多的国家。我国取得国际认证的企业数量也远远少于印度，许多企业因此被排除在承接国际服务外包业务的门外。印度服务外包从业人员已有 160 万人，而我国服务外包从业人员总数约 47 万人，上千人的服务外包企业很少，企业规模小，难以承担大型国际外包项目。

除传统的服务外包主要承接地爱尔兰、印度、菲律宾之外，以色列、马来西亚、墨西哥以及东欧的捷克、波兰等均在服务外包领域具有很强的竞争实力，中国服务外包发展面临强有力的竞争对手。

（2）对服务外包普遍缺乏认知

现阶段我国仍以制造业为主进行要素配置，适合现代服务发展的投资环境相对滞后。与全球制造业产业转移相比，以服务外包为代表的国际服务业产业转移具有自身独特的运作特征，对东道国投资环境要求也不尽相同。而我国各方面对服务外包产业发展普遍认识不足，对其内涵、表现形式和发展规律缺乏深入了解和研究。

（3）缺乏系统完善有效的政策支持体系

经过 30 年的发展，我国为促进制造业发展，形成并建立了较为完善的政策支持体系，但尚未形成有利于服务业发展的政策支持体系。菲律宾、印度、

马来西亚、爱尔兰等国为发展服务外包产业，在个人及企业所得税、劳动工时、知识产权保护等多方面出台政策，支持产业发展。近年来，我国已陆续出台了税收、劳动工时等试点政策，但尚未全面推广，许多服务外包企业只能"左靠右靠"，借用其他产业优惠政策。因此，一定程度上制约了服务外包产业发展。

(4) 实用型服务外包人才短缺

我国服务外包领域存在特有的人力资源短缺现象，一方面每年有大量的大学毕业生无法就业，另一方面服务外包企业又雇不到合格人才。据调查显示，服务外包企业所要求的实用人才应包括同时掌握 IT 技术、拥有某一领域专业知识和熟练运用外语的复合型人才。而我国每年大学毕生人数虽多，但大多知识结构单一、实际工作能力较弱，只有 10％的工科大学毕业生能够胜任服务外包工作。大多毕业生上岗后还需要经过 6 个月培训才能逐步胜任，形成了周期性人才缺口，加重了用人企业负担。此外，中国更加缺乏具有全球眼光，能带领大型技术团队承接复杂外包项目订单的高级管理人才。

(5) 符合产业发展特点的投资环境有待改善

与制造业不同，服务外包产业发展所需的基础设施是优质的信息技术和良好电信网络服务，而重要的投资环境之一就是知识产权保护。我国电信领域外资市场准入门槛较高，存在股权比例、经营范围等非常严格的限制。此外，我国电信仅在广州、北京和上海设立了国际电信关口，在一定程度上影响了中西部地区服务外包产业发展。我国在知识产权领域政策，尤其是数据保密等方面的立法亟待完善。国际发包企业对我国知识产权保护具体执行情况存在一些忧虑，在一定程度上阻碍了设计研发服务外包向中国转移。

(6) 缺少知名企业，产业规模小，未形成中国外包品牌

印度、爱尔兰等国拥有众多超过万人的服务外包企业，印度最大服务外包企业雇员已近 15 万人，并涌现出塔塔、INFOSYS 等龙头企业。而我国服务外包从业人员总数才 45 万人，远未形成产业规模效应。与其他国家相比，中国服务外包行业缺乏权威性的行业组织，加上企业规模小、产业聚集度低，还缺乏"中国外包"品牌的国际影响和竞争力。

高素质人才紧缺，语言沟通能力较差。虽然我国拥有低人力成本的优势，但从事外包服务行业所需的高级要素和专门要素却比较薄弱，高素质人才紧缺，大中专毕业生的外语能力和基本商务技能尤其是交流技能普遍较低，造成了尽管中国的技术人员拥有较强的项目开发技能，但交流技能不足，严重影响了其理解客户要求的能力，甚至可能会使这些供给商难以进入合同竞标名单。在语言技能和文化适用性方面，中国目前落后于爱尔兰、印度等重要外包供给国。同时，我国长期以来对专门教育重视不够；高等院校、科研机构同企业没有密切联系，研究同现实不挂钩，造成毕业生的学用脱节。因此，我们应抓住各种学习机会，加强研究机构、大学同企业间的紧密衔接，建立起有效的高级要素和专门要素的创造机制，以培养出更多的高级要素人才和专门人才。

市场发展还不够成熟。在中国，尽管市场已成为资源配置的主要方式，但是，毕竟中国的市场经济与成熟的市场经济国家相比还有很多需要完善的地方。我们还需要减少政府红头文件，提高政策法规的透明度，提供多种语言的政策法规的版本，让更多的投资者和发包方理解各种政策法规。

西方商业惯例的相关知识把握不够。从文化的适应性角度看，要想承接欧美各国的外包项目，必须把握西方商业环境和商业惯例的相关知识。尽管中国30年改革开放吸引了众多的外资，外资公司在进入中国市场的同时也将西方商业惯例带入了中国，但是外资为了适应中国市场，已经将商业惯例进行了本土化改变，因此我们所了解的商业惯例和西方真正的商业惯例还是有一定差别的。我们必须做出努力，全面透彻地了解西方的行业竞争态势和商业惯例。

区位因素方面有劣势。从区位因素看，在承接欧美国家外包业务方面，我们不具有东欧、印度的优势。一方面，我们可以通过鼓励有条件的中国服务企业走出国门，积极开拓国际服务外包市场，承接欧美地区的服务外包业务；另一方面，我们可以充分发挥与日本、韩国在地理上邻近、文化上相通的优势，积极承接这些国家的服务外包。

政府相关的扶持政策需要完善。在全球制造业转移过程中，中国抓住了机会；但在把握和利用新一轮的服务产业转移上，中国还缺乏战略上的重视和部署，整体发展上与制造业相比还有很大差距。因此，应该从战略高度研究分析国际服务产业转移的浪潮，从国家产业发展的战略高度提出对策，加快部署发展我国知识型服务产业，调整引进国际直接投资的策略，确定服务业吸引外资的目标，进一步加大政策支持力度，了解外资的需求，不断创造新的优势来改善投资促进方式。印度政府就较早地把握住了全球服务产业转移的机遇，在20世纪90年代初期就出台了软件科技园区计划，软件园区采取集中投资、集中建设、在园区建立一套完整的技术创新体系、服务体系和市场体系，并配之以一套优惠的产业政策使软件园在研发引进新软件技术、创新开发软件新产品、加速软件成果转化等方面具有典型的带动作用。

知识产权保护方面的意识还比较薄弱。我国的企业和民众在知识产权保护方面的意识还比较薄弱，与一些闻名服务接包国相比，还有很大的差距。目前，知识产权保护已成为中国与其他国家贸易争端的热点之一。由于中国市场经济体制尚不完善，市场竞争秩序较为混乱，也给侵犯知识产权提供了温床。

同时，受服务外包本身性质以及新技术的影响，知识产权保护工作显得更为复杂和艰巨。每种类型的知识产权资产一般都由本国的不同国家法律治理着，由于外包涉及多个国家，在离岸外包关系中对知识产权资产治理进一步增加了复杂性。而随着离岸外包的继续增长，知识产权问题对企业变得更加重要。对国家来说，治理任务也将越发复杂，治理难度也将进一步增大，比如外包过程中出现的或改进的知识产权归属问题、商业秘密与机密信息的保护问题、与财政税收政策有关的知识产权问题、知识产权的价值及税收考虑，等等。因此，中国知识产权法尚待进一步完善。同时要注重建立信息安全保障体系，鼓励国内接包企业参加国际信息安全认证，以提升我国企业的接包竞争力。

1.2　信息技术外包（ITO）

2.1.1　ITO 的基本概念

信息技术外包（ITO，Information Technology Outsourcing）是指企业以长期合同的方式委托信息技术服务商向企业提供部分或全部的信息功能。常见的信息技术外包涉及信息技术设备的引进和维护、通信网络的管理、数据中心的运作、信息系统的开发和维护、备份和灾难恢复、信息技术培训等。中国的 IT 项目经理经验还比较缺乏，基础的通信网络设施还很有限，但中国的 IT 外包业务即将进入世界三强。现在越来越多的中国企业也开始选择信息技术外包，信息技术外包正在中国升温。

信息技术外包根据不同的划分方法可以划分为不同类型，现在主要有四种划分方法：

第一种划分方法是，按照信息技术外包的程度可以将信息技术外包划分为整体外包和选择性外包。整体外包系指将 IT 职能的 80% 或更多外包给外包商，选择性外包是指几个有选择的信息技术职能的外包，外包数量少于整体的 80%。

第二种划分方法是，根据客户与外包商建立的外包关系，可以将信息技术外包划分为：市场关系型外包、中间关系型外包和伙伴关系型外包。

第三种划分方法是，根据战略意图可以把信息技术外包划分为信息系统改进（IS Improvement）、业务提升（Business Impact）和商业开发（Commercial Exploitation）三种类型。

最后，按照价值中心的方法可以将信息技术外包划分为成本中心型、服务中心型、投资中心型和利润中心型外包。

强调自主开发和技术创新，拒绝平凡，以领先的技术优势、灵活的市场策略为客户提供信息化过程中全方位、一站式的解决方案。主要信息技术服务包括系统操作服务：银行数据、信用卡数据、各类保险数据、保险理赔数据、医疗/体检数据、税务数据、法律数据（包括信息）的处理及整合；系统应用服务：信息工程及流程设计、管理信息系统服务、远程维护等；基础技术服务：承接技术研发、软件开发设计、基础技术或基础管理平台整合或管理整合等。

通常企业信息技术外包包括三个连续的过程：

（1）**外包的决策过程**：即考虑是否外包，外包什么？是选择性外包还是整体性外包？

（2）**外包商的选择过程**：即考虑是选择国内的外包商还是选择国外的外包商，是选择一个外包商还是选择多个外包商？选择外包商的依据是什么？

（3）**外包商的管理过程**：是签订一个长期的外包协议还是签订一个短期的外包协议？外包过程中的风险如何防范？如何对外包商进行监控？原先承担这些外包业务的企业内部人员如何处理？企业各部门如何与外包商协调工作界面及接口？如何对外包商进行评价和适当的激励？

作为全球外包 100 强之一的电讯盈科企业方案是具有国际视野与竞争力的 ITO 综合解决方案服务提供商，业务范围涵盖了 ITO 的方方面面，提供全方位的端到端 IT 及外包服务解决方案，覆盖从 IT 咨询、实施、维护到运营的 IT 服务所有阶段。

电讯盈科企业方案汇聚了多方面的卓越人才及专业知识，依靠电讯盈科企业方案多年来为各行业实施大型项目的服务经验以及备受认可的行业资质，并多次为金融服务、公共服务、电讯及商界的客户实施复杂的关键业务系统。

电讯盈科企业方案坚持不懈的创新与努力、专业和高质量的服务，得到了来自客户、合作伙伴、行业组织以及公众的认可。众多的国际最高级认证，正是电讯盈科企业方案为兑现成为国际一流 IT 服务提供商这一承诺所迈出的坚实脚步。

"1—2—7"外包模型是电讯盈科企业方案有限公司在多年外包实践中摸索和总结出来的一套"方法论"。在电讯盈科企业方案的"方法论"中，关于人力布局的"1—2—7"模型很好地解释了对外包开发中心的定位，即占公司 10% 的现场服务顾问为客户提供及时的现场支持，20% 的是系统架构师，靠近客户以随时和客户共同做分析和制定策略，其余的 70% 从事后端的开发维护工作，可以集中在用工成本相对较低的地区。把工作的不同环节分拆在不同的地方完成，正是离岸模式的精髓所在，以具有竞争力的价格满足客户要求和达到服务目标。电讯盈科企业方案从众多国内城市中选择了成本较低的城市作为离岸服务外包基地，人才方面的优势起到了决定性的作用。

2.1.2　ITO 的好处

一天中的时间是固定的，越来越多的中小企业不希望员工将宝贵的时间耗费在管理企业信息系统上。它们选择了将部分或全部 IT 职能外包出去。这样做的目的是：提高效率、降低成本、改进客户满意度并获得更多优势。例如，员工数不超过 19 人的小型企业过去总是出于成本或其他原因，很少做出外包决定。YankeeGroup 称，2004 年，员工数在 2 到 19 人之间的公司中，只有 2 个将其全部 IT 职能外包出去。但到了 2005 年，这一数字增长到了 11，在 2006 年，则接近 18。

造成这一增长的原因之一是，小型企业市场日趋成熟。同时，企业也开始了解，为了进一步提高效率和降低成本，它们需要更先进的应用，如 IP 通信（IPC）、视频会议和移动性等，但一些较小的企业缺少自行购买、安装、管理和维护这些应用所需的资源或预算。

外包部分或全部 IT 职能的做法为企业带来了许多优势。

（1）提高运营效率。与其让一位（或几位）员工专门负责维护网络安全等工作，不如请一个服务外包商来管理这些职能。这能将员工解放出来，使其能有时间完成与核心业务更为直接相关的任务，从而有助于提高他们的效率和企业的收入。

（2）改进客户满意度。通过提高效率，IPC 等许多托管服务也有助于改进客户满意度。例如，HIS Communications Services 是一家位于得克萨斯州休斯敦、有 15 名员工的公司，主要为石油天然气行业提供呼叫中心和会议系统，它实施了 Covad Clear Edge Integrated Access，这是一项采用 Cisco Unified Call Manager Express 工作的托管语音和数据服务。Covad 基于 Web 的仪表盘工具使 HIS Communications 的员工能在一个会议呼叫中与多达 10 个人连接，将呼入电话转接到任意电话号码，如手机等，从而大大改进了客户服务。

"将呼叫转接到手机的能力改进了客户服务，这是因为如果我们不在办公室，客户也能直接与我们取得联系，而不必进行语音留言"，HIS Communications 业务管理副总裁 BrianBlanton 表示。

（3）降低成本。服务外包商可以使用它自己的硬件，如网络防火墙等，来为企业提供托管服务。因此，就能将资金运用在市场营销、雇佣更多员工等方面，而不是购买硬件。

还能借此保持员工队伍的精简。F. W. Honerkamp 公司是一个家族式的建筑胶合板分销商，拥有 88 名员工，内部没有 IT 人员，也不准备雇佣 IT 人员。

"我们可以将雇佣（IT 人员）的资金，用来招聘更多客户服务代表，从而使我们的资金获得更高回报"，首席运营官 JeffHonerkamp 表示。F. W. Honerkamp 使用 M5Networks 提供的一项托管 IP 通信服务，通过端到端思科技术来支持其语音和数据融合网络。

F. W. Honerkamp 进行外包的目的是简化运营、提升员工效率和降低成本。据 Honerkamp 估计，通过外包 IP 电话系统，每年至少在电话系统移动、添加和改动方面为其节约 2 000 美元，在长途话费方面则至少节约 3 600 美元。

（4）更方便进行预算。 服务外包商一般每月收取固定费用，使预算更方便、更明确，能够受益于高新技术。服务外包商能使企业获得和使用最新技术，但不必在内部拥有管理这些技术的经验。

（5）提高灵活性。 外包出去后能根据需要，快速增减网络资源。"利用我们的托管 IP 电话服务，我们能使过去因为硬件限制而无法实现的想法成为现实"，Honerkamp 说，"如果我们需要为一个部门设立专用的自动语音留言系统，我们就能迅速完成部署。"

（6）计算总拥有成本。 托管服务对您的公司来说是否经济呢？思科电信运营商解决方案营销经理 CindyWeintraub 认为，为了解这个问题，应该计算总拥有成本（TCO）。TCO 分析可以比较托管服务的成本与自行建立和维护相同职能的成本。例如，计算为提供一个语音、数据和视频集成解决方案，而对所需技术进行安装、维护、维修、升级和管理的成本总和。您的计算中应包括硬件购买等直接成本，以及间接成本，如员工花费在培训、软硬件安装等方面的时间等。然后，将这些成本与您为托管 IPC 服务而支付的月费进行比较。

为帮助您确定您的 TCO，思科为企业开发了一个在线托管服务 TCO 工具。该工具能帮助您的公司了解，通过使用特定托管服务，针对您公司的具体情况，估计能够实际节约多少成本。CiscoPowered 计划中的供应商提供这一工具。

（7）提高业务连续性。 获得 CiscoPowered 称号的托管服务在由思科设备构建的网络上提供服务，符合思科网络支持标准。部分提供实时语音和视频的服务，已通过第三方审查，获得了思科服务质量认证。

采用思科建议的托管服务具有许多优势，如提高业务连续性等。"小型企业自身可能不具备必要的资源，无法从病毒或断电中快速恢复"，Weintraub 表示。但因为思科网络中内置了永续性和安全性，所以采用 CiscoPowered 托管服务，能够获得更出色的威胁防御能力，并能更快速地从意外事件中恢复。

因为思科解决方案内置了灵活性和可扩展性，托管服务通常能根据客户需求的变化，来启用和禁用功能。例如，一个电信运营商为一家只需要基本连接和安全功能的公司部署了一个思科集成多业务路由器（ISR）。随着公司的发展，它可能需要更多服务，如虚拟专用网（VPN）连接或 IP 通信等。这些功能已内置于 ISR 中，能按需激活。Weintraub 解释说，这也提高了业务连续性，因为客户避免了因升级或更换硬件而发生昂贵的业务中断。

总之，托管服务能以一种对企业无缝的方式，在安全、可靠的网络上捆绑语音、视频和数据。Weintraub 补充道："同时，托管服务也能廉价地使公司获得前所未有的高效率。"

一方面，信息技术外包对于外包信息技术的企业来讲有以下的好处：

（1）资源在商业战略和企业部门中被重新分配，非 IT 业务的投资得到加强，有利于强化企业核心竞争力，获得对市场做出有效反应的能力。

（2）有利于信息技术人才不足的企业获取最好最新的技术，与技术退化有关的难题得到解决。

（3）由于是信息技术厂商提供专业化服务，信息技术服务的效率会得到较大提高，服务的成本也会得到一定的节约；等等。

另一方面，信息技术外包对提供外包业务的信息技术企业来讲有以下的好处：

（1）形成外包业务产业，有利于促进信息技术厂商形成分行业的解决方案，有利于一批专业信息技术厂商的成长。

（2）由于规模化经营，能够持续降低信息技术服务的成本，提高服务效率。

（3）外包业务的集中，有利于知识和软件在不同企业间的重用，有利于信息技术人员的快速成长；等等。

当然，我们应当认识到，信息技术外包也面临众多风险，例如失控的风险、质量无法保证的风险、预算超支的风险等等，所以必须对外包的风险进行分析，假如这些风险大到令人难以承受的程度或无法加以管理，则应避免进行外包。如风险不太大或能够加以管理，则应考虑外包。

由于信息技术外包在国内尚属起步阶段，相关的成功案例和经验还十分缺乏，虽然国外有关信息技术外包的理论和实践已经较为成熟，但是由于各国的文化背景及市场状况迥然不同，各个企业之间的情况也存在着种种差异，国外的理论和经验还必须与中国的现实和实践相结合，所以，我们必须对适合中国企业和现实的信息技术外包的理论和模式进行进一步的研究。信息社会是学习和创新的社会，中国已经加入了 WTO，随着中国信息化的进一步推进，中国企业信息技术的外包发展必将有着广阔的前景。

1.3　软件外包

3.1.1　软件外包的基本概念

所谓软件外包就是某些软件公司将他们的一些非核心的软件项目通过外包的形式交给人力资源成本相对较低的公司开发，以达到降低软件开发成本的目的。众所周知，软件开发的成本中 70％是人力资源成本，所以，降低人力资源成本将有效地降低软件开发的成本。软件外包是信息技术外包的主要形式。

软件外包已经成为发达国家的软件公司降低成本的一种重要的手段。目前，全球软件的销售额已超过 6 000 亿美元，而其中软件外包的销售额即达到 500 亿～600 亿美元。软件外包的大幅度增长为人力资源成本相对较低的印度和中国带来了新的发展机会。

中国目前已经有不少的公司开始介入软件外包这一领域。目前软件外包产业较为发达的地区有上海、北京、大连以及深圳等城市。以北京为例，有 40％的软件企业参与外包项目，软件行业 60％～70％的营业额来自外包。在上海和北京，一个软件外包工程师的月薪达到 7 000～10 000 元人民币，而同样能力的软件工程师在武汉只需要 3 000～4 000 元人民币。资本的特征是向成本更低的地方流动，所以，近一段时间以来已经有大量的东部软件公司准备迁移到中部地区，目前首选的地区主要是武汉和西安。

软件外包将为中国软件业带来什么呢？不仅仅是经济发展的机会，还有先进的软件开发管理流程，以及严格的软件质量控制体系。通过发展软件外包产业，我国的软件产业将逐渐地告别手工作坊式的开发时代，进入工程化、规模化的开发领域。

为抓住这一历史性的机遇，我国政府正全力为这些软件外包公司营造更好的投资环境，政府已经在多个重点城市建立开发区，设立多个全新的软件开发园区，并对于入园的软件企业给予相当优惠的政策条件。但是，仅有政策条件和环境条件是不够的，对软件企业影响最大的是人力资源成本，能否提供多数量多的、成本较低并在质量方面满足需要的软件外包工程师是我国能否抓住这一历史机遇的重要条件。

IT 外包服务是社会分工不断细化和 IT 技术发展相结合的产物。与硬件外包相比，软件外包起步较晚，但发展很快。目前印度是软件外包最大市场。除此之外，爱尔兰，以色列和中国也是软件外包的主要市场。

IDG 统计数据表明，全球软件外包市场规模已达到 1 000 亿美元。全球软件外包的发包市场主要集中在北美、西欧和日本等国家，其中美国占 40%，日本占 10%。外包接包市场主要是印度、爱尔兰等国家。其中，美国市场被印度垄断，印度软件业 80% 的收入依赖软件外包业务，印度已经成为软件外包的第一大国。而欧洲市场则被爱尔兰垄断。现在，菲律宾、巴西、俄罗斯、澳大利亚等国家也加入了世界软件外包的竞争行列。

虽然中国 IT 外包服务市场一直高速增长，但截至目前，IT 外包服务的用户群还相当狭小。就 IT 外包服务的内容和服务方式而言，还主要局限于基础架构层面的网络基础设施和桌面设备的支持与维护。中国软件外包的主要目标市场是日本和美国。

国内的外包服务市场的发展趋势为：由市场不成熟高度分散走向市场逐渐成熟集中；国内外包市场保持快速增长；中国将成为继印度后新的外包产业中心；IT 外包服务结构转化，服务向高端发展；软件外包大型企业出现。

那么，我国软件外包业赶上印度还缺什么？中国经济巨大的成功使人们不禁推测：中国的软件外包业很快将和印度不相上下。但是麦肯锡公司最近对中国软件部门进行研究后发现，中国要想在软件外包业对印度形成威胁还需要很多年的时间。首先，中国必须巩固其高度分散的软件行业，培育获得大型国际项目所必需的规模和技术。目前，中国向这个方向所做出的努力还并不多。

有一点可以肯定，中国的 IT 业正在健康地扩张。近几年，中国 IT 行业专门人才的数量增长很快。从 1997 年起，软件和 IT 行业的年均收入平均每年增长 42%。尤其是，这个行业中，2000 年到现在，说英语的毕业生（在软件外包业中很重要）翻了一番，已经超过 2 400 万。但是，中国 IT 业自身的很多不足，致使这些变化不能被彻底的利用。尽管中国 IT 行业的收入在增加，但是却只有印度的一半（印度 IT 行业每年的收入是 127 亿美元）。中国 IT 行业的增长受国内需要的驱使，其多数客户都是中小型的中国企业，他们需要的是根据他们的需要专门为他们定制的软件。中国初生的软件外包业务只占到 IT 行业总收入的 10%，而印度的这个数字则高达 70%。尽管成本相对较低，但是中国软件服务公司的营业毛利只有 7%，而世界同类公司的营业毛利的平均水平可以达到 11%，原因是他们接手的项目往往规模不大，但报价又相对较低。

要想在全球的外包业中形成有力的竞争，中国必须巩固其软件业。中国排名前 10 的 IT 服务公司所占的市场份额仅为 20%，而印度的十大 IT 公司占有的市场份额高达 45％。中国大约有 8 000 家软件服务供应商，其中员工少于 50 人的占 3/4，只有 5 家拥有 2 000 名以上的员工。印度的软件服务供应商不到 3 000 家，至少有 15 家拥有 2 000 名以上的员工，其中的塔塔咨询服务公司（TCS）、威普罗公司（WIPRO）、信息系统技术有限公司（INFOSYS）都已经获得国际上的认可，在全球拥有客户。没有适当的规模，中国企业不可能吸引到顶尖的国际客户。因为人们通常认为，小公司是风险相对较大，可靠度相对不高的合作伙伴。麦肯锡的研究发现，只有 12％的中国软件服务公司认为合并、收购和结盟是应优先考虑的事务。中国软件服务公司的经理人中，有兼并收购经验的不多，尽管他们的文化有利于组织的发展，但是依靠这种文化来对抗新的竞争对手显然不是很理想。相反，印度的几家公司正在考虑并购中国公司来扩大他们的业务。

行业的分散状态使中国软件行业的另外一些问题显得比较突出，如过程控制和产品管理不够严格。中国 30 家大型软件公司当中只有 6 家达到 CMMI 五级或四级，而印度的 30 家大型软件公司全部达到这一专业水准。调查发现，1/4 的中国公司在尝试执行 CMMI 质量标准，但是有一半多的公司在调查中表示，做这个努力没有必要、不可行，或者认为不值得。

中国的软件服务提供商还应加强人才的管理。绝大多数中国公司都不重视帮助员工成长，他们当中很少懂得将股权、培训项目或其他激励机制引入对人才的管理。麦肯锡的调查发现，中国软件公司中人员的更新率每年高达 20％，而美国虽然拥有流动性很强的 IT 劳务市场，但它的这个数字只有 14％。

有了更大的规模和更好的人才基础，中国的软件服务公司就会具备解决其他问题的条件，比如在国际市场建立可信的品牌，开发特定行业，如金融和制约行业的技术。另外，还要注意保护客户的知识产权，要克服基于项目的短期效应心理，要致力于为客户提供长期服务。

近年来软件及信息技术外包已经在世界范围内形成了一个巨大的市场，继 20 世纪制造业全球化之后，软件及信息技术外包的市场和业务范围不断拓展，形成一轮新的国际产业转移浪潮。在国际市场上，欧美日等发达国家的企业尤其是软件及信息技术企业和相关知识服务企业根据自己的战略，将相关的业务通过外包经营的方式转移到其他国家，以此形成一种紧密的外包关系。

其中印度、爱尔兰、以色列及其他一些国家成为这些外包业务的转移目的地，这些国家的经济在近几年中受惠于软件外包的迅速发展，成为全球化发展中值得关注的现象。相对而言，我国的软件外包起步稍晚但发展迅速，目前与上述国家的企业的竞争已经展开，由于软件及信息技术外包业务及其市场的特殊性，我国企业必须高度重视国际软件外包业务的竞争特征及其发展趋势，迅速建立自身的竞争优势。随着软件外包企业竞争的加剧，为获得长期的竞争优势，企业必须由传统的相互竞争转为互利合作。

3.1.2　软件外包市场分析

下面对目前国际主要的软件接包国进行比较分析，目的是将其主要竞争优势借鉴到提高我国企业的实际接包能力中来。

1. 国际软件外包市场的基本竞争态势

我们知道，外包是企业将某些业务环节交由外部专业生产商执行，实现资源与活动外部化的经营过程。由于外包可以促使企业利用外部资源并集中精力提升自己的核心能力，欧美日等发达国家的企业纷纷采用外包的方式实现非核心业务的国际转移，在软件及信息技术领域表现得尤为突出。

目前，美国、欧洲、日本是世界软件外包市场上的主要发包国，而印度、爱尔兰、以色列、新加坡、中国等国家作为主要的接包国。软件外包既不同于企业内部指令性的经营管理行为，也不同于市场交易行为，而是需要发包方与接包方形成一个合作经营模式，因此软件外包的竞争比较特殊。不同国家的软件发包的方式不同，美国、欧洲的公司往往直接将软件外包给印度、爱尔兰、以色列、中国等国家，在外包市场欧美公司逐渐建立起比较完善的外包评价与决策模式，通过规范化的质量评价来选择和评价接包企业，如 CMMI5 成熟度模型是广泛使用的评价模型。

日本软件外包市场潜力巨大，日本企业一般都是向其国内的企业如 NEC，NTT 等发包，由这些企业进行上层的设计工作，然后将底层的编码任务分包到海外，以降低成本；日本离岸软件外包仍停留在软件详细设计与代码转换阶段，其软件离岸外包业务多数属于三级承包或四级承包。相对于欧美国家的企业，日本企业在软件外包中往往与接包企业形成更加紧密的联系，它们对接包活动的管理要直接得多。软件产品在标准化、运输、交易等各个方面不同于制造品，在其生产的国际化过程中与制造企业有很大差异，国际软件外包的竞争中发包方占据主动地位，企业根据自己的战略和能力来决定如何发包和外包管理，甚至按自己的战略来塑造接包企业。从目前软件接包的国别来看，印度遥遥领先于其他各国，中国、爱尔兰的服务外包业发展迅速，菲律宾、马来西亚、新加坡、捷克、巴西等国紧随其后。从离岸服务外包（Offshore Outsourcing）市场来看，印度成了迄今为止最受青睐的国家，占据了全世界份额的 80%以上。

到 2010 年，印度很可能由现在的业务流程外包（BPO）中心，过渡成为一个价值 170 亿美元的知识流程外包（KPO）基地。中国的软件外包起步比较晚，目前处于追赶阶段。由于中国软件企业受资金、规模、技术等方面的限制，导致中国软件企业绝大多数是外包承接商，多数承接的是日本企业的发包，并且是间接的承包，附加值很低。最近欧美的发包逐渐增多，但竞争优势与印度相比有不少差距。

随着外包市场的逐渐扩大，各个国家纷纷重视发展软件外包，一场国际间的软件接包竞争已经悄然展开。软件外包市场的竞争不同于制造业的市场竞争，对此我国企业需要对外包市场的竞争模式给予高度的关注，寻找和建立自己的竞争优势。

2. 软件外包的接包竞争及其商业生态环境

从软件外包市场竞争的基本特征入手，确立基本的竞争战略，是我国软件外包企业应对国际竞争亟待关注的问题。

（1）我国企业面对外包市场竞争目前是一种接包竞争

目前，我国软件在国际竞争中，主要依靠低成本、高素质的劳动力等生产要素，低廉的产品价格赢得市场，承接的软件外包主要是以编码外包为主的低端服务，在技术和资本上没有优势。总体上看，我国软件外包仍处于成本要素驱动阶段，企业规模小，管理水平低，在国际软件外包市场上竞争力不强。

在我国的软件外包市场中，软件发包来源的市场结构与全球外包市场上发包结构并不相称。据统计，2005 年我国软件外包行业收入的 59%由日本提供，但在全球发包市场中，日本只占 10%；而占全球外包市场发包额 80%的欧美，提供我国软件外包行业收入的 20%。由此可以看出，对日软件的出口仍占我国软件接包的主导地位，中国还未打入软件外包主流市场。由于我国软件企业无法取得发包订单，难以取得竞争的资格，同时一些有一定规模的外包企业也存在着接包难的问题，因此软件外包的竞争首先表现在接包的竞争状态。

（2）软件接包竞争是一种商业生态竞争

经济全球化与科技进步使得软件外包行业的商业环境变得越来越开放与复杂。在这个环境中，软件接包企业不能仅仅从自身角度考虑问题，它必须建立具有分享功能的商业模式，并由此产生一种具有特殊成长力和机动性的健康商业系统。新的技术和新的商业模式以类似于生物物种进化的方式影响着整个软件外包产业，对其持续稳定发展产生了巨大影响，而商业系统的发展又反过来促进了软件外包产业新技术和新商业模式的产生与进步。

企业要成功，仅靠完善自身是不够的，必须塑造整个商业生态系统的发展，因为生态前景制约着企业的发展。软件外包的发包商、接包商，外包的竞争组织，外包的投资者、行业协会和政府社会环境构成了一个完整的商业生态系统。在外包商业生态系统中的企业形成既合作又竞争的关系，合作是为了形成各自优势核心业务的互补以共同应对最终产品市场、共同生产一种或几种同类产品，竞争是为了在这个生态链上瓜分利益。生态链中的企业为了形成最终产品市场的优势就必须合作，而生态中上下游企业之间由于利益的冲突又必然会竞争。这种合作导致了生态链中企业的共存，而竞争又导致了系统结构的优化。系统中企业之间的合作与竞争导致了共生或共同发展。因此，从商业生态系统的视角，软件接包竞争必须构建良好的商业生态，不能仅仅考虑局部的能力，而必须系统地思考接包的战略方案。

(3) 软件接包竞争的商业生态模式

在软件外包的商业生态系统中，外包发包商和接包商构成的外包供应链居于核心地位。软件外包供应链系统的结构分为三个部分即发包方、接包方和信息中介。软件外包从本质而言既是供应链系统又具有服务链的特征。同时软件外包供应链系统是一个信息传送、加工生成和反馈的系统，是发包商、接包商和中间商的合作系统。在软件接包商业生态系统中，外包投资者、行业组织构成了外包支持环境系统。在软件产业发展的不同阶段，行业组织和政府管理机构具有不同职能和作用，软件企业与行业组织和政府管理机构也具有不同关系。目前，我国软件产业中的主要行业性组织是中国软件行业协会，各个省市也有各自的软件行业协会。知识外包的投资者涉及为软件及信息技术、其他知识服务的业务发展提供资金的融资机构。商业生态系统视角的国际软件接包竞争比较商业生态系统中，政府、社会条件、自然条件构成了软件外包发展的环境系统。

这种划分是以外包企业为核心的分类模式。政府在我国对软件外包发展具有直接的推动作用，社会条件与自然条件对知识外包发展的影响也具有特殊性。在软件产业的国际化发展中，软件产品的使用过程和后续的维护过程中大量涉及用户的语言、文化背景等，针对特定用户群体进行的软件本地化开发工作，已经成为软件产业的一个重要的子产业。软件外包的发包商、接包商、外包的竞争组织、外包的投资者、行业协会和政府社会环境构成了一个完整的商业生态系统。

3. 主要软件接包国的商业生态模式比较

(1) 印度模式

印度是目前全球最大的软件外包接包国，离岸外包已经成为支撑印度软件业的重要支柱。印度的软件外包以大公司为主导，经过多年的发展，印度软件公司已经形成了自己独特的行业体系，以快捷多样的服务闻名于世。印度软件外包以欧美市场为主，印度 IT 外包服务市场规模中，超过 60% 的比例是以北美地区用户为服务对象。

目前美国和欧洲仍然是主要市场，占印度出口总量的 90% 左右。近年来，除美国和欧洲两大主要市场的份额相对未变外，市场多元化趋势日渐明晰，印度对其他新兴市场的出口量保持两位数的逐年增长。印度的软件接包企业具有几个特点：一是客户多为大型企业。印度软件企业瞄准全球重要的北美市场、欧洲市场，拥有一批像美国通用、波音那样的著名大客户。二是企业规模大。印度目前软件公司中 5 000 人以上的公司 16 家，10 000 人以上的公司 6 家，而且大多已走出国门。目前，印度软件企业在欧美国家有上百家分支机构。三是发展速度快。一些大的软件公司，人均产值近 5 万美元，在近万人规模的基础上仍能保持年均 40%～70% 的增长速度，印度软件业近 5 年的年均增长率高达 56%。四是管理能力强。印度的几家大软件公司，其软件项目按合同完成率高达 96% 以上，WIPRO 更是达到了 99.3%。他们对时间、质量、成本的控制能力非常强。从商业生态系统模式考察，印度软件外包系统主要由软件外包发包商、外包接包商、外包的竞争组织、投资者和政府社会环境组成，其发展的基本特征主要有：

①政府角色。在政策环境方面，为软件外包提供宽松的政策，涉及税收、融资和出口等方面实质性的优惠。从 20 世纪 80 年代开始，印度电子部软件发展局每年都有一笔专用款用于开拓国际市场。1998 年 5 月，印度政府制订了"印度信息技术行动计划"。政府对软件实行零关税、零流通税和零服务税，海外投资和采购的一揽子协议、银行优惠贷款和风险投资等方面采取的一系列促进软件出口的措施。

②教育环境。在人才培养方面，印度能够按照软件外包发展的需要，多层次、多渠道培养人才，形成多层次的人才结构。印度之所以能成为 IT 人才大国，也是与印度的教育培训体制和方式以及政府支持分不开的。印度能够按照软件外包发展的需要，多层次、多渠道培养人才，形成多层次的人才结构。

③投资商。在吸引外资方面，印度已经成功地吸引到一大批欧美 IT 跨国

公司，在其境内设立外包服务机构和软件研发机构，而且规模很大。

④竞争组织。在竞争组织方面，有目的地发展大型外包企业，形成外包的航母。

（2）爱尔兰模式

爱尔兰是美国软件产品欧化版本的加工基地，是美国公司进入欧洲市场的门户和集散地。爱尔兰利用英语为母语这一独特的优势，大力发展面向欧洲非英语国家用户的软件本土化活动。爱尔兰软件接包发展的商业生态系统中，企业分布集中，以外资企业为主。其软件产业主要集中在柏林。软件外包以欧洲市场为主，约有 43% 的计算机、60% 的配套软件都是在爱尔兰生产的。爱尔兰商业生态系统模式的基本特征包括：

①接包企业。定位准确，将自己定位为美国软件公司产品欧洲化版本的加工基地，目光瞄准了国外市场，使自己的研究开发牢固地建立在国际市场的需求之上。由于本国人口少、传统产业规模有限、市场需求也有限，爱尔兰较早地把软件产业发展的目光瞄准了国外市场，大部分企业在为跨国公司提供咨询服务的后期，找到了自我发展的定位和机会，开始形成了一些产品或产品方向。

②外部市场。面向市场进行"针对性研究开发"，这是爱尔兰外包获得巨大成功的经验之一。由于本国市场需求有限，爱尔兰政府与美国有关机构联合建立了风险基金，爱尔兰的软件人才将美国成功的商业软件欧洲化，这些德语化、法语化软件已在欧洲大量销售，从而使爱尔兰成为欧洲重要的软件出口国。

③业务选择。爱尔兰的软件产品以出口为主，根据本国软件人才资源的不同特点，发展中间件产品，接受外包代工订单（以软件工程、项目为主），主攻非品牌软件出口。

④政府政策。国家财政预算支出连年向该产业倾斜；采取措施鼓励外国软件公司到爱尔兰从事研究开发；实行税率优惠和政府补贴。

⑤教育支持。爱尔兰的产、学、研一体化的国家创新体系。爱尔兰在教育方面的支出占公共支出的比例在 14% 左右，在欧洲居前列。爱尔兰最卓有成效的就是"产、学、研"合作，研究机构、大学同企业间的紧密衔接，软件研发成果迅速转化。

（3）以色列模式

以色列发展软件产业以出口作为其主要目标，根据国际市场需求开发产品，软件出口占总经营额的 60% 左右。以色列软件企业不追求产业链的完整，而利用自身优势领域的核心技术为突破口带动软件出口的发展，重点开发具有国际竞争力和高附加值的应用软件产品。目前，以色列在安全软件、商业管理软件、嵌入式软件等方面具有核心技术。以色列软件公司具有较强的研究能力。众多知名的跨国公司在以色列设立研发中心，给以色列带来了先进的技术和经验，促进了以色列软件产业的发展，使其成为理想的外包区域。以色列的软件外包以欧美市场为主，它是目前唯一同时与欧洲和北美两大市场签署"自由贸易协定"的国家。其软件产品和服务的主要出口目的地是北美和欧洲，以色列商业生态系统模式的基本特征包括：

①政府角色。以色列的服务外包业务得到了政府的大力支持：政府制定一系列优惠政策来鼓励软件外包业的发展，同时积极推动软件与其他产业的结合和渗透，并鼓励跨国公司在本国建立研发中心。

②外包市场。以色列的外包软件产品主要是中间件，其软件外包服务的主要出口目的地是北美和欧洲。欧美是以色列的主要软件外包市场，除了其产品独特的国际竞争优势外，一个重要因素是以色列是世界上目前唯一同时与欧洲和北美两大市场签署"自由贸易协定"的国家，这为其顺利进入欧美市场创造了得天独厚的条件。

③高新技术支撑。以色列政府高度重视高新技术的发展，鼓励企业创新，为高新企业提供有力的资金支持和组织协调作用；以色列政府鼓励军工和相关企业转轨研制生产和平时期所需的高科技产品。以色列政府高度重视高新技术的发展，鼓励企业创新，为高新企业提供有力的资金支持，起到组织协调作用。同时，以色列政府鼓励军工和相关企业转轨研制生产和平时期所需的高科技产品，由此诞生了一系列新的公司。

④产业渗透。以色列积极推动软件与其他产业的结合和渗透。以色列政府重视军事技术向民用技术的转化，其软件外包的高速发展正是把军事技术充分应用于经济领域的结果。

以上三种模式各具特色。印度模式拥有丰富的人才优势，如具有语言优势，能增强其国际竞争力，以面向欧美市场为主；具有低成本优势，能降低外包业务的成本；拥有高质量的产品和优质的服务，提升了其国际竞争力。爱尔兰模式拥有加大教育的投入的优势；拥有自主知识产权的优势；实施税率优惠和政府补贴措施，促进外商投资的政策，拥有较好的科研成果转化机制，具备产学研的紧密结合的竞争优势；能提供系统化服务，拥有完整的软件产品体系，以产品创新为导向的产品开发优势。以色列模式拥有软件人才的语言优势，能够熟练掌握英语；拥有国际互联网的数据加密、网络安全和多媒体技术等方面的技术优势；软件外包企业以跨国公司为基础，能够寻求和开发独具特色的软件外包业务。

4. 对我国企业提高软件接包竞争力的借鉴

(1) 增强软件接包企业的人才资源支持，重视软件人才的培养

各国软件产业发展的经验表明，作为典型的人才密集型产业，软件外包与出口在很大程度上取决于软件人才的数量、质量、技术结构和空间分布，而软件企业经营活动中的成本有相当高的比例是人力资本。因此，在各国促进软件出口的政策中，一般都包含对软件产业技术人才的特殊政策，主要是加强软件商业生态系统视角的国际软件接包竞争，比较人才的教育和培养体系建设、吸引国外软件人才、鼓励软件产业使用特殊的人才激励机制、对软件从业人员给予一定的税收优惠等。

(2) 加大软件接包的产业政策支持力度

无论是发达国家，还是发展中国家，在软件出口的过程中都采取了相应的政策措施。政策措施的影响主要体现在：一是政府政策可以重新配置生产要素。当前世界范围内贸易自由化成功推进了世界经济一体化进程，资本和经济活动的跨界转移越来越频繁，区域之间的相互依赖性不断提高。跨国资本在追求利润最大化的目标驱使下，在全球范围内配置资源、组织经济活动。各国或地区为了促进自身经济发展，提供了各种优惠条件来吸引生产要素流动，尤其是高级生产要素的流动。二是政府可以通过各种方式来引导、保护软件产业发展，使软件产业能获得群体性突破。三是政府可以通过产业政策，为软件外包产业发展创造良好的外部环境，在经济发展的约束条件下进一步优化软件出口模式。当前，如何促进知识外包的产业集聚，并促进企业规模的扩张是我国政府制定政策需要关注的问题。

(3) 立足国内市场，积极拓展国外市场

我国的软件外包发展应该立足国内市场，以国内市场为基础，进而拓展国外市场，因为中国目前是世界上最具活力的市场之一，也是国内软件企业最为擅长的市场。在中国软件企业进入欧、美、日市场的同时，国外的软件企业却在紧盯中国的软件市场。中国是全世界软件可靠性、复杂性最大的测试基地，中国本土应用市场给软件企业带来了前所未有的成长机会。

近年来，许多印度软件企业进入了中国。因为中国有着极为巨大的国内市场，对于任何一个企业，占领这个市场都是制胜的关键。同时，要接受国外企业的外包业务，并不一定非得走出去才行。目前，许多跨国集团争相在中国设立研发机构及子公司，并将一些软件业务转移到中国来做。对绝大多数中国软件企业来说，应该先与进入中国的外国公司合作，做面向它们国内分公司的外包定制工作。发展服务外包业务要讲究策略，以日本接包市场为突破点，以点带面，逐步拓展国际外包市场。扩大对日外包业务的承接，在承接业务中不断提升自身的能力，扩大在日本的市场份额，为承接欧美业务打下基础，同时应积极开拓欧美市场。欧美为全球软件服务最主要的市场，同时，欧美是计算机软件的发源地，也是全球软件产业技术和应用创新的主体和前沿。软件企业只有置身于高度成熟的欧美市场，才能学习到世界一流的先进技术和市场经验，也才能练就适应全球竞争的生存和发展能力。

（4）优化接包企业能力结构

对于接包企业来说，首先应该增强自主研发能力和技术水平，并加大对外包专业人才的培训和锻炼，降低人员流失率，留住高端和核心人才。加强外包项目管理，降低成本，接包企业应该加强技术实力和解决问题的能力；强调快速响应，短期内保质保量完成开发内容的能力；强调测试工作很充分，经得起用户的考验；同时面对多个客户的能力等基本运营能力。接包企业还应该形成企业联盟，共同打造软件外包航母舰队。

在企业质量管理方面，国内软件企业同样与印度的企业存在差距。中国最大的 30 家软件企业中只有 6 家获得 CMM4 级或 5 级水平认证，而印度最大的 30 家软件企业则已全部达到这一水平。

（5）国外对我国知识产权保护缺乏信任

涉及业务系统的 ITO 外包对发包企业的知识产权保护有更高的要求。因为业务项目中往往富含商业机密和软件版权，因此客户对有效保护它的知识产权问题尤为关注。知识产权大体分为四类：商标、专利、版权和商业机密，最影响企业承接外包业务的是保护客户的商业机密。我国一直以来在知识产权保护方面的意识比较淡薄，许多外包企业并没有意识到西方客户对知识产权保护的关注程度，政府部门也还未对 ITO 外包面临的知识产权保护上的问题给予高度的关注。知识产权保护的不力，导致跨国公司在进行业务外包时心存忧虑与恐惧，他们因担心自己知识产权尤其是商业秘密得不到有效的保护而不转移关键技术，这些都不利于中国 ITO 接包企业竞争力的提升和价值链的升级。

本章小结

服务外包一般是指"企业为了将有限资源专注于其核心竞争力，以信息技术为依托，利用外部专业服务商的知识劳动力，完成原来由企业内部完成的工作，以达到降低成本、提高效率，优化企业核心竞争力的一种服务模式"。目前国际上主要将服务外包分为三大类，即信息技术外包（ITO，Information Technology Outsourcing）、业务流程外包（BPO，Business Processing Outsourcing）和知识流程外包（KPO，Knowledge Processing Outsourcing）。

"十一五"期间，在全国建设 10 个具有一定国际竞争力的服务外包基地城市，推动 100 家世界著名跨国公司将其服务外包业务转移到中国，培育 1000 家取得国际资质的大中型服务外包企业，创造有利条件，全方位承接国际（离岸）服务外包业务，并不断提升服务价值，实现 2010 年服务外包出口额在 2005 年基础上翻两番。这是 2006 年商务部发布的"千百十工程"中的工作目标。

信息技术外包（ITO，Information Technology Outsourcing）是指企业以长期合同的方式委托信息技术服务商向企业提供部分或全部的信息功能。

所谓软件外包就是某些软件公司将他们的一些非核心的软件项目通过外包的形式交给人力资源成本相对较低的公司开发，以达到降低软件开发成本的目的。

本章关键词或概念

服务外包

千百十工程

信息技术外包（ITO）

软件外包

本章思考题

一、简答题

【问题 1】我国"千百十工程"的工作目标是什么？

【问题 2】什么是信息技术外包？

二、案例分析题

技术外包服务模式，是电子政务未来的发展方向；经济和社会效益最大化，是电子政务的终极目的。在证监会项目实施中，中企通信以丰富的行业经验、专业的网络技术以及与中国电信、中国网通的合作伙伴关系为中国证监会提供一站式服务，保证了中国证监会信息监管系统广域网络的全程连通性、网络可靠性和安全性，包括：各地电信之间的租用电路订单、订单的管理跟踪、设备的选型、电路的调通、测试以及网络建成后网络管理、网络故障审告和解决等，使得证监会广域网系统在很短的时间内完成开通。

中国证监会将信息监管系统广域网（二期）建设和运行管理项目外包给中企网络通信技术有限公司，取得了很好的效益。

中国证监会监管系统建设技术外包项目是花钱少、效率高的工程，是一个以需求为导向的网络与应用系统。

中国证监会的信息化工作和中企通信的技术外包服务模式开创了一条探索政府信息化的新路子，具有在政府部门加以推广的重要意义。

请分析说明为什么中国证监会监管系统建设技术外包项目是花钱少、效率高的工程，是一个以需求为导向的网络与应用系统。

请分析说明推广中国证监会技术外包服务模式的意义何在。

第二篇　商　务　篇

第2章 ITO 项目立项

本章导读

我们通过前一章的学习，已经了解了服务外包和信息技术外包的概念和相关情况，对服务外包和信息技术外包有了初步的感性认识，在接下来的一章我们通过对具体案例的分析学习，了解 ITO 项目立项阶段都要做哪些工作，掌握立项阶段的工作要点和技巧。

为了使广大读者更好地理解理论知识，做到理论与实践相结合，更好地指导项目管理实践，故提供一个 ITO 接包项目案例贯穿本书始终。也就是说，从本章开始一直到第8章的后续章节中，后面所举的例子都尽可能地围绕这个项目案例来展开。

本章学习目标

1. 了解案例项目背景。
2. 对案例基本信息以及框架做到详细认知和理解。
3. 掌握 ITO 项目立项阶段的工作要点。
4. 掌握项目机会研究与项目可行性研究的内容。
5. 掌握需求开发的过程，并了解如何做好需求跟踪。
6. 掌握如何做好项目论证与评估。

2.1 项目案例

2.1.1 项目背景

随着运营工作的不断深入，资产实物形态管理已不能满足地铁公司管理发展的需要。不仅没有准确掌握运营关键资产的全部信息，而且不能有效管理资产的维护维修和运行，甚至库存、备品配件的定额管理没有有效准确数据可以依靠，以规范、可控的流程进行库存、采购管理。对于地铁公司管理层来说也没有有效的关键业务指标可以参考。因此有必要委托接包商采用现代先进的信息化管理手段和工具，对运营资产进行科学有效管理，充分发挥资产的效益，达到保值增值的目的。

为适应公司业务持续、健康发展的需要，都成市地铁公司计划通过 ITO 的方式发包给具有先进信息化技术的接包商彦哲公司来提升运营管理水平和服务水平的手段，通过 EAM 系统的建设确保地铁车辆及运营机电设备安全、高效运行，提高物资采购、仓储、发放的效率，降低运营管理成本，为乘客安全、优质服务提供保障条件。

2.1.2 项目目标

建设都成市地铁运营资产管理系统（MTR EAM）以设备管理为基础，以安全生产为中心，努力实现减低生产成本、不断提高经济效益的目的。从设备维护管理角度出发以运营设备台账为基础数据，以工作单执行为主线，体现以预防性维修和预测性维修为主、强调安全处处存在、强化成本核算的管理思想。

该系统将通过以下几方面来实现降低生产成本、提高经济效益的目的：

（1）采用先进的物资管理、设备管理、地铁运营维护管理理念，建立流程化企业设备资产及地铁运营维护管理模式，实现对轨道交通设备资产及维护的规范化管理。

（2）建立采购—设备台账—交资交维的过程，完善运营的资产基础建设。

（3）优化维修业务流程，提高维修效率。

（4）提高库存数据的准确性、实时性、可预见性，优化库存水平，降低库存成本。

（5）优化采购业务流程，提高采购工作效率，节约采购成本。

（6）提高设备的可靠性、可用性，延长设备的生命周期，降低总体维护成本。

建立 EAM 系统后，系统要达到的基本功能要求有：

（1）建立设备台账、物资台账、固定资产台账，统一设备编码，统一备件编码，统一维护人员编码和工器具编码，实现基础数据的规范统一。

（2）建立维修标准作业体系，标准化工作程序与操作步骤，建立结构化故障代码体系，建立标准的维修定额体系。

（3）建立施工作业管理体系，实现施工作业计划编制、审核、清点、批准、执行等步骤，实现维修管理与行车调度管理的集成统一。

（4）建立大型移动设备的维修标准作业体系，支持将来的网络化、多线运营。

（5）建立项目管理体系，建立维修项目的预算及成本控制体系，实现精细化管理大修、中修、小修、厂修、架修、技改等项目。

（6）建立各种形式的统计分析图表，实现高效的统计、分析功能。

（7）建立集成统一的信息平台，实现关键绩效指标（KPI）管理，为管理决策提供依据。

（8）实现和用友财务系统、人力资源系统的集成方案。

（9）实现系统稳定、安全、高效的运行。

都成市地铁运营资产管理系统（MTR EAM）项目的实施有以下几点目标：

（1）采用先进的物资管理、设备管理、维修管理理念，建立"流程化"的企业设备资产及维护管理模式，按照都成市地铁企业资产编码体系，制定标准化操作规程，实现对轨道交通设备资产及维护的规范化管理。

（2）建立以企业设备资产及维护管理为目标，以设备维修管理过程中检修工单的提交、审批、执行为主线，辅以预防性维护管理的企业设备资产及维护管理系统实现设备生命周期的全过程信息化管理。

（3）通过 EAM 系统的上线运行，提高维修效率、降低总体维护成本。降低库存，降低采购成本，提高设备可靠性，提高设备利用率，提高员工工作效率，降低运营成本，根据运营管理需求，集成物资管理、设备管理、维修管理的相关功能，并实现与财务管理系统、人力资源管理系统的接口。

（4）EAM 系统建设确保在 2011 年 1 月地铁 1 号线系统大联调前实现系统试上线。

（5）2011 年 9 月都成市地铁 2 号线 EAM 系统实施完毕，在 2 号线大联调前实现 EAM 全部功能。

2.1.3　项目范围

1. 系统实施范围

本系统的实施范围至少包括以下内容：

● 提供系统硬件、软件及服务，建立以日常维护和维修管理、物资采购及仓储管理、运营统计分析管理为核心的企业设备资产管理系统

● 在系统实施准备阶段配合发包商完成对运营部门设计 EAM 系统的主要业务工作流程的评估和调整工作，在系统试上线后，根据系统大联调的运行经

验，配合招标人对相关流程进行优化

● 在系统实施过程中，配合发包商完成对运营部门设计 EAM 系统的相关运营管理制度、操作手册、工单、采购单、报表等运营文本的审查工作

● 对系统采集的数据进行归纳、统计、挖掘，并根据运营的实际需求生成相应的报表

● 负责 EAM 系统使用管理规定及 EAM 使用手册等与 EAM 相关文档的制订工作

● 在系统实施过程中负责完成所有运营机电系统设备原始信息的标准化管理和信息导入工作

● 在系统实施过程中完成相关接口的实施工作

2. 接口实施范围

系统接口实施应遵循相关信息及时采集或交互确保正常生产运营的原则，本系统需要实施的接口范围至少包括以下内容：

● 与人力资源管理系统、财务管理系统的数据接口

● 与地铁 1、2 号线综合监控、自动售检票（AFC）等地铁机电系统的数据接口，实现各机电系统设备故障及状态信息的及时采集

● 与自动化立体仓库的接口

3. 地铁 2 号线实施范围

本项目按照地铁 1 号线实施阶段工作内容实现 EAM 系统全部功能，在地铁 2 号线实施阶段提供系统扩展所需配套软硬件及相关服务的原则进行项目实施。

本项目建设的 EAM 系统将在地铁 1 号线系统大联调前实现系统试上线，本项目需在地铁 2 号线建设期间实施的内容包括：

● 提供地铁 2 号线 EAM 系统相关的硬件设备

● 提供地铁 2 号线 EAM 系统用户授权（License）

● 完成地铁 2 号线相关机电系统接口开发及测试

● 完成地铁 2 号线所有设备信息的导入

2.1.4　MTR EAM 功能概述

地铁运营资产管理系统（MTR EAM）通过优化维护资源，改善设备及员工生产力，提高库存效率，增强执行保修合同的能力，为列车服务企业节省时间和金钱。

MTR EAM 是基于 WEB 的应用系统。终端用户无需在工作电脑安装客户端软件，便能通过本地浏览器（微软 IE）进行访问。此外，通过 MTR EAM 提供的丰富图形用户界面，用户能轻而易举地操作及控制整个系统。

通过 MTR EAM，您能：

- 注册、跟踪并分析整个生命周期内的企业资产
- 为企业资产的周期性维护，灵活建立大量计划
- 运用工单模组，监控各种维护工作
- 通过获取工单上准确的劳务成本及物料支出，分析、优化维护工作成本
- 通过维修计划，预测采购需求
- 通过供应商询价管理，控制采购成本
- 通过库存管理，提高库存效率，降低库存成本

MTR EAM 在高阶上划分成 13 个模块。它们分别为：资产管理、维护管理、工单管理、采购管理、库存管理、报表分析、文档管理、合同管理、流程管理、安全管理、组织管理、系统管理及个人门户管理。基本功能如图 2-1 所示。

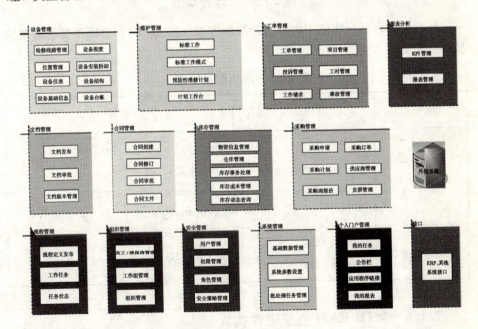

图 2-1　功能概述

2.1.5　MTR EAM 软件平台

MTR EAM 系统的软件架构如图 2-2 所示。

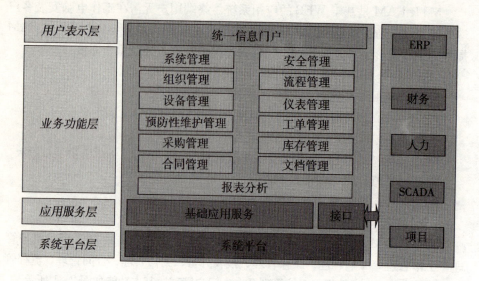

图 2 - 2　软件架构图

　　该软件平台运行在应用服务器和数据库服务器上,这两个服务器所需要的软件环境如表 2 - 1 所示。

表 2 - 1　所需软件环境表

	操作系统	软件
应用服务器	Red Hat Cluster Suite 5.0（Premium 版）	jdk - 1 _ 5 _ 0 _ 16 - linux - i586 jboss - 4.2.1. GA Apache httpd - 2.2.4. tar. gz Apache mod _ jk - 1.2.25 - httpd - 2.2.4. so
数据库服务器	Red Hat Cluster Suite 5.0（Premium 版）	ORACLE 11G（企业版）

2.1.6　MTR EAM 系统硬件构成

MTR EAM 系统硬件构成如图 2 - 3 所示。

该 EAM 系统所需的各种硬件设备名称及其数量如表 2 - 2 所示。

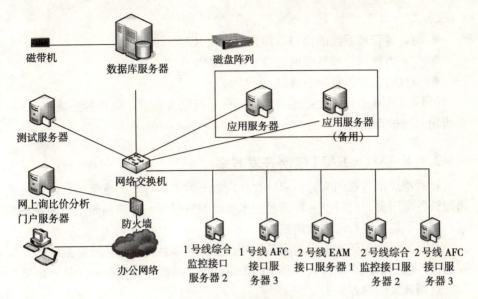

图 2-3　系统架构图

表 2-2　硬件设备与数量一览表

序号	设备名称	数量	单位	备注
1	应用服务器	2	台	
2	数据库服务器	1	台	
3	接口服务器	5	台	
4	门户服务器	1	台	
5	测试服务器	1	台	
6	固定终端-台式机	40	台	
7	移动终端-笔记本	10	台	
8	防火墙	1	台	
9	手机短信通知设备	1	套	
10	机柜	2	台	
11	UPS	1	套	

2.1.7　MTR EAM 系统接口方案

系统接口方案指地铁运营资产管理系统（MTR EAM）如何与其他信息系统之间数据交互的方案。这些系统之间的数据交互需要通过客户化接口实现。

MTR EAM 提供入站接口，从其他系统输入数据：

● 与各机电设备系统的接口：如综合监控系统、自动售检票系统

（AFC）等

- 与财务管理系统的接口，即发票模块（AP）等
- 与人力资源管理系统的接口，即 HR 等
- 与自动化立体仓库的接口

MTR EAM 也提供出站接口，向其他系统输入数据，如从劳务成本向 GL 系统输入数据等。

2.1.8 MTR EAM 定制开发方案

针对都成市地铁的实际需求，存在定制开发的内容时，彦哲公司结合都成市地铁各部门分布的特点，在满足技术要求的前提下，仔细调研用户的业务需求，制定了切实可行的实施措施。

彦哲公司除保证本项目的完整性外，还保证本系统与其他业务系统的互联互通性，包括都成市地铁认为必须的参数调整、功能整合和必要的软件维护。

定制开发的内容如表 2-3 所示。

表 2-3 定制开发内容一览表

序号	功能模块	详细功能
1	用户个人门户管理	公告栏、工作收件箱、工作进度跟踪、报表、KPI 指标及图形、重要设备状态、应用程序链接、组件显示位置及数据来源的配置等。
2	手机短信通知管理	应急预案中手机短信设备的设置、短信通知范围、短信内容的管理等。
3	数据中心	数据中心数据管理类别的管理、数据来源的自定义、数据的动态查询和分析等。

2.2 项目机会研究

项目机会研究是 ITO 项目立项的第一步，其目的是选择投资机会、鉴别发包方向。它寻求的是投资应该用于哪些可能会有发展的部门，这种投资能给企业带来盈利，能给国民经济带来全面的或多方面的好处。

机会研究又分为一般机会研究和特定项目机会研究两种。根据具体的实际情况，决定进行哪种机会研究，还是两种机会研究都进行。

一般机会研究：这种研究主要是通过专业的部门或机构进行的，目的是通过研究指明具体的投资建议。有以下三种情况：地区研究；部门研究；以资源

为基础的研究。

特定项目机会研究：一般投资机会做出最初鉴别之后，即应进行这种研究，并应向潜在的投资者散发投资简介，实际上作这项工作的往往是未来的投资者或企业集团。主要内容为：市场研究；项目意向的外部环境分析；项目承办者优劣势分析。

国外投资者一般从市场和技术两个方面寻找 ITO 项目的投资机会，但在国内必须首先考虑到国家有关政策和产业导向。

1. 从政策导向中寻找项目机会

项目机会研究的政策导向性依据主要包括国家、行业和地方的科技发展和经济社会发展的长期规划与阶段性规划，这些规划一般由国务院、各部委、地方政府及主管厅局发布。

2. 从市场需求中寻找项目机会

除基础性研究项目、公益性项目，以及涉及国防和国家安全的项目外，绝大多数投资项目都要从市场中取得回报。市场需求是发包方向的主要依据，投资者应从市场分析中选择项目机会。

市场分析是一项非常复杂的工作，不仅应客观地分析市场现状，还应科学地预测未来市场的发展趋势。更重要的是，必须清楚地了解主要竞争对手的产品、市场份额，以及他们正在做什么、下一步打算做什么。

市场分析必须考虑到潜在的市场风险，应该考虑到最坏的可能，以及出现这种最坏可能的概率是多少、可采用什么方法规避风险。但投资者也应意识到，没有任何风险的项目是不存在的，风险中往往蕴藏着机会，风险大的项目可能的赢利也要大一些。投资者应根据自身的经营策略与资金性质，决定可以接受的风险程度。

3. 从技术发展中寻找项目机会

信息技术发展迅速，日新月异，新技术也会带来新的项目机会。

目前，计算机技术、通信技术、网络技术等发展较快，基于这些新技术的应用系统前景广阔。

4. 从特定事件中寻找项目机会

有时特定的事件也能给我们带来项目机会。

ITO 项目发包方选择接包方所考虑的主要因素有：

（1）**综合环境因素较好。**市场化程度较高接包方所在国要有良好的社会安全稳定体系；理想的投资环境和稳定的政府及税收政策；完善超前的基础设施，发达便捷的道路交通，安全快速的高速公路网络及连接机场、车站、码头的交通网络；发达的通讯设施，普及的网络宽带和卫星电视；能源供给充裕稳定；高档宾馆、写字楼供给充分，设备设施配套齐全等。接包国的市场化程度尤其是政府行为的标准化程度要比较高，政府的职能范围要限于宏观经济决策领域和促进市场法制、规范、秩序等的建设方面，要实现所有制多元化，尊重和维护经济主体的治理自主权，为他们提供良好的公共产品和服务以及在国内外市场公平竞争的机会。

（2）**低成本、富有才干的人才优势。**由于服务外包企业主要是从事技术和知识密集的头脑型企业，因此，需要大量的中高层次人才。概括来说，外包企业需要的人才主要有四类：第一是具备战略策划、项目治理、组织领导等综合素养的治理者；第二是具备外包方案专业策划及运作能力的具体操作人才；第三是具备国际交流能力的辅助人才；第四是具有很强的纪律性和耐心、能够一丝不苟地执行重复枯燥工作的基层人员。同时服务外包的本质是寻求成本的降低，所以要求接包方人力资本的成本要低于发包方。

（3）**经济增长较快，拥有发达的信息技术和知识型产业。**政府大力支持发展服务外包在全球新一轮的产业结构调整中，跨国公司已经开始将诸如数据处理中心、客户服务中心和售后咨询中心等信息技术和数据加工服务型的企业流程，通过外包方式提供给信息技术的专业公司和企业完成，所以需要接包国信息技术和知识型产业比较发达，政府对该类产业的发展提供大力的政策支持。

（4）**发达规范的服务外包中介市场。**发包方将需要的服务内容、质量、供给的期限通知中介组织。中介组织将自己拥有的接包方的相关信息进行收集和分类后，再结合发包方的需求信息，为其找到最为匹配的伙伴，并协助接包方和发包方协商好相关事宜，签订交易合同。中介市场的存在可节省信息费用，使搜寻成本和匹配成本大大降低，提高所有参与者的效益。

（5）**企业诚信度高，知识产权得到保护相互信任是外包服务合作关系的基础。**服务外包涉及企业内部职能和部分商业机密，有些甚至是发包方的核心技术，因此接包方的诚信是发包方十分关注的问题。同时要求企业具有强烈的质量意识和服务意识。与外包有关的知识产权保护问题已构成一个国家外包竞争优势的重要因素。

（6）**区位优势和文化适应性。**接包国越是邻近发包国，其在文化和语言方面与目标客户越是接近，从而使得接包国越具有较强的客户互动技能。客户互动技能是指包括英语能力在内的高超交流技巧。接包国较高的英语水平以及良好的语言文化环境可以使接包方工作人员能够很通畅地与发包方工作人员进行沟通与协作。交流的有效性取决于语言技能、交流基础设施和文化适应性。能力缺乏、层次较低的交流技能最终会损害客户的信任，从而难以获得海外客户的外包订单。而且，即便获得了海外订单，交流技能的缺乏也会增加人事治理难度，延长项目时间，进而产生较高费用。因此，在某种程度上，接包国的区位优势甚至超过了成本优势所起到的决定性作用。

例如，某地铁 EAM 项目中，对我国地铁行业的战略市场研究是进行项目机会研究的重要内容。这项工作是由彦哲公司负责项目立项与售前招投标协调工作的业务拓展部完成的。

在确定开拓地铁 EAM 市场之前，彦哲公司的 BD（Business Development，业务拓展）人员所做《战略市场研究》的内容提纲如下所述。

1. 现状分析
   1.1　业务定义和范围
      1.1.1　业务概况
      1.1.2　市场结构
      1.1.3　客户导向的战略市场计划
      1.1.4　范围
   1.2　外部环境
      1.2.1　宏观环境
      1.2.2　行业环境
   1.3　关键成功因素
   1.4　内部条件
      1.4.1　非市场营销能力
      1.4.2　销售和市场营销能力
   1.5　问题和机遇

2. 市场营销目标
   2.1　业务单位的目标
   2.2　战略定位
   2.3　营销目标
      2.3.1　选择市场细分
      2.3.2　产品定位
      2.3.3　定价

2.3.4　推广

3. 营销战略

　　3.1　一般营销战略

　　3.2　细分市场的营销战略

4. 实施

5. 评价和控制

6. 附录

　　地铁 EAM 市场一旦发现销售机会后，应建立销售机会管理表，如表 2-4 所示。该表至少每两周更新一次工作状态，以便相关负责人及时了解该项目的跟进情况。

表 2-4　销售机会管理表

更新日期：2009 年 7 月 21 日

序号	客户	行业	交付地点	信息展望					解决方案团队						下一步计划	状态日期	备注/跟进历史
				展望描述	方案类型	预期收入（百万元）	2010年预期收入（百万元）	预期赢得概率（%）	销售渠道	客户经理	业务拓展经理	主要交付团队	方案经理	合作伙伴			
1	都成市地铁	轨道交通	都成市	EAM	SI	8	6.2	25%	中国大陆	李彦哲	龙基	SSDI	李智霖	HP	继续跟进	2009年7月21日	地铁高层已经知晓我们的产品，正等待技术交流时机。已经将我公司的相关资料送达相关负责人，并进行了初步沟通。 6月24日：已寻求认可我公司产品的主管领导代为推荐。 7月1日：得知清同科技准备参与。 7月8日：从该公司的一个朋友那了解到尚无实质进展。 7月21日：目前正在实施IT规划项目，约半年时间。

在表 2-4 中，预期赢得概率的百分数定义如下：

- 100%：合同已盖章
- 90%：商务已经谈好，合同在签（有的已经签了开工函）
- 75%：我方已经中标，商务谈判中
- 50%：已经深度交流，客户已经基本接受我们的方案。后面能够参与投标
- 25%：项目已经立项，有初步交流
- 10%：客户有需求，但是项目没有立项

2.3　项目可行性研究

为了避免进行盲目的投资，在决定一个 ITO 项目是否应该立项之前，需要对项目的背景、意义、目标、开发内容、国内外同类产品和技术、本项目的创新点、技术路线、投资额度与详细预算、融资措施、投资效益，以及项目的社会效益等多方面进行全面的评价，需要对项目的技术、经济和社会可行性进行研究。

ITO 项目可行性研究的目的是在 ITO 项目立项之前，对所要承担的系统进行必要性、可能性及可能采取的方案进行分析和评价，为组织管理层决策提供科学的依据。以便用最小的代价在尽可能短的时间内确定以下问题：项目有无必要？能否完成？是否值得去做？

统计显示，70% 以上的信息系统项目都失败了。事实表明，很多的项目在立项阶段就应该终止。

1. 技术可行性分析

技术可行性分析是指在当前市场的技术、产品条件的限制下，能否利用现在拥有的以及可能拥有的技术能力、产品功能、人力资源来实现项目的目标、功能、性能，能否在规定的时间期限内完成整个项目。

技术可行性分析一般应当考虑：进行项目开发的风险；人力资源的有效性；技术能力的可能性；物资（产品）的可用性。

2. 经济可行性分析

经济可行性分析主要是对整个项目的投资及所产生的经济效益进行分析，具体包括：支出分析、收益分析、投资回报分析以及敏感性分析等。

3. 社会可行性分析

社会可行性分析主要是分析项目对社会的影响，包括政治体制、方针政策、经济结构、法律道德、宗教民族、妇女儿童及社会稳定性等。

4. 可行性研究报告

可行性研究报告是项目初期策划的结果，它分析了项目的要求、目标和环境；提出了几种可供选择的方案；并从技术、经济和法律各方面进行了可行性分析。可作为项目决策的依据。可行性研究报告也可以作为项目建议书、投标书等文件的基础。

编写一份项目可行性研究报告，可以考虑从如下几个方面进行：

第 1 部分　概述。现行系统的目标、功能、范围、关键信息需求及存在的主要问题。

第 2 部分　项目技术背景与发展概况。

第 3 部分　现行系统业务、资源、设施情况分析。

第 4 部分　项目技术方案。说明拟建新系统的总体方案。

第 5 部分　实施进度计划。

第 6 部分　投资估算与资金筹措计划。系统开发的分阶段投资计划与投资总额；系统正常运行后日常维护、材料消耗等方面的年费用投入。

第 7 部分　人员及培训计划。开发系统所具有的技术条件和对技术能力的评估；系统环境的整改方案与整改计划，包括人员培训计划。

第 8 部分　不确定性（风险）分析。

第 9 部分　经济和社会效益预测与评价。系统投运后所产生的经济与社会效益分析。

第 10 部分　可行性研究结论与建议。信息系统开发的结论意见，可行性报告必须提出明确的分析结论。

对于 ITO 项目——地铁运营资产管理系统（EAM）实施项目，编制其可行性研究报告，可参考国家推荐标准 GB/T 8567—2006《计算机软件文档编制规范》中关于可行性分析（研究）报告（FAR）的文档编制格式。其推荐的可行性研究报告的正文格式如下：

1. 引言

本章分为以下几条。

1.1　标识

本条应包含本文档适用的系统和软件的完整标识，（若适用）包括标识号、标题、缩略词语、版本号和发行号。

1.2　背景

说明项目在什么条件下提出，提出者的要求、目标、实现环境和限制条件。

1.3　项目概述

本条应简述本文档适用的项目和软件的用途，它应描述项目和软件的一般特性；概述项目开发、运行和维护的历史；标识项目的发包方、需方、用户、开发方和支持机构；标识当前和计划的运行现场；列出其他有关的文档。

1.4　文档概述

本条应概述本文档的用途和内容，并描述与其使用有关的保密性和私密性的要求。

2. 引用文件

本章应列出本文档引用的所有文档的编号、标题、修订版本和日期，本章也应标识不能通过正常的供货渠道获得的所有文档的来源。

3. 可行性分析的前提

3.1　项目的要求

3.2　项目的目标

3.3　项目的环境、条件、假定和限制

3.4　进行可行性分析的方法

4. 可选的方案

4.1　原有方案的优缺点、局限性及存在的问题

4.2　可选用的系统，与要求之间的差距

4.3　可选择的系统方案 1

4.4　可选择的系统方案 2

4.5　选择最终方案的准则

5. 所建议的系统

5.1　对所建议的系统的说明

5.2　数据流程和处理流程

5.3　与原系统的比较（若有原系统）

5.4　影响（或要求）

　　5.4.1　设备

　　5.4.2　软件

　　5.4.3　运行

　　5.4.4　开发

　　5.4.5　环境

　　5.4.6　经费

5.5　局限性

6. 经济可行性（成本—效益分析）

6.1　投资

包括基本建设投资（如开发环境、设备、软件和资料等），其他一次性和非一次性投资（如技术管理费、培训费、管理费、人员工资、奖金和差旅费等）。

6.2　预期的经济效益

　　6.2.1　一次性收益

　　6.2.2　非一次性收益

　　6.2.3　不可定量的收益

　　6.2.4　收益/投资比

　　6.2.5　投资回收周期

6.3　市场预测

7. 技术可行性（技术风险评价）

本公司现有资源（如人员、环境、设备和技术条件等）能否满足此工程和项目实施要求，若不满足，应考虑补救措施（如需要分承包方参与、增加人员、投资和设备等），涉及经济问题应进行投资、成本和效益可行性分析，最后确定此工程和项目是否具备技术可行性。

8. 法律可行性

系统开发可能导致的侵权、违法和责任。

9. 用户使用可行性

用户单位的行政管理和工作制度；使用人员的素质和培训要求。

10. 其他与项目有关的问题

未来可能的变化。

11. 注解

本章应包含有助于理解本文档的一般信息（例如原理）。本章应包含为理解本文档需要的术语和定义，所有缩略语和它们在文档中的含义的字母序列表。

附录

附录可用来提供那些为便于文档维护而单独出版的信息（例如图表、分类数据）。为便于处理附录可单独装订成册。附录应按字母顺序（A，B 等）编排。

2.4　需求开发与跟踪

ITO 接包企业应当对作为欲接包 ITO 项目的需求进行有效的管理，才能为未来项目的顺利接包奠定基础，否则，一旦需求不清晰或投标执行过程偏离了目标，带来的风险则是项目接包的失败。

就项目目标所作出的各项技术和非技术的要求，均为项目需求。在项目建设的初期阶段，ITO 项目发包方与 ITO 项目接包方或者欲接包方就需求定义开展需求开发的活动。

根据项目的阶段划分，需求相关活动可分为两大阶段：需求开发阶段、需求实现阶段。需求开发阶段又分为技术活动"需求开发"、管理活动"需求开发过程管理"。需求开发阶段结束后，将输出"需求定义书"，经过审批的需求定义书又称为"需求基线"；需求实现阶段所进行的需求管理和控制，均是以"需求基线"为比较基准而开展的。

对于 ITO 项目而言，常常由于发包方认识上的差异，接包方需求分析能力的制约，及其他环境因素的制约导致项目建设前期的需求开发过程的输出物"需求定义书"的质量低劣，导致项目建设过程中频繁的需求变更，而频繁的需求变更又是 ITO 项目其他相关变更的导火索。因此，欲接包方在项目立项阶段就需要协助发包方对 ITO 项目需求进行合理、有效的需求分析，并提出合理的需求建议，以确保在项目实施过程中做到合理而有序，确保项目的成功。

2.4.1 需求开发

ITO 项目需求开发中的主要困难有：知识与技能不足的问题；开发人员态度问题；用户合作问题；用户不能准确描述需求；双方无法一致理解需求；文档能力问题；需求变更频度问题等。要解决这些问题，就需要做好需求开发工作。

需求开发的主要任务是编制详细的需求定义书，而组织活动、管理活动则是实现这个目标的保障。

ITO 项目需求开发过程的输出应该有项目视图、用例文档、软件功能定义及相关分析模型，经评审批准，这些文档就构成了 ITO 项目的需求定义书（需求基线），这个基线在发包方和接包方各相关人员之间构筑起了产品计划内的功能需求和非功能需求的一个约定。

需求开发过程示意图如图 2-4 所示。

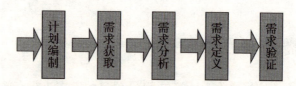

图 2-4 需求开发过程示意图

需求开发过程的输出是提交经评审后的需求定义书，即需求基线，是整个 ITO 项目建设中第一个重要里程碑，因为这是后续计划的基本依据。因需求定义书是整个项目的依据，需要确保需求定义书的质量，质量来自于需求开发的过程，涉及：制订工作计划、需求获取、需求分析、编写需求定义书、验证和评审等工作环节进行有效的管理。

1. 制订需求开发工作计划

需求开发过程也需要有计划地、合理地安排工作，才能够取得更好的工作绩效。工作计划包含以下内容：

- 需求开发的目标
- 需求开发的组织形式，如：集中会议、分散沟通
- 需求调研的时间、地点、参与人员
- 确定需求定义书的风格、阐述方式
- 确定需求跟踪控制表，应该收集整理的跟踪信息
- 确定需求小组各成员的工作职责，工作规程

欲接包方需求分析人员同发包方人员正式接触前，应制定一个访谈人员计划列表和针对不同类别人员的问询表。问询表通常包含以下内容：用户为需求沟通所准备的文档情况；业务的目的；当前的目标；长远的目标；当前准备情况；完成的业务功能列表；目标系统操作人员的业务及电脑技术熟练程度；最终操作用户；当前及将来的硬件、软件及网络环境等问题。当然针对不同人员侧重点不一样，需要做相应的增减、修改。

2. 需求获取

项目需求源自项目发包方，需求的获取过程即是通过欲接包方与发包方相关人员的协同工作，将发包方的需求转化为用恰当媒介承载的形式。为此，需要开展以下工作。

(1) 分解业务需求相关人员。编制访谈对象，作为需求开发工作计划之一，要将发包方、欲接包方各相关业务人员、分析人员进行分类整理，分别划分到需要访谈的项目需求中。

(2) 对发包方业务代表进行访谈和调研。针对各种业务类型，在需求开发工作计划中已经列举了相关的发包方代表。与发包方代表沟通交流，获取其对业务需求的阐述。交流的方式可以是会议、电话、电子邮件、小组讨论、模拟演示等形式。可采用群体创新技术，如：头脑风暴法、名义小组技术；群体决策技术，如：多数原则、独裁。

(3) 整理记录发包方的需求。整理并记录发包方想要实现什么，即功能描述；需求背景、业务意义；分析由需求衍生出的隐含需求，或识别用户没有明确提出来的隐含需求，隐含需求往往容易被忽略，对隐含需求考虑不够充分也是引起需求变更的重要原因。

需求分析人员可采用如表 2-5 "地铁 EAM 项目需求开发过程的跟踪控制表"来记录需求。

表 2-5　地铁 EAM 项目需求开发过程的跟踪控制表

需求名称	库存管理	需求编号	EAM00101
需求类型	（需求小组对需求的分类管理）	需求分析人	李工
需求提出部门	库房管理处	需求提出人	张三
关联需求	（与本需求相关联的需求编号）	关联系统	（描述关联系统）
业务意义	描述该功能对业务部门的意义		
需求背景	描述业务部门的业务现状，为分析人员分析发包方为什么要建设该功能提供支撑。		

（续）

功能描述	1. 地铁物资库存管理模块主要包括物资信息管理、仓库管理、库存事务处理、库存成本管理及库存动态查询等。 2. 实现地铁物资基本信息管理、进库登记、出库登记、存货查询等。			
参考附件	略			
备注	略			
发包方	业务人员		签字时间	
	需求管理人员		签字时间	
欲接包方	需求分析人员		签字时间	
	需求管理人员		签字时间	

3. 需求分析

需求分析是用抽象描述的方法为目标系统建立一个概念模型，分析方法视领域而不同。ITO 项目的分析方法有结构化分析法、原型法、OOA、UML 等。

需求分析的任务是全面调查、分析、引导、挖掘发包方对项目目标的需求，并进行沟通、协调、妥协和平衡，最终得到各方签字认可的需求定义书（需求基线）。

发包方的业务人员通常不能准确阐述他们真实需求，因此欲接包方应配备素质良好的需求分析人员，通过培训、询问、引导、分析、并借助恰当的工具来挖掘发包方的真实需求。

分析过程与获取过程是并行的，通过建立模型来描述用户的需求，为发包方、欲接包方等不同参与方提供交流的渠道。模型是对需求的抽象，是相关各方沟通的桥梁。

需求分析过程的管理活动，通常也由欲接包方承担。欲接包方应当采用如表 2-5 "地铁 EAM 项目需求开发过程的跟踪控制表" 来管理需求，为项目的后续活动提供支持。

4. 需求定义书编写

此项工作是根据项目目标和访谈结果编写内容明确的、结果可验证的、相互一致的需求定义书。这里需要强调的是，需求定义书的编制是一个渐进明细的过程。编写需求定义书应满足需求管理的要求。

5. 需求验证和评审

验证是为了确保需求定义书准确、完整地表达发包方对项目产品的要求。

需求验证和评审过程，必须有发包方的参与。分析人员、发包方、高层设计人员、产品验证人员等组成的小组，对其进行检查和评审，对重要的项目需求，还可以组织第三方专家评审。

评审后，应在表 2-5"地铁 EAM 项目需求开发过程的跟踪控制表"上签署相关人员的名字，为后续的需求变更控制、需求的双向追溯、产品验证等过程提供信息支持。与需求相关的干系人信息是需求双向追溯的重要信息。

经过多次验证后的需求定义书，在某一版本上达成了发包方和欲接包方的一致认同，定稿，作为需求管理的基线，今后的需求变更和修改在此基础上按照需求变更控制规程来进行。

2.4.2　需求跟踪

1. 需求跟踪的概念

需求跟踪包括编制每个需求同系统元素之间的联系文档，这些元素包括：相关人员、其他需求、体系结构、其他构件、源代码、测试、帮助文档等。完善需求跟踪信息对于需求变更影响分析十分有利，有利于确认和评估某个建议的需求变更所必须做的工作。

优秀的需求定义书应提供完善的需求跟踪信息。需求开发阶段应着手编制需求跟踪信息，分别在需求获取、需求分析、需求定义等工作环节，表 2-5"彦哲地铁 EAM 项目需求开发过程的跟踪控制表"即可记录需求跟踪信息，如：需求提出人、发包方的签字人员、关联需求、关联系统等，项目需求管理小组可根据具体项目的需要扩展表 2-5 的内容。

需求开发阶段：

（1）发包方需求可以向前追溯到需求定义书，这样就能区分出开发过程中或开发结束后由于需求变更受到影响的需求。这也确保了需求定义书包括所有发包方需求。

（2）从需求定义书回溯到相应的发包方需求，确认每个需求的源头。

在 ITO 项目中，需求定义书中不会直接包含软件代码。如果不能把设计元素、代码段或测试回溯到需求，则可能开发了一段"画蛇添足"的程序。反之，若某些孤立的元素表明了一个正当的功能，则说明需求定义书遗漏了一项需求。

当某个需求变更时，能确保变更信息正确地传播，并将相应的任务作出正确的调整。

2. 需求跟踪的目的

需求跟踪是重要的项目需求管理方法，这种方法为项目组织提供了在发包方需求、需求定义书、项目产品之间保持一致性的能力。需求跟踪可以改善产品的质量，降低维护成本，而且能提高需求定义、项目产品部件的可重用性。

需求跟踪所涉及的活动过程包含：需求开发（收集、分析、定义）、需求实现、需求变更控制、项目产品交付等。整理需求跟踪信息具有相当大的劳动强度，要求项目组织制订相应的工作计划。随着项目开发的进行和维护的执行，要保持信息与实际一致，这通常是一件十分困难的工作。在 ITO 项目实施过程中，项目小组往往不会主动更新跟踪能力信息，导致跟踪能力信息与实际情况不符。合理地使用需求跟踪能力能给项目带来很多好处。

（1）确保需求得到满足：审核跟踪能力信息可以确保所有需求被应用。

（2）影响分析：变更影响分析中，跟踪能力信息可以确保在增、删、改需求时，每个受到影响的系统元素不被忽略。

（3）完整地实施变更：实施变更时，可靠的跟踪能力信息能支持变更者迅速找到相关联的需求，或其他元素，从而提高生产率，并为保证变更的完整性提供了支持。

（4）进度状况：认真记录跟踪能力数据，就可以获得某功能按计划当前实现状态（进度）的记录。还未出现的联系链则意味着没有输出相应的项目产品部件。

（5）再设计：以迭代方式替换旧系统时，可以列出旧系统中将要替换的功能，记录它们在新系统的需求和软件组件中的位置。从现成的信息系统，通过反向工程学方法获取现成系统的需求定义，该过程也需要定义跟踪能力信息链。

（6）复用：跟踪信息可以帮助你在新项目中对相同的功能利用旧项目相关资源。如：功能设计、相关需求、代码、测试方案等。

（7）减小风险：部件互连关系文件化可减少由于一名关键成员离开项目所带来的风险。

（8）问题定位：如软件项目集成测试中，模块、需求、代码段之间的跟踪联系信息可以在测试出错时迅速定位最可能有问题的代码段。

建立完善的需求跟踪能力信息确实要增加项目开发成本，但从项目的全生命周期考虑项目所获得的长期利益，则能减少全生命周期费用。CMMI 也要求具备需求跟踪能力。其实，项目组成员也会自行进行需求跟踪信息的整理，但通常不够规范和完备。如果要进行规范的需求跟踪能力信息收集、整理、管理，则需要从组织层面着手，编制相应的需求管理计划，完善组织建设、制度建设、岗位建设。

3. 需求跟踪能力矩阵

需求跟踪能力矩阵是用来整理并管理需求跟踪能力信息的重要工具，该工具应用在项目需求定义、项目实施、项目产品交付等环节。

在项目需求定义工作中，应完善需求定义书与原始需求之间的跟踪能力联系链信息。

需求跟踪能力矩阵能表示需求和别的系统元素之间的联系链关系，各种系统元素类型之间可以是一对一、一对多、多对多的关系。表 2-6 展示了地铁 EAM 项目需求跟踪能力矩阵。

表 2-6　地铁 EAM 项目需求跟踪能力矩阵

使用实例	功能需求	设计元素	代码	测试实例
合同查询	合同管理	Design. ht. query	Hetong. query（）	test. ht. q01
合同创建	合同管理	Design. ht. creat	Hetong. creat（）	test. ht. c01 test. ht. c02

创建需求跟踪能力矩阵是件困难的工作，短期之内会造成开发成本上升，虽然从长远来看可以减少项目生存期费用，项目组织在实施这项能力的时候应循序渐进，逐步实施需求跟踪能力矩阵可以有多种方法，每个组织关注的重点不同，所创建的需求跟踪矩阵也不同，只要能够保证需求的一致性和状态的跟踪就达到目的了。

现实中，很多项目组并没有创建需求跟踪能力矩阵的习惯，所导致的问题常常发生在项目组成员岗位变动或人才流失时。因这些跟踪能力信息没有得到整理，只存在于具体的实施人员头脑中，而人才的流失却带走了这些信息，导致项目组已经形成的资产化为乌有，当其他项目成员遇到同类需求时，只有重新进行开发。

4. 需求跟踪能力工具

联系链信息源于项目实施人员的头脑中，管理联系链信息的首要工作是整理这些信息。这项工作无疑加重了项目实施人员的负担。如果能借助特定的 IT 工具来管理这些巨大的跟踪能力信息，则能提高跟踪能力信息管理的效率。

根据项目的规模大小，可选择的管理工具有所不同，对于小型项目，可使用电子数据表格来管理这些信息。

规模越大的项目，越需要建立需求跟踪能力。然而，由于所管理的信息量巨大而且复杂，信息之间的链接关系有可能构成一个网状图。具有强大需求跟踪能力的商业化软件工具则能解决这个问题。工具将需求和其他信息存储在数据库中，定义不同对象间的联系链。例如，有一些工具需要区分"追溯到（跟踪进）"与"从……回溯（跟踪出）"关系，操作工具时能自动定义相对的联系链。例如，如果你指出需求 Req 追溯到测试实例 Test，工具会自动定义相对的联系"Req 从 Test 回溯"。工具还可以在联系链某节点变更后将关联节点标为"可疑"。可以让你检查与变更相关联的元素（节点）受影响情况。这些工具允许定义"跨项目"或"跨子系统"的联系链。有些情况下，分配给一个子系统的需求，实际上是由另一个子系统提供的服务完成的。采用商业化需求管理工具可以成功地跟踪这些复杂的跟踪能力关系。

5. 需求跟踪能力相关的过程

项目管理中，利用需求跟踪能力时，可以参考下列步骤：

需求管理计划中包含了创建需求跟踪能力的策略、方针、指南，与需求跟踪能力相关的项目需求管理计划包含：

（1）定义联系链：根据项目实际情况，确定合适的需求跟踪能力，决定定义哪几种联系链。

（2）确定矩阵种类：选择合适的跟踪能力矩阵的种类，以满足定义联系链的需要。

（3）确定管理对象：确定对哪部分需求实施跟踪能力信息维护。如：核心功能、高风险部分、维护量大的部分等。

（4）确定信息提供者：每类联系信息均来自对应的项目干系人，应将这些人员信息列入管理计划。

与需求跟踪能力相关的实施过程：

（1）制定标记性的规范：用以统一标识所有的系统元素，达到可以相互联系的目的；若必要，做文字记录，这样就可以分析系统文件，便于重建或更新跟踪能力矩阵。

（2）培训：使项目组成员接受需求跟踪能力，理解跟踪能力的目的、重要性、跟踪能力数据存储的方式、定义联系链的技术、需求管理工具的使用。明确各职位人员担负的责任。

（3）编制跟踪能力信息：一旦有人完成某项任务，要立刻通知相关人员编制、更新需求链上的联系链信息。

（4）更新联系链：跟踪信息与实际相符才有管理价值，为此，开发过程中应周期性地更新数据；应通过修订过程和核对表来提醒开发者在需求完成或变更时更新联系链。

2.5　项目论证与评估

项目论证与评估工作是对拟实施项目的技术先进性、经济合理性、实施可能性和风险性等方面进行全面、科学的技术经济分析。项目论证与评估是 ITO 项目立项前的最后一关。"先论证、再决策、后实施"是现代项目管理的基本原则。

项目论证是指对拟实施 ITO 项目在技术上是否可能、经济上是否有利、建设上是否可行所进行的综合分析和全面科学评价的技术经济研究活动。

项目论证主要回答的问题有以下几个：

- 项目在技术上是否可行？
- 项目在经济上是否有生命力？
- 项目在财务上是否有利可图？
- 项目能否筹集到全部资金？
- 项目需要多少资金？
- 项目需要多长时间能建立起来？
- 项目需要多少物力、人力资源？

项目评估指在项目可行性研究的基础上，由第三方（国家、银行或有关机构）根据国家颁布的政策、法规、方法、参数和条例等，从项目（或企业）、国民经济、社会角度出发，对拟建项目建设的必要性、建设条件、生产条件、产品市场需求、工程技术、经济效益和社会效益等进行全面评价、分析和论证，进而判断其是否可行的一个评估过程。

项目评估是项目投资前期进行决策管理的重要环节，其目的是审查项目可行性研究的可靠性、真实性和客观性，为银行的贷款决策或行政主管部门的审批决策提供科学依据。

项目评估的依据有以下几个：

（1）项目建议书及其批准文件。

（2）项目可行性研究报告。

（3）报送单位的申请报告及主管部门的初审意见。

（4）有关资源、原材料、燃料、水、电、交通、通讯、资金（包括外汇）及征地等方面的协议文件。

（5）必需的其他文件和资料。

项目评估的内容包括以下若干方面：

（1）项目与企业概况评估

（2）项目建设的必要性评估

（3）项目建设规模评估

（4）资源、原材料、燃料及公用设施条件评估

（5）建厂条件和厂址方案评估

（6）工艺、技术和设备方案评估

（7）环境保护评估

（8）建筑工程标准评估

（9）实施进度评估

（10）项目组织、劳动定员和人员培训计划评估

（11）投资估算和资金筹措

（12）项目的财务效益评估

（13）国民经济效益评估

（14）社会效益评估

（15）项目风险评估

项目论证与评估可以分步进行，也可以合并进行。实际上，项目论证与评估的内容、程序和依据都是大同小异的，只是侧重点稍有不同，论证的对象可以是未完成的或未选定的方案，而评估的对象一般需要正式的"提交"；论证时着重于听取各方专家意见，评估时更强调要取得权威的结论。

与项目可行性研究类似，项目论证与评估也要从必要性、可能性和投资效益等几个方面对项目进行综合分析。但项目可行性研究一般是项目承担单位的主观性分析，而项目论证与评估则是第三方的客观性分析，可以从各个角度对项目的可行性进行评价。

就地铁运营资产管理系统（EAM）实施项目而言，彦哲公司要求在提交公司管理层进行立项审批时需要提交项目投标立项响应表以及商务案例分析表，以作为决策依据。根据项目投标立项响应表及评估讨论会确定：继续跟进还是放弃。项目投标立项响应表以及商务案例分析表分别如表 2-7、表 2-8 所示。在项目投标立项响应表中，如果销售部、业务拓展部、方案解决团队相关人员有回答不了的问题或信息不明确，就需要制定跟进计划、跟进人和时间。

ITO 项目投标评估目的和程序是：

（1）接到投标邀请/获知销售机会后，销售部、业务拓展部、方案解决团队三方应在两天内召开评估会议。

（2）通过会议提供一种工作模式和程序，以判断是不是要继续跟进这个项目。

（3）当提交领导层审批该商务案例时，应附上项目投标立项响应表和评估会议记录

（4）讨论应解决所有相关问题，若有悬而未决的问题，请相关人员制定跟进计划以获取更详细信息。

（5）要求三方一致通过"继续跟进/放弃"的最终决定并制定出如何成功中标的策略和计划。

表 2-7 项目投标立项响应表

日期	2010-04-15	时间		16：00
题目	都成市地铁运营资产管理系统（MTREAM）ITO 项目			
参加人员	方案解决团队（××）、业务拓展部（××）、销售部（××）			
目标和程序				
1	接到投标邀请/获知销售机会后，销售、业务拓展部、解决方案团队三方应开会讨论，建议在两天之内进行讨论。			
2	通过会议提供一种工作模式和程序，以判断是不是要继续跟进这个项目。			
3	当交给公司领导审批商务案例分析表时，应附上本文档和相关会议记录。			
4	讨论应解决所有相关问题，若有悬而未决的问题，请相关人员制定跟进计划以获取更详细信息。			
5	要求三方一致通过"继续跟进/放弃"的最终决定并制定出如何成功中标的策略和计划。			
讨论重点				
序	重点内容			
1	×××			
2	×××			
9	投标截止日期：2010 年 4 月 30 日			
10	下次会议时间和内容（略）			
跟进计划				
序	销售部的跟进计划		截止日期	
1	××		××	
2	××		××	
No.	业务拓展部的跟进计划		截止日期	
1	××		××	
2	××		××	
No.	方案解决团队的跟进计划		截止日期	
1	××		××	
2	××		××	

（续）

投标立项需要回答的问题		
序	销售部需要回答的问题	解释与说明
	这个销售机会有多正式？	
1	你是什么时候和怎样知道关于这个销售机会的信息的（渠道和联系人）？目前正在与客户公司的哪些人接触？我们是否是在一个恰当的时机与他接触并保持恰当的频繁性？	我是在 2009 年 5 月份的时候通过给信息中心主管打电话知道这个销售机会的。目前在与客户公司的信息中心曹工和这个项目负责人运营部的章主任接触。2009 年 6 月的时候去进行了第一次的交流，用 PPT 的形式介绍了公司和系统模块。之后一直保持沟通，我们回复了都成市地铁 EAM 系统建设方案及意见征集信，和公司的情况调查表。2009 年和业务拓展部去拜访了章主任和公司的副总刘总，来了解进展。随后刘总等一行 6 人去了北京地铁参观考察。
2	评选供应商的过程是怎样的，是不是一个正式的评选过程？目前我们联系的客户是不是提系统需求的人？如果是，他对于选择供应商有多大的决定权？如果不是，他对于这个项目的影响力有多大？谁是负责这个项目的人？谁有最终的决定权？	2010 年 2 月份会完成内部项目审批工作。2010 年 4 月份会通过公开招投标的形式评选的。我们联系的客户是提系统需求的人。
3	客户公司的组织结构或者 IT 部门的组织架构大概是怎样的？	由集团公司下属的运营部来牵头这个项目，信息中心作为项目组成员也参与其中。
4	客户提出的需求是不是正式而且详细的？哪些需求的优先级高？客户最关心的是什么？	客户给我们看了需求书是正式和详细的。
	项目对于客户的重要性	
1	客户对这个项目的期望是什么？	都成市地铁想上这个系统希望采用现代先进的信息化管理手段和工具，对运营资产进行科学有效管理，充分发挥资产的效益，达到保值增值的目的。
2	客户对现在的状况有没有不满意的地方？（有没有什么失败的系统实施经验？）	因为是新项目，所以没有不满意的地方

（续）

3	这个项目的挑战在哪里？在同样的环境和条件下，客户的需求会有延伸性的发展或改变吗？	挑战在于要让客户内部项目组成人员确定并在项目实施中投入时间
4	目前哪个供应商在为他们提供现有系统的支持？（自己做还是请供应商？）	因为是新项目，所以没有供应商为他们提供现有系统的支持
5	评分的标准是什么？例如价钱占 70%，技术占 30%。目前哪些供应商在考虑范围之内？	方案和价格。标准会写在标书内。IBM，DATASTREAM，IFS 在考虑范围之内。
6	其他	
	项目复杂性	
1	项目总预算是多少？（一次性付款还是周期性项目多次付款？）	不超过 800 万元。
2	实施团队是不是要到客户现场工作，全职还是兼职？（包括实施和支持）	要到客户现场工作。
3	客户是否满意现在的供应商提供的服务？如果不满意，是因为什么原因？	因为是新的项目，所以 N/A。
4	提交方案的截止日期是什么时候？	4 月 30 号
5	本交易是否涉及一些重要的法律问题，其他冲突？或是要满足客户方案以外的需求？	无
6	其他	无
序	业务拓展部需要回答的问题	解释与说明
1	这个项目的竞争是否激烈？有哪些竞争对手？对于这些竞争对手的 SWOT 分析是怎样的？谁是最强的竞争对手？	竞争比较激烈。竞争对手有 IBM - Maximo, Infor - Datastream, IFS, SAP、用友和宝信。竞争对手在功能方面较全面，我们的产品强调突出铁路特色以及嵌入的相关管理经验以及价格优势。最强的竞争对手是 IFS。
2	我们在这个项目中胜出的机会有多少？在评分时可能拿到多少分（或排在第几位？）	我们在这个项目中有可能胜出，机会为 50%。在评分中可能排在前 3 位。

（续）

3	客户现在使用的系统的情况（问题，需要改进的地方，以及运行状况）？如果目前没有系统，客户用什么方式来完成相应的工作？	客户现在使用的信息系统有用友财务系统、HR 和 OA。
4	项目要求的服务范围是什么？这些服务是不是包括硬件和软件的维护？	EAM 系统的实施顾问服务，包括软硬件的维护。
5	有没有哪些合格的分包商能够承担这项工作？他们预期的价格是多少？	软件为公司自主开发的产品，硬件需要采购。硬件预期采购价格为不超过 80 万元。
6	有哪些系统集成商/供应商能提供项目所需的特定的软件或支持？他们预期的价格？	公司全新开发，其中采购管理、库存管理模块基于原移动项目 ALM 产品，文档管理模块基于公司 eDMS 系统。
7	项目有没有什么处罚规定？具体的约束条款是什么？会有什么样的处罚和赔偿？对于项目延迟完工是否会有处罚？	在履行合同过程中，如果企业资产管理系统提供商遇到妨碍按时提供服务的情况时，应及时以书面形式将拖延的事实，可能拖延的时间和原因通知业主。业主在收到企业资产管理系统提供商通知后，应尽快对情况进行评价，并确定是否酌情延长服务时间以及是否收取误期赔偿费。延期应通过修改合同的方式由业主企业资产管理系统提供商双方认可。 承包商擅自更换项目组成员，收取违约金 2 万元/人·次。
8	我们是否准备引入一些其他的合作伙伴来共同准备这个项目的售前工作？他们将提供哪些产品、支持和服务？	暂不需要。
9	其他	无
序	方案解决团队需要回答的问题	解释与说明
1	我们是不是有足够的资源去完成标书中提到的需求？（包括项目实施，维护，迁移和改善）	我们具有足够资源完成标书的要求。在人员要求方面，人员应该熟悉地铁行业 EAM 领域知识，同时需要熟悉财务、人力、采购和库存领域知识、熟悉系统、数据库和网络搭建的人员协助。

（续）

2	需要提前多长的时间去组织和调动资源？	该项目于 2010 年 6 月正式启动，因此在此之前 1 个月内应该组织和调动好所需资源。
3	是否需要具有某些特定领域知识的专家，如果是，是在哪些专业领域以及要求有多高？	地铁行业 EAM 领域专家； 财务、采购、库存和人力领域专家； 系统、数据库、网络搭建专家。 相关人员需要具有一个以上项目实施经验。
4	我们现有的资源是不是能够满足标书要求？（人力、技术和相关领域的专业知识）	满足。
5	客户需求是否明确清晰？有没有需要澄清的地方？	从标书上看，客户需求与其他地铁公司的 EAM 需求相似，大部分比较清晰。但某些部分，例如与公司现有系统接口部分，需待中标后与客户进行沟通与澄清后才能获取。
6	有没有发现其他的问题和风险？	没有。
7	SLA 的要求是什么？我们有没有发现哪些客户方的实际情况（硬件、软件、人力）会导致我们服务标准低于客户要求的 SLA？	并发用户数：＞＝500 个； 系统 7×24 小时平稳运行； 服务器双机热备，数据进行磁带库备份； 由于系统所需的硬件、软件和人力均由我公司提供，因此能满足 SLA 的要求。
8	要成功实施这个解决方案面临哪些挑战？是否需要找分包商？	不需要。
9	对客户交流和方案演示有哪些需求？	无
10	其他	无
结论：		建议立项。

从表 2-7 可以得知，销售团队主要关注以下内容：

1. 这个销售机会有多正式

（1）你是什么时候和怎样知道关于这个销售机会的信息的（渠道和联系人）？目前正在与客户公司的哪些人接触？我们是否是在一个恰当的时机与他接触并保持恰当的频繁性？

（2）评选供应商的过程是怎样的，是不是一个正式的评选过程？目前我们联系的客户是不是提系统需求的人？如果是，他对于选择供应商有多大的决定权？如果不是，他对于这个项目的影响力有多大？谁是负责这个项目的人？谁有最终的决定权？

（3）客户公司的组织结构或者 IT 部门的组织架构大概是怎样的？

（4）客户提出的需求是不是正式而且详细的？哪些需求的优先级高？客户最关心的是什么？

2. 项目对于客户的重要性

（1）客户对这个项目的期望是什么？

（2）客户对现在的状况有没有不满意的地方？（有没有什么失败的系统实施经验？）

（3）这个项目的挑战在哪里？在同样的环境和条件下，客户的需求会有延伸性的发展或改变吗？

（4）目前哪个供应商在为他们提供现有系统的支持？（自己做还是请供应商？）

（5）评分的标准是什么？例如价钱占 70％，技术占 30％。目前哪些供应商在考虑范围之内？

（6）其他。

3. 项目复杂性

（1）项目总预算是多少？（一次性付款还是周期性项目多次付款？）

（2）实施团队是不是要到客户现场工作，全职还是兼职？（包括实施和支持）

（3）客户是否满意现在的供应商提供的服务？如果不满意，是因为什么原因？

（4）提交方案的截止日期是什么时候？

（5）本交易是否涉及一些重要的法律问题，其他冲突？或是要满足客户方案以外的需求？

从表 2-7 可以得知，业务拓展团队主要关注以下内容：

1. 竞争性分析

（1）这个项目的竞争是否激烈？有哪些竞争对手？对于这些竞争对手的 SWOT 分析是怎样的？谁是最强的竞争对手？

（2）我们在这个项目中胜出的机会有多少？在评分时可能拿到多少分（或

排在第几位?)

(3) 现状与需求

(4) 客户现在使用的系统的情况 (问题,需要改进的地方,以及运行状况)? 如果目前没有系统,客户用什么方式来完成相应的工作?

(5) 项目要求的服务范围是什么? 这些服务是不是包括硬件和软件的维护?

2. 供应商合作伙伴

(1) 有没有哪些合格的分包商能够承担这项工作? 他们预期的价格是多少?

(2) 有哪些系统集成商/供应商能提供项目所需的特定的软件或支持? 他们预期的价格?

(3) 我们是否准备引入一些其他的合作伙伴来共同准备这个项目的售前工作? 他们将提供哪些产品、支持和服务?

3. 项目风险

(1) 项目有没有什么处罚规定? 具体的约束条款是什么? 会有什么样的处罚和赔偿? 对于项目延迟完工是否会有处罚?

(2) 其他

从表 2-7 可以得知,方案解决团队主要关注以下内容:

1. 资源及方案

(1) 我们是不是有足够的资源去完成提到的需求? (包括项目实施,维护、迁移和改善)

(2) 需要提前多长的时间去组织和调动资源?

(3) 是否需要具有某些特定领域知识的专家,如果是,是在哪些专业领域以及要求有多高?

(4) 我们现有的资源是不是能够满足要求? (人力、技术和相关领域的专业知识)

2. 项目风险

(1) 客户需求是否明确清晰? 有没有需要澄清的地方?

(2) 有没有发现其他的问题和风险?

(3) SLA 的要求是什么? 我们有没有发现哪些客户方的实际情况 (硬件、

软件、人力）会导致我们服务标准低于客户要求的 SLA？

（4）要成功实施这个解决方案面临哪些挑战？是否需要找分包商？

3. 交流跟进

（1）对客户交流和方案演示有哪些需求？

（2）其他。

业务拓展人员负责组织协调投标立项与售前的相关工作，并提交商务案例分析表（表 2-8）。商务案例分析表用于公司内部成本核算及项目盈利能力评估。在表中所有涉及的数据必须有来源和依据，并将其作为附件备查。当利润率小于 9％或者合同额大于 500 万元时，还需要公司总经理审批。

表 2-8   商务案例分析表

版本号	V1.0	修改原因	
客户		都成市地铁公司	
项目		都成市地铁运营资产管理系统（MTR EAM）ITO 项目	
投标实体		北京彦哲信息技术有限公司	
成本模型编号		CATOMTR20091223	
职责	职务	签名	日期
编制	客户经理		
	业务拓展经理		
	方案经理		
复核	商务分析员		
销售部门审批	销售总监		
业务拓展部门审批	业务拓展总监		
批准	副总经理		
特殊情况批准	总经理		
财务分析			
总报价		1 055 000.00	
总直接成本		991 419.51	
总间接成本			
利润		63 580.49	
利润率		6.03％	
项目背景			
该市地铁资产管理系统项目，是我公司 MTR EAM ITO 的试点和标杆项目。提供的硬件系统是 MTR EAM 的配套产品。			
战略价值			
该项目是我公司产品 MTR EAM ITO 的试点，对争取今后的全国各地铁（铁路）公司资产管理系统推广建设具有战略意义。			

（续）

关键成功因素	主要亮点
行业适应性强	铁路特色
降低风险和成本	原厂商直接参与实施
可与市场上主要的开放环境相兼容，如：OR-ACLE，Windows，Unix 或 Linux 等。	具有很好的开放性
实施效果好	实施顾问有国内地铁行业实施经验

附表：项目成本效益分析表

服务报价	一		
软件报价	325 800.00		
硬件报价	729 200.00		
总报价	1 055 000.00		
总估算成本	978 397.00		
营业税（收入的 5%）	0.00		
增值税（硬件的 17%）	13 022.51		
利润	63 580.49		
利润率	6.03%		
成本	单价	数量	小计
高级项目经理人天成本	4 513	0	0.00
项目经理人天成本	3 600		0.00
高级顾问人天成本	2 200	0	0.00
顾问人天成本	1 600	0	0.00
会议费（启动、初验、终验、培训）	150 000	0	0.00
往返飞机票	1 500	0	0.00
酒店住宿费用	300	0	0.00
宿舍月租	2 000	0	0.00
其他成本（交通费、通讯费等）	93 300.00	0	0.00
软件	288 400.00	1	288 400.00
硬件	661 500.00	1	661 500.00
冗余		3.00%	28 497.00
总估算成本			978 397.00

在编制商务案例分析表时，需要注意以下几个方面的内容：

1. 资源分配

（1）根据实际情况确定顾问资源将从哪个部门调用。

（2）现场服务顾问资源应从最近的地区办公室调用。如果从其他地区办公室调用顾问资源，则需在该表中列出原因。

（3）远程/离岸服务顾问资源应从外包开发中心调用，否则需要列出原因。

（4）对于长期常驻服务，应在当地招聘顾问，以控制成本。

（5）对于开发类项目，顾问团队应同时包括系统分析顾问和开发顾问，且指导比例为1∶3。如果顾问资源中不包括系统分析顾问或者没有遵循1∶3的比例，需要列出原因。

（6）对于开发类项目，顾问资源分配时可考虑遵循1-2-7模型规则：

①常驻：10％的顾问资源在客户方常驻现场工作。

②出差：20％的顾问资源由出差的方式到达客户现场工作。

③远程：70％的顾问资源在自己的办公室为客户进行远程开发工作。

2. 资源计划

对于开发项目，应该附以项目经理确认的上资源计划，包括项目期间每个月为每个主要任务（注明现场/非现场）分配的不同资源的详细信息。

3. 提供人天服务

（1）具体说明人天服务购买的有效期限

（2）具体说明每次出差的最少人天数（通常5人天，偏远地区客户10人天）。

（3）不遗留未使用人天至下一个合同，可以与客户商议将未使用人天在其他项目中核销。如果允许遗留，则需要确定遗留的有效期限。

4. 应急费用

对开发/实施项目，根据风险级别预留总成本的一定比例作为应急费用。但对于维护项目或者提供人天服务类型的项目通常不要求预留应急费用。

5. 供应商采购

硬件/软件/外包服务的采购过程中需要拿到至少三家供应商的报价。

6. 现金流分析

（1）与供应商合同按照背靠背原则（在收到客户方付款之后才支付供应商的采购费用）签订。在向供应商付款时，需要进行现金流分析，以保证正现金流。

（2）如果发生或者预见将要发生现金流不匹配（负现金流）情况，则需要通知财务部门。

现金流分析的结果以现金流量表的形式表现出来，如表 2-9 所示。

表 2-9 现金流量表

制表人：	穆建平
版本：	V1.0
修改原因：	

			合同签署后	初验后	终验后	维护期满后
客户名称			都成市地铁公司			
项目名称			都成市地铁运营资产管理系统(MTR EAM)ITO项目			
投标实体			北京彦哲信息技术有限公司			
里程碑			合同签署后	初验后	终验后	维护期满后
货币单位：人民币（元）						
现金付款流量	硬件（含 VAT）					
		1：服务器				
		2：				
		3：				
	（一）小计					661,500.00
	软件（含 VAT）					
		1：Software				
		2：				
		3：				
	（二）小计					288,400.00
	服务					
		1：				
		2：				
		3：				
	（三）小计					
	其他					
		1：				
		2：				
		3：				
	（四）小计					
	税费					13,022.51
	（五）小计					
	其他费用					28,497.00
	当地交通费：					
	住宿费：					
	机票/火车票：					
	娱乐：					
	其他(如会议费)：					
	（六）小计					

（续）

现 金 收 款 流 量	现金付款流量总计	0	0	0	991,419.51
	里程碑 1〈合同签署后〉	315,500.00			
	里程碑 2〈初验后〉		0		
	里程碑 3〈终验后〉			633000.00	
	里程碑 4〈维护期满后〉				105,500.00
	现金收款流量总计	315,500.00	0	633,000.00	105,500.00
	现金净流入/（流出）	315,500.00	0	633,000.00	−855,919.51
	现金流量累计	315,500.00	315,500.00	948,500.00	63,580.49

7. 报价

表中应该包含将要提交给客户的报价，附加说明使用该报价的原因。附加说明中应写明底价。

8. 折扣

表中需说明提供折扣的原因（如申请折扣）。

9. 审批截止时间提醒

如果针对客户招标且具有严格时间限制，则需要注明审批的最后截止时间。

10. 客户会议

（1）需要说明每个会议的会议目的和估计参加人数。

（2）支持和维护类项目：会议费用不列入成本，由业务拓展部门或者销售部门承担。

11. 酒店住宿

如果出差住宿酒店的时间超过一星期，周末应计入其中，并在表中说明中注明。

本章小结

通过以上详细的案例分析，我们可以了解到在 ITO 项目立项阶段的工作要点有：

1. 项目机会研究。
2. 项目可行性研究。
3. 需求开发与跟踪。
4. 项目论证与评估。

国外投资者一般从市场和技术两个方面寻找 ITO 项目的投资机会，但在国内必须首先考虑到国家有关政策和产业导向。从政策导向中寻找项目机会；从市场需求中寻找项目机会；从技术发展中寻找项目机会；从特定事件中寻找项目机会。

为了避免进行盲目的投资，在决定一个 ITO 项目是否应该立项之前，需要对项目的背景、意义、目标、开发内容、国内外同类产品和技术、本项目的创新点、技术路线、投资额度与详细预算、融资措施、投资效益，以及项目的社会效益等多方面进行全面的评价，需要对项目的技术、经济和社会可行性进行研究。

需求开发过程涉及制订工作计划、需求获取、需求分析、编写需求定义书、验证和评审等工作环节。

项目论证与评估工作是对拟实施 ITO 项目的技术先进性、经济合理性、实施可能性和风险性等方面进行全面、科学的技术经济分析。

本章关键词或概念

项目案例
立项
项目机会
可行性研究
需求
论证

本章思考题

一、简答题

【问题 1】在决定一个 ITO 项目是否应该立项之前，需要对项目进行的可行性研究主要涉及哪三个方面？

【问题 2】项目干系人是否是需求跟踪能力的重要信息？为什么？请举例说明。

二、案例分析题

某医院计划 2010 年 12 月 3 日开业，开业在即，发现原本委托给乙方开发的 IT 系统无法运行，医院管理层就找到 A 公司，要求 A 公司把此 IT 项目接管。

A 公司派出咨询顾问去医院现场了解情况，咨询顾问了解到以下情况：

1. 医院发包方要把此医院建设成为全亚洲最先进的医院，医院的硬件设备及相关设施全部按照亚洲最好的标准采购和建设。

2. 目前 IT 系统承建单位已经把系统开发完成，并且已经正式上线。

3. 系统的使用者却认为此系统极不好用，提出了许多应用方面的问题。

4. 医院内部组织架构混乱，有些流程设计不合理。

A 公司目前时间空闲的有：1 名高级项目管理师、2 名信息系统项目监理师，专家库中有 3～5 名医疗信息化专家。

【问题 1】请根据咨询顾问了解到的情况，为此项目目前的情况写一份评估报告。

【问题 2】请根据评估报告和 A 公司自身情况，做出此项目是否可行的判断。

【问题 3】如果此项目可行，那么请确定项目目标和项目范围。

第 3 章　ITO 项目投标

本章导读

ITO 项目进行立项工作以后，在接下来的一章我们将介绍如何做好 ITO 项目的投标工作，掌握投标阶段的工作要点和技巧。

本章学习目标

1. 了解招标单位一般都有哪些要求。
2. 了解招标文件的内容组成。
3. 了解投标单位一般关心哪些资质。
4. 掌握 ITO 项目投标阶段的工作要点。
5. 了解什么是投标保函。
6. 了解如何做好客户的信用评估。
7. 掌握合同签订过程中的注意事项。
8. 了解什么是 CWL。

3.1　招标要求

根据《中华人民共和国招标投标法》，在中华人民共和国境内进行下列工程建设项目包括项目的勘察、设计、施工、监理以及与工程建设有关的重要设备、材料等的采购，必须进行招标：大型基础设施、公用事业等关系社会公共利益、公众安全的项目；全部或者部分使用国有资金投资或者国家融资的项目；使用国际组织或者外国政府贷款、援助资金的项目。地铁 EAM 项目一般需要进行招标。

根据《中华人民共和国招标投标法》规定，招标分为公开招标和邀请招标。公开招标，是指招标人以招标公告的方式邀请不特定的法人或者其他组织投标。邀请招标，是指招标人以投标邀请书的方式邀请特定的法人或者其他组织投标。地铁 EAM 项目一般属于公开招标的范畴。

招标人有权自行选择招标代理机构，委托其办理招标事宜。任何单位和个人不得以任何方式为招标人指定招标代理机构。招标人具有编制招标文件和组织评标能力的，可以自行办理招标事宜。任何单位和个人不得强制其委托招标代理机构办理招标事宜。依法必须进行招标项目，招标人自行办理招标事宜的，应当向有关行政监督部门备案。

招标代理机构是依法设立、从事招标代理业务并提供相关服务的社会中介组织。

招标代理机构应当具备下列条件：有从事招标代理业务的营业场所和相应资金；有能够编制招标文件和组织评标的相应专业力量；有符合规定条件、可以作为评标委员会成员人选的技术、经济等方面的专家库。

从事工程建设项目招标代理业务的招标代理机构，其资格由国务院或者省、自治区、直辖市人民政府的建设行政主管部门认定。具体办法由国务院建设行政主管部门会同国务院有关部门制定。从事其他招标代理业务的招标代理机构，其资格认定的主管部门由国务院规定。招标代理机构与行政机关和其他国家机关不得存在隶属关系或者其他利益关系。

招标代理机构应当在招标人委托的范围内办理招标事宜，并遵守本法关于招标人的规定。

招标人采用公开招标方式的，应当发布招标公告。依法必须进行招标项目的招标公告，应当通过国家指定的报刊、信息网络或者其他媒介发布。招标公告应当载明招标人的名称和地址、招标项目的性质、数量、实施地点和时间以及获取招标文件的办法等事项。地铁 EAM 项目的招标公告一般通过当地的建设工程交易网、本公司网站或相关报刊发布。

招标人可以根据招标项目本身的要求，在招标公告或者投标邀请书中，要求潜在投标人提供有关资质证明文件和业绩情况，并对潜在投标人进行资格审查；国家对投标人的资格条件有规定的，依照其规定。有的城市采用资格后审的方法进行资格审查，也就是开标后进行资格审查。

招标人不得以不合理的条件限制或者排斥潜在投标人，不得对潜在投标人实行歧视待遇。

招标人应当根据招标项目的特点和需要编制招标文件。招标文件应当包括招标项目的技术要求、对投标人资格审查的标准、投标报价要求和评标标准等所有实质性要求和条件以及拟签订合同的主要条款。国家对招标项目的技术、标准有规定的，招标人应当按照其规定在招标文件中提出相应要求。招标项目需要划分标段、确定工期的，招标人应当合理划分标段、确定工期，并在招标文件中载明。

一般地，招标文件包括以下内容：投标邀请书、投标须知、合同条款、技术要求、投标文件要求与格式、评标办法等。

投标须知一般会明确项目概况、合同的投保人条件等内容。例如，都城市地铁公司要求具备以下条件才能成为合格的 EAM 投标人：

（1）注册于中华人民共和国境内的具有独立企业法人资格。

（2）投标人和其代理的软件厂商应具有独立设计、开发、实施和系统集成能力，所提供的产品支持 SOA 架构，须在统一的技术平台，具有良好的稳定性和可扩展性。

（3）投标人应具有完成本项目足够的财力和资金，以及相应的人员和技术，经营状况、商业信誉、资信良好，投标人注册资本不少于 100 万元人民币。

（4）投标人应有良好的售后服务能力和相应的质量保证措施。

（5）每一种品牌的企业资产管理系统软件产品只允许一家投标。如果是集成代理商投标，必须有原软件厂商书面授权。

（6）业绩要求：投标人或其代理的软件系统近两年在国内应具有同类或类似项目经验，投标时须提供成功案例的合同（或相应的证明材料）和客户评价的复印件。

（7）本项目不接受联合体投标。

招标文件不得要求或者标明特定的生产供应者以及含有倾向或者排斥潜在投标人的其他内容。有个别地铁公司可能会将有倾向性的厂商品牌产品，列入加分对象。其实，这是不符合规定的。

招标人根据招标项目的具体情况，可以组织潜在投标人踏勘项目现场。当然，不踏勘项目现场也是允许的。

招标人不得向他人透露已获取招标文件的潜在投标人的名称、数量以及可能影响公平竞争的有关招标投标的其他情况。招标人设有标底的，标底必须保密。

招标人对已发出的招标文件进行必要的澄清或者修改的，应当在招标文件要求提交投标文件截止时间至少 15 日前，以书面形式通知所有招标文件收受人。该澄清或者修改的内容为招标文件的组成部分。

招标人应当确定投标人编制投标文件所需要的合理时间；但是，依法必须进行招标的项目，自招标文件开始发出之日起至投标人提交投标文件截止之日止，最短不得少于 20 日。

3.2 认证资质

发包方一般关心接包方的企业资质和项目经理资质的认证情况。企业资质包括 ISO9001、ISO2000、CMMI、ISO27001、系统集成资质等。项目经理资质包括信息系统项目管理师、PMP、IPMP、PRINCE2 等。

3.2.1 企业资质

1. ISO9001

ISO9001 是 ISO9000 族标准的核心标准之一。"ISO9000" 不是指一个标准，而是一族标准的统称。ISO9000 族标准是 ISO/TC176（第 176 个技术委员会，质量管理和质量保证技术委员会）制定的所有国际标准。

ISO9000 族标准的基本思想，最主要的有两条：其一是控制的思想，即对产品形成的全过程——从采购原材料、加工制造到最终产品的销售、售后服务进行控制。任何一件事物都是由过程组成的，只要对产品形成的全过程进行控制并达到过程质量要求，最终产品的质量就有了保证。其二是预防的思想。通过对产品形成的全过程进行控制以及建立并有效运行自我完善机制达到预防不合格，从根本上减少或消除不合格品。

ISO9000 的内容可以高度概括为 16 个字："有章可循，有章必依，有据可查，有人负责"。即：与标准要素要求相关的业务都要有规章制度和工作基准可以遵守；有了规章制度和作业标准必须遵循；是否是按规章制度和作业标准办事要有证据可以查验；与标准要素要求相关的业务活动都应该落实到人。

ISO9000 的指导思想："该做的要写到，写到的要做到，做了的要有效，做了的要有记录"和"只有起点，没有终点"，一定要坚持"实际、实用、实效"。

ISO9000 的特点是：

(1) 强调对各部门的职责权限进行明确划分、计划和协调。

(2) 强调管理层的介入。

(3) 强调纠正及预防措施。

(4) 强调不断的审核及监督。

(5) 强调全体员工的参与及培训。

(6) 强调文化管理。

ISO9001《质量管理体系　要求》：该标准规定了质量管理体系的要求，用于证实组织有提供满足顾客要求和适用的法规要求的产品的能力，目的在于增进顾客满意。ISO9001 是用于"需方对供方需求质量保证"的标准。

ISO9001 标准的目的是：阐明满足顾客和适用的法律法规的质量管理体系的最低要求；本要求是通过满足顾客要求而使顾客满意；组织达到本要求，表明其具备了稳定提供合格产品的能力和可增强顾客满意的能力。

ISO9001 的内容有：

0　引言

1　范围

2　引用标准

3　术语和定义

4　质量管理体系

5　管理职责

6　资源管理

7　产品实现

8　测量、分析和改进

最新版的国家推荐标准 GB/T 19001‐2008 等同采用 ISO 9001：2008（即 GB/T19001‐2000 idt ISO9001：2000）。等同采用是国家标准采用国际标准的最高程度。等同采用（IDT，identical）：标准结构和技术内容均不改变，但可以用本国规定的标准编号。

2. ISO20000

ISO20000 标准着重于通过"IT 服务标准化"来管理 IT 问题，即将 IT 问题归类，识别问题的内在联系，然后依据服务水准协议进行计划、推行和监控，并强调与客户的沟通。该标准同时关注体系的能力，体系变更时所要求的管理水平、财务预算、软件控制和分配。

ISO/IEC 20000‐2：2005 为审核人员提供行业一致认同的指南，并且为服务提供者规划服务改善或通过 ISO/IEC 20000‐1：2005 审核提供指导。ISO/IEC 20000‐2：2005 基于已被替代的 BS 15000‐2 的。

实践准则描述了在 BS 15000‐1 中服务管理流程的最佳实践。为以最小成本满足业务需求，客户对使用先进设施会不断提出要求，服务提供就越发显得重要了。人们已经意识到服务和服务管理对于帮助组织开源节流的重要性。

ISO/IEC 20000 系列能使组织了解如何从内部和外部改进其服务质量。

由于组织对服务支持的日益依赖，以及技术多样性的现状，服务提供方有可能通过努力保持客户服务的高水准。服务供应方往往被动工作，很少花时间规划、培训、检查、调查并与客户一同工作，其结果必然导致失败。其失败就源于没有采用系统、主动的工作方式。

服务供应商也常常被要求提高服务质量，降低成本、采用更大灵活性和更快反应速度。有效的服务管理能提供高水准的客户服务和较高的客户满意度。

ISO/IEC 20000 - 2 描述了 IT 服务管理流程质量标准。这些服务管理流程为组织在一定环境中开展业务提供了最佳实践指南，包括提供专业服务、降低成本、调查和控制风险。

ISO/IEC 20000 - 2 推荐服务管理者采用一致的术语和统一的方法进行服务管理，这可以为改进服务交付基础，并有助于服务提供者建立一个服务管理框架。

ISO/IEC 20000 - 2 为审核人员提供指南，并可为组织规划服务的改进提供帮助，以便组织通过 ISO/IEC 20000 - 1 认证。

ISO20000 与 ISO9000 比较

● ISO20000 与 ISO9000 的实用范畴不同：ISO20000 只针对 IT 服务管理，在 IT 服务提供商和政府及企业的 IT 部门应用较多；而 ISO9000 适用各行业的质量标准，在制造企业应用得最多。

● ISO20000 与 ISO9000 的侧重点不同：ISO20000 与 IT 服务流程相关，其流程的名称和控制采用的 IT 人员容易接受的术语，对 IT 系统变更的风险进行管理；而 ISO9000 与质量框架相联系。

● ISO20000 关注的内容和 ISO9000 相比，除 IT 服务质量外，还关注财务、信息安全。

● ISO20000 也可以说是 ISO9000 在 IT 服务行业的具体应用和拓展。

ISO20000 和 ITIL 的关系

● ISO20000 作为 IT 服务管理的国际标准，是从 IT 服务管理最佳实践 ITIL 中发展而来。

● ISO20000 是 13 个管理流程，而 ITIL 是 10 个管理流程（不含服务台）。

● ISO20000 新增了业务关系管理与供应商管理，对应于 ITIL 的服务等级管理。

● ISO20000 新增的服务报告，涵盖在 ITIL 的每个管理流程之中。

● ITIL 提供最佳实践指南

● ISO/IEC20000 提供基于 ITSM 的度量

3. ISO27001

随着在世界范围内信息化水平的不断发展，信息安全逐渐成为人们关注的焦点，世界范围内的各个机构、组织、个人都在探寻如何保障信息安全的问题。英国、美国、挪威、瑞典、芬兰、澳大利亚等国均制定了有关信息安全的本国标准，国际标准化组织（ISO）也发布了 ISO17799、ISO13335、ISO15408 等与信息安全相关的国际标准及技术报告。目前，在信息安全管理方面，英国标准 ISO2700：2005 已经成为世界上应用最广泛与典型的信息安全管理标准，它是在 BSI/DISC 的 BDD/2 信息安全管理委员会指导下制定完成。

ISO27001 标准于 1993 年由英国贸易工业部立项，于 1995 年英国首次出版 BS 7799-1：1995《信息安全管理实施细则》，它提供了一套综合的、由信息安全最佳惯例组成的实施规则，其目的是作为确定工商业信息系统在大多数情况所需控制范围的唯一参考基准，并且适用于大、中、小组织。1998 年英国公布标准的第二部分《信息安全管理体系规范》，它规定信息安全管理体系要求与信息安全控制要求，它是一个组织的全面或部分信息安全管理体系评估的基础，它可以作为一个正式认证方案的根据。ISO27001：2005-1 与 ISO27001：2005-2 经过修订于 1999 年重新予以发布，1999 版考虑了信息处理技术，尤其是在网络和通信领域应用的近期发展，同时还非常强调了商务涉及的信息安全及信息安全的责任。2000 年 12 月，ISO27001：2005-1：1999《信息安全管理实施细则》通过了国际标准化组织 ISO 的认可，正式成为国际标准——ISO/IEC17799-1：2000《信息技术——信息安全管理实施细则》。2002 年 9 月 5 日，ISO27001：2005-2：2002 草案经过广泛的讨论之后，终于发布成为正式标准，同时 ISO27001：2005-2：1999 被废止。现在，ISO27001：2005 标准已得到了很多国家的认可，是国际上具有代表性的信息安全管理体系标准。

2000 年，国际标准化组织（ISO）在 BS7799-1 的基础上制定通过了 ISO 17799 标准。BS7799-2 在 2002 年也由 BSI 进行了重新的修订。ISO 组织在 2005 年对 ISO 17799 再次修订，BS7799-2 也于 2005 年被采用为 ISO27001：2005。

ISO/IEC17799-2000（BS7799-1）对信息安全管理给出建议，供负责在其组织启动、实施或维护安全的人员使用。该标准为开发组织的安全标准和有效的安全管理做法提供公共基础，并为组织之间的交往提供信任。

标准指出"像其他重要业务资产一样，信息也是一种资产"。它对一个组织具有价值，因此需要加以合适地保护。信息安全防止信息受到的各种威胁，以确保业务连续性，使业务受到损害的风险减至最小，使投资回报和业务机会最大。

信息安全是通过实现一组织控制获得的。控制可以是策略、惯例、规程、组织结构和软件功能。需要建立这些控制，以确保满足该组织的特定安全目标。

ISO/IEC17799-2000 包含了 127 个安全控制措施来帮助组织识别在运作过程中对信息安全有影响的元素，组织可以根据适用的法律法规和章程加以选择和使用，或者增加其他附加控制。国际标准化组织（ISO）在 2005 年对 ISO 17799 进行了修订，修订后的标准作为 ISO 27000 标准族的第一部分——ISO/IEC 27001。该标准包括 11 个章节：

(1) 安全策略

(2) 信息安全的组织

(3) 资产管理

(4) 人力资源安全

(5) 物理和环境安全

(6) 通信和操作管理

(7) 访问控制

(8) 系统系统采集、开发和维护

(9) 信息安全事故管理

(10) 业务连续性管理

(11) 符合性

4. CMMI

自从 1994 年 SEI 正式发布软件 CMM 以来，相继又开发出了系统工程、软件采购、人力资源管理以及集成产品和过程开发方面的多个能力成熟度模型。

由美国卡内基梅隆大学的软件工程研究所（SEI）创立的 CMM（Capability Maturity Model，软件能力成熟度模型）认证评估，在过去的十几年中，对全球的软件产业产生了非常深远的影响。CMM 共有五个等级，分别标志着软件企业能力成熟度的五个层次。从低到高，软件开发生产计划精度逐级升高，单位工程生产周期逐级缩短，单位工程成本逐级降低。据 SEI 统计，通过评估的软件公司对项目的估计与控制能力约提升 40% 到 50%；生产率提高 10% 到 20%，软件产品出错率下降超过 1/3。

一般来说，通过 CMM 认证的级别越高，其越容易获得用户的信任，在国内、国际市场上的竞争力也就越强。因此，是否能够通过 CMM 认证也成为国际上衡量软件企业工程开发能力的一个重要标志。

CMM 是目前世界公认的软件产品进入国际市场的通行证，它不仅仅是对产品质量的认证，更是一种软件过程改善的途径。该模型被认为是第一个集成化的模型。

为了以示区别，国内外很多资料把 CMM 叫做 SW-CMM。按照 SEI 原来的计划，CMM 的改进版本 2.0 应该在 1997 年 11 月完成，然后在取得版本 2.0 的实践反馈意见之后，在 1999 年完成准 CMM2.0 版本。

但是，美国国防部办公室要求 SEI 推迟发布 CMM2.0 版本，而要先完成一个更为紧迫的项目 CMMI，原因是在同一个组织中多个过程改进模型的存在可能会引起冲突和混淆，CMMI 就是为了解决怎么保持这些模式之间的协调。

CMMI（Capability Maturity Model Integration）即能力成熟度模型集成，这是美国国防部的一个设想，他们想把现在所有的以及将被发展出来的各种能力成熟度模型，集成到一个框架中去。这个框架有两个功能，第一，软件采购方法的改革；第二，建立一种从集成产品与过程发展的角度出发、包含健全的系统开发原则的过程改进。就软件而言，CMMI 是 SW-CMM 的修订本。

早期的 CMMI（CMMI-SE/SW/IPPD）1.02 版本是应用于软件业项目的管理方法，SEI 在部分国家和地区开始推广和试用。随着应用的推广与模型本身的发展，演绎成为一种被广泛应用的综合性模型。

CMMI 家族包括 CMMI for Development、CMMI for Service 和 CMMI for Acquisition 三个套装产品。

CMMI 分为 5 个等级、25 个过程区域（PA）：

（1）初始级 软件过程是无序的，有时甚至是混乱的，对过程几乎没有定义，成功取决于个人努力。管理是反应式的。

（2）已管理级 建立了基本的项目管理过程来跟踪费用、进度和功能特性。制定了必要的过程纪律，能重复早先类似应用项目取得的成功经验。

（3）已定义级 已将软件管理和工程两方面的过程文档化、标准化，并综合成该组织的标准软件过程。所有项目均使用经批准、剪裁的标准软件过程来开发和维护软件，软件产品的生产在整个软件过程是可见的。

（4）量化管理级 分析对软件过程和产品质量的详细度量数据，对软件过程和产品都有定量的理解与控制。管理有一个作出结论的客观依据，管理能够在定量的范围内预测性能。

（5）优化管理级　过程的量化反馈和先进的新思想、新技术促使过程持续不断改进。

每个等级都被分解为过程域，特殊目标和特殊实践，通用目标、通用实践和共同特性：每个等级都由几个过程区域组成，这几个过程域共同形成一种软件过程能力。每个过程域，都有一些特殊目标和通用目标，通过相应的特殊实践和通用实践来实现这些目标。当一个过程域的所有特殊实践和通用实践都按要求得到实施，就能实现该过程域的目标。

CMMI 评估是一个十分复杂的过程，更由于其具有的不确定性，在评估的实践中，一定要做到有备无患。真理来自于实践，随着越来越多的软件组织着手 CMMI 评估，越来越多的成功经验将为我们所利用和借鉴。

CMMI 的基本思想是：

（1）解决软件项目过程改进难度增大问题

（2）实现软件工程的并行与多学科组合

（3）实现过程改进的最佳效益

下面阐述一下 CMMI 与 CMM 二者的差别。

CMMI 模型的前身是 SW‑CMM 和 SE‑CMM，前者就是我们指的CMM。CMMI 与 SW‑CMM 的主要区别就是覆盖了许多领域；到目前为止包括下面四个领域：

（1）软件工程（SW‑CMM）　软件工程的对象是软件系统的开发活动，要求实现软件开发、运行、维护活动系统化、制度化、量化。

（2）系统工程（SE‑CMM）　系统工程的对象是全套系统的开发活动，可能包括也可能不包括软件。系统工程的核心是将客户的需求、期望和约束条件转化为产品解决方案，并对解决方案的实现提供全程的支持。

（3）集成的产品和过程开发（IPPD‑CMM）　集成的产品和过程开发是指在产品生命周期中，通过所有相关人员的通力合作，采用系统化的进程来更好地满足客户的需求、期望和要求。如果项目或企业选择 IPPD 进程，则需要选用模型中所有与 IPPD 相关的实践。

（4）采购（SS‑CMM）　采购的内容适用于那些供应商的行为对项目的成功与否起到关键作用的项目。主要内容包括：识别并评价产品的潜在来源、确定需要采购的产品的目标供应商、监控并分析供应商的实施过程、评价供应商提供的工作产品以及对供应协议和供应关系进行适当的调整。

在以上模块中，企业可以选择软件工程，或系统工程，也可以都选择。集成的产品和过程开发和采购主要是配合软件工程和系统工程的内容使用。例如，纯软件企业可以选择 CMMI 中的软件工程的内容；设备制造企业可以选择系统工程和采购；集成的企业可以选择软件工程、系统工程和集成的产品和过程开发。CMMI 中的大部分内容是适用各不同领域的，但是实施中会有显著的差别，因此模型中提供了"不同领域应用详解"。

CMM 的基于活动的度量方法和瀑布过程的有次序的、基于活动的管理规范有非常密切的联系，更适合瀑布型的开发过程。而 CMMI 相对 CMM 更进一步支持迭代开发过程和经济动机推动组织采用基于结果的方法：开发业务案例、构想和原型方案；细化后纳入基线结构、可用发布，最后定为现场版本的发布。虽然 CMMI 保留了基于活动的方法，它的确集成了软件产业内很多现代最好的实践，因此它很大程度上淡化了和瀑布思想的联系。

在 CMMI 模型中在保留了 CMM 阶段式模式的基础上，出现了连续式模型，这样可以帮助一个组织以及这个组织的客户更加客观和全面的了解它的过程成熟度。同时，连续模型的采用可以给一个组织在进行过程改进的时候带来更大的自主性，不用再像 CMM 中一样，受到等级的严格限制。这种改进的好处是灵活性和客观性强，弱点在于由于缺乏指导，一个组织可能缺乏对关键过程域之间依赖关系的正确理解而片面的实施过程，造成一些过程成为空中楼阁，缺少其他过程的支撑。两种表现方式（连续的和阶段的）从它们所涵盖的过程区域上来说并没有不同，不同的是过程区域的组织方式以及对成熟度（能力）级别的判断方式。CMMI 模型中比 CMM 进一步强化了对需求的重视。在 CMM 中，关于需求只有需求管理这一个关键过程域，也就是说，强调对有质量的需求进行管理，而如何获取需求则没有提出明确的要求。在 CMMI 的阶段模型中，3 级有一个独立的关键过程域叫做需求开发，提出了对如何获取优秀需求的要求和方法。CMMI 模型对工程活动进行了一定的强化。在 CMM 中，只有 3 级中的软件产品工程和同行评审两个关键过程域是与工程过程密切相关的，而在 CMMI 中，则将需求开发、验证、确认、技术解决方案、产品集成这些工程过程活动都作为单独的关键过程域进行了要求，从而在实践上提出了对工程的更高要求和更具体的指导。CMMI 中还强调了风险管理。不像在 CMM 中把风险的管理分散在项目计划和项目跟踪与监控中进行要求，CMMI3 级里单独提出了一个独立的关键过程域叫做风险管理。

5. 信息系统集成资质

为加强计算机信息系统集成市场的规范化管理，促进计算机信息系统集成企业能力和水平的不断提高，确保各应用领域计算机系统工程质量，信息产业部从 2000 年开始建立计算机信息系统集成资质管理制度，制定并发布了《计算机信息系统集成资质管理办法》。

计算机信息系统集成资质认证是计算机信息系统集成企业为了取得《计算机信息系统集成资质证书》，必须经过信息产业部授权的第三方认证机构进行的一种认证，以评定企业从事计算机信息系统集成的综合能力，包括技术水平、管理水平、服务水平、质量保证能力、技术装备、系统建设质量、人员构成与素质、经营业绩、资产状况等要素。企业只有通过认证机构的认证，才能向信息产业主管部门申报审批。

计算机信息系统集成资质有以下几点益处：

（1）有利于系统集成企业展示自身实力，有利于信息系统项目主建单位对项目承建单位的选择，降低前期沟通成本。 计算机信息系统集成资质的管理比以往的资质更加规范和市场化，系统集成企业要获得资质证书必须要经过第三方认证机构的认证，证实企业各方面的综合能力达到规定的等级水平，也就是说系统集成资质证书的"含金量"更高，更具说服力，系统集成企业自身实力更易于在市场上展示。系统集成企业获得《资质证书》，改进自身的市场形象，提高在社会的知名度，增加顾客的信任感，从而减少系统集成企业为了向社会和建设单位展示和证实自身能力而进行宣传、广告、现场参观、示范等环节，降低一些不必要的沟通成本。

（2）有利于提高系统集成企业参与市场竞争的能力。 随着系统集成市场的逐渐规范，建设单位对系统集成企业的资质要求会越来越严格，国家政府部门对涉及政府投资或涉及安全的项目，也会规定必须取得《资质证书》，这些系统集成项目包括：各类政务信息系统集成项目；国有大中型企事业单位信息系统集成项目；使用政府投资建设的信息系统集成项目；涉及国家安全、生产安全、信息安全的信息系统集成项目；国家法律、法规、规章规定要求实施单位具有《计算机信息系统集成企业资质证书》的信息系统集成项目。目前很多系统集成项目的招标中都会要求投标者要具备一定等级的资质证书，所以，系统集成企业获得《资质证书》，等于取得进入系统集成市场的钥匙，反过来也是对没有获得《资质证书》的竞争者形成了一道进入的门槛。

（3）有利于系统集成企业按照等级标准，加强自身建设，不断提高企业的经营、技术和管理能力。 系统集成资质等级评定条件所要求的是全方位的综合实力，包括技术水平、管理水平、服务水平、质量保证能力、技术装备、系统建设质量、人员构成与素质、经营业绩、资产状况等要素。系统集成企业要取得《资质证书》，必须不断改善自身的综合实力，以达到评定条件的要求。

同时，系统集成资质认证要求企业的项目管理达到一定的水平，要求企业要有一定数量的信息系统集成项目经理，企业通过培养项目经理可以提高自身项目管理的能力。

(4) 有利于系统集成企业享受国务院 18 号文的优惠政策。 政府部门在制定政策时，会考虑对系统集成资质的要求，如《软件企业认定标准及管理办法》（试行）中"第十二条软件企业的认定标准是：（三）或者提供通过资质等级认证的计算机信息系统集成等技术服务；第十三条　申请认定的企业应向软件企业认定机构提交下列材料：（五）系统集成企业须提交由信息产业部颁发的资质等级证明材料。"《涉及国家秘密的计算机信息系统集成资质管理办法（试行）》"第六条……涉密系统集成单位应当具备下列条件：（二）具有信息产业部颁发的《计算机信息系统集成资质证书》（一级或二级），并有网络安全集成的成功范例。"

计算机信息系统集成资质等级分为四级，即一级、二级、三级、四级。

(1) 一级资质

①综合条件

● 企业变革发展历程清晰，从事系统集成四年以上，原则上应取得计算机信息系统集成二级资质一年以上；

● 企业主业是系统集成，系统集成收入是企业收入的主要来源；

● 企业产权关系明确，注册资金 2 000 万元以上；

● 企业经济状况良好，近三年系统集成年平均收入超过亿元，财务数据真实可信，并须经国家认可的会计师事务所审计；

● 企业有良好的资信和公众形象，近三年没有触犯知识产权保护等国家有关法律法规的行为。

②业绩

● 近三年内完成的、超过 200 万元的系统集成项目总值 3 亿元以上，工程按合同要求质量合格，已通过验收并投入实际应用；

● 近三年内完成至少两项 3 000 万元以上系统集成项目或所完成 1 500 万元以上项目总值超过 6 500 万元，这些项目有较高的技术含量且至少应部分使用了有企业自主知识产权的软件；

● 近三年内完成的超过 200 万元系统集成项目中软件费用（含系统设计、软件开发、系统集成和技术服务费用，但不含外购或委托他人开发的软件费用、建筑工程费用等）应占工程总值 30% 以上（至少不低于 9 000 万元），或自主开发的软件费用不低于 5 000 万元；

● 近三年内未出现过验收未获通过的项目或者应由企业承担责任的用户重大投诉；

● 主要业务领域的典型项目在技术水平、经济效益和社会效益等方面居国内同行业的领先水平。

③管理能力

● 已建立完备的企业质量管理体系，通过国家认可的第三方认证机构认证并有效运行一年以上；

● 已建立完备的客户服务体系，配置专门的机构和人员，能及时、有效地为客户提供优质服务；

● 已建成完善的企业信息管理系统并能有效运行；

● 企业的主要负责人应具有 5 年以上从事电子信息技术领域企业管理经历，主要技术负责人应获得电子信息类高级职称且从事系统集成技术工作不少于 5 年，财务负责人应具有财务系列中级以上职称。

④技术实力

● 有明确的系统集成业务领域，在主要业务领域内技术实力、市场占有率等居国内前列；

● 对主要业务领域的业务流程有深入研究，有自主知识产权的基础业务软件平台或其他先进的开发平台，有自主开发的软件产品和工具，且在已完成的系统集成项目中加以应用；

● 有专门从事软件或系统集成技术开发的高级研发人员及与之相适应的开发场地、设备等，并建立完善的软件开发与测试体系；

● 用于研发的经费年均投入在 300 万元以上。

⑤人才实力

● 从事软件开发与系统集成相关工作的人员不少于 150 人，且其中大学本科以上学历人员所占比例不低于 80％；

● 具有计算机信息系统集成项目经理人数不少于 25 名，其中高级项目经理人数不少于 8 名；

● 培训体系健全，具有系统地对员工进行新知识、新技术以及职业道德培训的计划并能有效组织实施与考核；

● 建立合理的人力资源管理与绩效考核制度并能有效实施。

(2) 二级资质

①综合条件

● 企业变革发展历程清晰，从事系统集成三年以上，原则上应取得计算机信息系统集成三级资质一年以上；

● 企业主业是系统集成，系统集成收入是企业收入的主要来源；

● 企业产权关系明确，注册资金 1 000 万元以上；

● 企业经济状况良好，近三年系统集成年平均收入超过 5 000 万元，财务数据真实可信，并须经国家认可的会计师事务所审计；

● 企业有良好的资信和公众形象，近三年没有触犯知识产权保护等国家有关法律法规行为。

②业绩

● 近三年内完成的、超过 80 万元的系统集成项目总值 1.5 亿元以上，工程按合同要求质量合格，已通过验收并投入实际应用；

● 近三年内完成至少两项 1 500 万元以上系统集成项目或所完成的 800 万元以上项目总值超过 4 000 万元，这些项目有较高的技术含量且至少应部分使用了有企业自主知识产权的软件；

● 近三年内完成超过 80 万元的系统集成项目中软件费用（含系统设计、软件开发、系统集成和技术服务费用，但不含外购或委托他人开发的软件费用、建筑工程费用等）应占工程总值 30％以上（至少不低于 4 500 万元），或自主开发的软件费用不低于 2 500 万元；

● 近三年内未出现过验收未获通过的项目或者应由企业承担责任的用户重大投诉；

● 主要业务领域的典型项目有较高的技术水平，经济效益和社会效益良好。

③管理能力

● 已建立完备的企业质量管理体系，通过国家认可的第三方认证机构认证并有效运行一年以上；

● 已建成完备的客户服务体系，配置专门的机构和人员，能及时、有效地为客户提供优质服务；

● 已建成完善的企业信息管理系统并能有效运行。

● 企业的主要负责人应具有 4 年以上从事电子信息技术领域企业管理经历，主要技术负责人应获得电子信息类高级职称且从事系统集成技术工作不少于 4 年，财务负责人应具有财务系列中级以上职称。

④技术实力

● 有明确的系统集成业务领域，在主要业务领域内技术实力、市场占有率等在国内具有一定的优势；

● 熟悉主要业务领域的业务流程，有自主开发的软件产品和工具，且在已完成的系统集成项目中加以应用；

● 有专门从事软件或系统集成技术开发的高级研发人员及与之相适应的开发场地、设备等，并建立基本的软件开发与测试体系；

● 用于研发的经费年均投入在 150 万元以上。

⑤人才实力

● 从事软件开发与系统集成相关工作的人员不少于 100 人，且其中大学本科以上学历人员所占比例不低于 80％；

● 具有计算机信息系统集成项目经理人数不少于 15 名，其中高级项目经理人数不少于 3 名；

● 培训体系健全，具有系统地对员工进行新知识、新技术以及职业道德培训的计划并能有效组织实施与考核；

● 建立合理的人力资源管理与绩效考核制度并能有效实施。

(3) 三级资质

①综合条件

● 企业变革发展历程清晰，从事系统集成两年以上；

● 企业主业是系统集成，系统集成收入是企业收入的主要来源；

● 企业产权关系明确，注册资本 200 万元以上；

● 企业经济状况良好，近三年系统集成年平均收入 1 500 万元以上，财务数据真实可信，并须经会计师事务所核实；

● 企业有良好的资信，近三年没有触犯知识产权保护等国家有关法律法规的行为。

②业绩

● 近三年内完成的系统集成项目总值 4 500 万元以上，工程按合同要求质量合格，已通过验收并投入实际应用；

● 近三年内完成至少一项 500 万元以上的项目；

● 近三年内完成的系统集成项目中软件费用（含系统设计、软件开发、系统集成和技术服务费用，但不含外购或委托他人开发的软件费用、建筑工程费用等）应占工程总值 30％以上（至少不低于 1 350 万元），或自主开发的软件费用不低于 750 万元；

● 近三年内未出现过验收未获通过的项目或者应由企业承担责任的用户重大投诉；

● 主要业务领域的典型项目具有较先进的技术水平，经济效益和社会效益良好。

③技术和管理能力

● 已建立企业质量管理体系，通过国家认可的第三方认证机构认证并能有效运行；

● 具有完备的客户服务体系，配置专门的机构和人员；

● 企业的主要负责人应具有 3 年以上从事电子信息技术领域企业管理经

历，主要技术负责人应具备电子信息类专业硕士以上学位或电子信息类中级以上职称、且从事系统集成技术工作不少于 3 年，财务负责人应具有财务系列初级以上职称；

● 在主要业务领域具有较强的技术实力；

● 有专门从事软件或系统集成技术开发的研发人员及与之相适应的开发场地、设备等，有自主开发的软件产品和工具且用于已完成的系统集成项目中；

● 用于研发的经费年均投入在 50 万元以上。

④人才实力

● 从事软件开发与系统集成相关工作的人员不少于 50 人，且其中大学本科以上学历人员所占比例不低于 80%；

● 具有计算机信息系统集成项目经理人数不少于 6 名，其中高级项目经理人数不少于 1 名；

● 具有系统地对员工进行新知识、新技术以及职业道德培训的计划，并能有效地组织实施与考核。

(4) 四级资质

①企业变革发展历程清晰，从事系统集成两年以上；

②企业主业是系统集成，系统集成收入是企业收入的主要来源；

③企业产权关系明确，注册资本 30 万元以上，近三年经济状况良好；

④企业有良好的资信，近三年没有触犯知识产权保护等国家有关法律法规的行为；

⑤近三年完成的系统集成项目总值 1 000 万元以上，其中软件费用（含系统设计、软件开发、系统集成和技术服务费用，但不含外购或委托他人开发的软件费用、建筑工程费用等）应占工程总值 30% 以上（至少不低于 300 万元），工程按合同要求质量合格，已通过验收并投入实际应用；

⑥近三年内未出现过验收未获通过的项目或者应由企业承担责任的用户重大投诉；

⑦已建立企业质量管理体系，并能有效实施；

⑧建立客户服务体系，配备专门人员；

⑨具有系统地对员工进行新知识、新技术以及职业道德培训的计划，并能有效地组织实施与考核；

⑩企业的主要负责人应具有 2 年以上从事电子信息技术领域企业管理经历，主要技术负责人应具备电子信息类专业硕士以上学位或电子信息类中级以上职称、且从事系统集成技术工作不少于 2 年，财务负责人应具有财务系列初

级以上职称；

⑪具有与所承担项目相适应的软件及系统开发环境，具有一定的技术开发能力，有自主开发的软件产品且用于已完成的系统集成项目中；

⑫从事软件与系统集成相关工作的人员不少于 15 人，且其中大学本科以上学历人员所占比例不低于 80％，计算机信息系统集成项目经理人数不少于 3 名。

3.2.2 项目经理资质

1. 信息系统项目管理师

信息系统项目管理师属于计算机技术与软件专业技术资格（水平）考试（即软考）高级资格考试里面的一项考试。通过本考试的合格人员能够掌握信息系统项目管理的知识体系，具备管理大型、复杂信息系统项目和多项目的经验和能力；能根据需求组织制订可行的项目管理计划；能够组织项目实施，对项目的人员、资金、设备、进度和质量等进行管理，并能根据实际情况及时做出调整，系统地监督项目实施过程的绩效，保证项目在一定的约束条件下达到既定的项目目标；能分析和评估项目管理计划和成果。

计算机信息系统集成高级项目经理资质申报条件是：

（1）申报高级项目经理资质，必须先取得项目经理资质。

（2）取得项目经理资质满 3 年，申报高级项目经理资质的，相关条件按照《计算机信息系统集成项目经理资质管理办法（试行）》（信部规［2002］382号）规定执行。

（3）取得《中华人民共和国计算机技术与软件专业技术资格（水平）证书》（资格名称为信息系统项目管理师）或高级项目经理培训（考试）合格证，符合下列条件之一的，可提前申报高级项目经理资质：

①获得国家认可的 IT 类高级专业技术资格证书；

②获得国家认可的 IT 类中级专业技术资格证书后从事信息系统集成相关工作不少于 4 年以上；

③IT 或相关理工类专业博士研究生毕业后从事信息系统集成相关工作不少于 4 年；

④IT 或相关理工类专业硕士研究生毕业后从事信息系统集成相关工作不少于 5 年；

⑤IT 或相关理工类专业本科毕业后从事信息系统集成相关工作不少于 6 年。

（4）提前申报高级项目经理资质的，作为项目负责人或主要管理人员，近3 年在系统集成项目管理方面的业绩应满足以下条件：

①未发生过责任事故；

②验收完成的独立负责的项目及非独立负责的项目中所独立负责的子项目总值在 3 000 万元以上；

其中使用子项目申报资质的，所属非独立负责的系统集成项目应满足以下条件：

①项目总值在 3 000 万元以上，申报资质所用子项目（或子系统）项目金额在 300 万元以上；

②项目合同划分了子项目（或子系统），申报资质所用子项目（或子系统）项目金额及负责人明确。

③验收完成的项目中至少 1 项独立负责的系统集成项目总值在 1 200 万元以上、软件费用占项目总值 30％以上（至少不低于 360 万元），或至少 2 项独立负责的系统集成项目总值在 500 万元以上、软件费用占项目总值 30％以上（至少不低于 150 万元）。

（5）各高级项目经理培训机构应招收基本符合相关条件的人员参加培训，不符合申报条件的人员可以自愿参加培训，但在满足条件前不能申报高级项目经理资质。

由此可见，信息系统项目管理师资格是申请工业和信息化部认定的高级项目经理的必备条件之一。

信息系统项目管理师资格认证考试要求有以下几点：

（1）掌握信息系统知识。

（2）掌握信息系统项目管理知识和方法。

（3）掌握大型、复杂项目管理和多项目管理的知识和方法。

（4）掌握项目整体绩效评估方法。

（5）熟悉知识管理和战略管理。

（6）掌握常用项目管理工具。

（7）熟悉过程管理。

（8）熟悉业务流程管理知识。

（9）熟悉信息化知识和管理科学基础知识。

（10）熟悉信息系统工程监理知识。

（11）熟悉信息安全知识。

（12）熟悉信息系统有关法律法规、技术标准与规范。

（13）熟悉项目管理师职业道德要求。

（14）熟练阅读并准确理解相关领域的英文文献。

本考试设置的科目包括：

（1）信息系统项目管理综合知识，考试时间为 150 分钟，笔试，选择题。

（2）信息系统项目管理案例分析，考试时间为 90 分钟，笔试，问答题。

（3）信息系统项目管理论文，考试时间为 120 分钟，笔试，论文题。

2. PMP

PMP（Project Management Professional）指项目管理专业人士资格认证。它是由美国项目管理协会（PMI，Project Management Institute）发起的，严格评估项目管理人员知识技能是否具有高品质的资格认证考试。其目的是为了给项目管理人员提供统一的行业标准。1999 年，PMP 考试在所有认证考试中第一个获得 ISO9001 国际质量认证，从而成为全球最权威的认证考试。目前，美国项目管理协会建立的认证考试有：PMP（项目管理师）和 CAPM（项目管理助理师）已在全世界 130 多个国家和地区设立了认证考试机构。

美国项目管理协会（PMI）举办的项目管理专业人员（PMP）认证考试在全球 180 多个国家和地区推广，是目前项目管理领域含金量最高的认证。获取 PMP 证书，不仅提升项目经理的项目管理水平，也直接体现项目经理的个人竞争力，是项目管理专业人士身份的象征。

PMP 作为项目管理资格认证考试，已在国际上树立了其权威性：

（1）PMP 为美国培养了一大批项目管理专业人才，项目管理职业已成为美国的"黄金职业"。在我国许多媒体已把 PMP 称为继 MBA，MPA 之后的三大金字招牌之一。

（2）PMP 认证已成为了一个国际性的认证标准，现在同时用英语、德语、法语、日语、朝语、西班牙语、葡萄牙语和中文等九种语言进行认证考试。

（3）到目前为止，全球有 30 多万名 PMP，中国大陆地区获得"PMP"头衔的已有 3 万多人，并逐年增长。

（4）各国纷纷效仿美国的项目管理认证制度，推动了世界项目管理的发展。

要想获得 PMP 专业认证，考生须达到美国项目管理协会（PMI）规定的对项目管理专业知识的掌握程度及其相应的工作经验和要求；另一方面，获得 PMP 证书的专业人员应继续从事项目工作，以不断适应项目管理发展的要求。

PMP 认证的官方教材为 PMBOK，每四年更新一次，目前中国使用的官方教材为张斌编译的中文第四版。

PMP 认证考试配套练习题为张斌编写的 PMP 考题精讲 1 600 道。

报名考生必须具备 35 小时以上项目管理 PMBOK 学习或培训经历，并出示相关证书复印件。

报名考试者必须具备以下两类情况之一。

第一类：具有学士学位或同等的大学学历或以上者

申请者在五大项目管理过程中至少具有 4 500 小时的项目管理经验，并且，在申请之日前 6 年内，累计项目管理月数至少达 36 个月。

注：在计算项目管理月份时，所要求的 36 个月是不重叠的、单独的。

第二类：不具有学士学位或同等的大学学历或以上者

申请者在五大项目管理过程中至少具有 7 500 小时的项目管理经验，并且，在申请之日前 8 年内，累计项目管理月数至少达 60 个月。

PMP 试题分布为：

考试时间：4 个小时

考题总量：200 题

计分题量：175 题

考题类型：4 选 1 单选

及格标准：答对 106 题（60.6%）

专业发展单位 PDU 是英文 Professional Development Units 的缩写，中文翻译为专业发展单位；PDU 是一个考核单位。

在取得 PMP 证书后，为加强 PMP 的专业持续发展，鼓励和认可个人学习机会，并为获得和记录项目管理专业发展活动提供一个标准的目标机制，维持 PMP 的国际证书品质，所有 PMP 必须满足 PMI 制定的专业发展计划的要求，以保持其资格的有效性。

PMP 每三年必须重新进行认证，重新认证需提供

(1) 至少 60 个 PDU；

(2) 保证继续遵守 PMI 的职业道德标准。

其他有关专业发展计划和专业发展单位的信息可以到 PMI 网址查找。一旦获得证书，每位 PMP 将收到一本专业版发展计划手册。

3. IPMP

IPMP 即国际项目管理专业资质认证（International Project Management Professional）的简称，是国际项目管理协会（IPMA，International Project Management Association）在全球推行的四级项目管理专业资质认证体系的总称。

国际项目管理协会 IPMA 依据国际项目管理专业资质标准（ICB，IPMA

Competence Baseline），针对项目管理人员专业水平的不同将项目管理专业人员资质认证划分为四个等级，即 A 级、B 级、C 级、D 级，每个等级分别授予不同级别的证书。根据 IPMP 认证等级划分获得 IPMP 各级项目管理认证的人员，将分别具有负责大型国际项目、大型复杂项目、一般复杂项目或具有从事项目管理专业工作的能力。

A 级（Level A）证书是认证的高级项目经理。获得这一级认证的项目管理专业人员有能力指导一个公司（或一个分支机构）的包括有诸多项目的复杂规划，有能力管理该组织的所有项目，或者管理一项国际合作的复杂项目。这类等级称为 CPD（Certificated Projects Director，认证的高级项目经理）。

B 级（Level B）证书是认证的项目经理。获得这一级认证的项目管理专业人员可以管理一般复杂项目。这类等级称为 CPM（Certificated Project Manager，认证的项目经理）。

C 级（Level C）证书是认证的项目管理专家。获得这一级认证的项目管理专业人员能够管理一般非复杂项目，也可以在所有项目中辅助项目经理进行管理。这类等级称为 PMP（Certificated Project Management Professional，认证的项目管理专家）。

D 级（Level D）证书是认证的项目管理专业人员。获得这一级认证的项目管理人员具有项目管理从业的基本知识，并可以将它们应用于某些领域。这类等级称为 PMF（Certificated Project Management Practitioner，认证的项目管理专业人员）。

由于各国项目管理发展情况不同，各有各的特点，因此 IPMA 允许各成员国的项目管理专业组织结合本国特点，参照 ICB 制定在本国认证国际项目管理专业资质的国家标准（NCB，National Competence Baseline），这一工作授权与代表本国加入 IPMA 的项目管理专业组织完成。

国际项目管理协会（IPMA，International Project Management Association）是总部设在瑞士洛桑的全球项目管理非政府组织。中国优选法统筹法与经济数学研究会项目管研究委员会（以下简称 PMRC）是我国唯一的跨行业的项目管理专业组织，PMRC 于 1996 年代表中国加入 IPMA 成为 IPMA 的会员国组织，IPMA 正式授权 PMRC 为中国进行 IPMP 的认证工作的专业推进机构。

IPMP 是一种对项目管理专业人员知识、经验和能力水平的综合评估证明，具有广泛的国际认可度和专业权威性，代表了当今项目管理资格认证的国际水平。国际各大公司已经逐渐将 IPMP 证书作为其项目管理从业人员所应具备的基本要求之一，在国内 IPMP 证书也将作为我国各大企业对项目管理人员素质考核的主要参考因素，并会逐渐演变为对项目管理人员从业的基本要求和执业资格。

IPMP 的品牌价值主要表现在：

（1）具有专业资质认证的权威。 IPMA 是为促进国际项目管理专业交流与合作的全球性学会，目前已有 30 个正式会员国组织和 25 个非正式会员国组织，是全球最大的项目管理专业协会，代表全球项目管理专业发展的权威机构。

（2）强调从业能力的综合考核。 这是 IPMP 相对其他项目管理专业资质认证的最大区别，"能力＝知识＋经验＋个人素质"是 IPMA 对项目管理专业人员能力考核的最基本定义，通过 IPMP 考试的人员表明其具有从事项目管理工作的能力。

（3）具有系统完善的认证标准。 国际项目管理专业资质认证标准（ICB）是一套系统全面的认证体系，他将知识和经验分为 28 个核心要素及 14 个附加要素进行考核，对 C 级以上还需对个人素质的 8 个方面以及总体印象的 10 个方面对应试者进行综合考察。

（4）资质能力的划分更为科学。 IPMP 把项目管理人员的专业水平分为四个等级，即认证的高级项目经理（A 级）、认证的项目经理（B 级）、认证的项目管理专家（C 级）及认证的项目管理从业人员（D 级）四级，每级证书分别表明了项目管理人员在专业领域的从业资质水平。因此 IPMP 认证更具科学性与合理性。

（5）认证程序严格系统且完善。 IPMP 的认证程序对每一级都有严格的认证要求，以 C 级认证为例需要经过申请者资格审查、从事项目管理经历审查、申请者自评、笔试考核、案例讨论、面试几个过程，只有通过每一环节的人员才可授予相应证书。

（6）有广泛的国际影响和认可。 一方面 IPMA 是一个具有数十个国家参与的国际性项目管理组织，其所推行的专业资质认证体系在各会员国都得到认可与推广；另一方面 IPMA 与美国及澳大利亚项目管理学会签订了互相认可协议。因此，IPMP 具有广泛的国际影响和国际认可度。

（7）是项目管理职业的通行证。 IPMP 证书是项目管理人员就业、发展的一张通行证，目前 IPMP 证书已经成为国际各大公司招聘项目管理人员的重要参考和依据，同时 IPMP 又是国际上项目管理人员在项目管理专业水平方面得到认可的一个重要标志。

（8）符合中国项目管理的实践。 IPMP 证书的运作特点是强调与当地国项目管理实践的结合，它允许在统一的专业认证标准 ICB 下建立符合本国特点的认证标准 NCB，为了更好地与当前我国的项目管理人员的实践情况结合，PMRC 在中国推行的国际项目管理专业资质认证考试全部用中文进行。

4. PRINCE2

PRINCE 是 PRoject IN Controlled Environment（受控环境下的项目管理）的简称。PRINCE2 描述了如何以一种逻辑性的、有组织的方法，按照明确的步骤对项目进行管理。它不是一种工具也不是一种技巧，而是结构化的项目管理流程。这也是为什么它容易被调整和升级，适用于所有类型的项目和情况。

PRINCE2 由英国政府商务部（OGC）所有，于 1996 年开始推广。它不仅是英国事实上所有类型项目的标准程序，现在已迅速发展成为国际标准。世界各地的许多企业将其作为他们管理项目的首选方法。

PRINCE2 是一种长期以来公认的项目管理方法，在英国公共部门广泛应用，在私营企业界也发展成为事实上的应用方法。PRINCE2 开发于 1989 年，是一种结构性的项目管理方法，其所有者 OGC（英国商务部）根据使用者的反馈与调查不断地对其进行完善。PRINCE2 最初是为 IT 行业开发的，现在已发展成为通用于各种大小、各个领域的项目的管理方法。PRINCE2 在全球闻名并得以广泛应用。PRINCE2 手册被译成多种语言。

PRINCE2 的使用是免费的；虽然名称和内容受版权保护，用户可在他们的项目中参考使用该方法，而不必局限于特定的咨询师及相关的服务。

许多项目面临的风险是，一旦项目进入到自己的生命周期中，它们不能适应环境的变化，因此不能交付要求的结果。当项目最初成立的原因不复存在时，它们通常会继续进行项目，浪费资源。PRINCE2 在一系列的原理基础上始终保持明确的方向，从而确保最终交付的结果真正符合客户的需求。

● PRINCE2 使用一系列的过程来描述一个项目在何时发生了什么。这些过程涵盖了从项目开始到项目结束的所有活动，可以根据个人的需要对其进行缩减和调整。

● 这些过程基于项目一系列的组成部分。这些组成部分阐述了项目组成的各个方面，如商业论证、质量管理、风险管理和变更控制等，确保最终产品"符合要求"。

● PRINCE2 项目在客户/供应商环境中，利益干系人和高级管理层参与重大决定，从而确保项目能够持续进行达到预期目标。

● "例外管理"是 PRINCE2 的一项重要原理。它确保不管高级管理层多忙都能真正参与到项目中来，而这一点正是项目经理以往总是困难面对的一个问题。PRINCE2 的详细过程提供了一种组织结构，项目经理负责日常的管理工作，相关的利益干系人则在决策过程中有效参与提供相应的建议。

● PRINCE2 提供了一种与大型项目管理相连接的界面，其设计使项目能达到目前所公认的质量管理标准的要求。

其他常用的计划方法可以对 PRINCE2 进行补充，帮助项目经理组织他/她的管理工作，为项目环境提供了一种附加值，避免项目在交付预期的商业利益过程中运行在真空状态。

PRINCE2 提供一种精辟的、可调整的过程模型。8 个管理过程和各自的子过程为参与项目的各方提供了一种稳固的工作架构和沟通渠道。这些过程可根据项目的需要适当增减，输出结果的正式程度也可不同。

PRINCE2 主要过程的重要作用可归纳如下：

项目指导（DP）是一个非常重要的过程，定义了项目管理委员会的职责。它确保项目管理委员会对商业论证最终负责，必要时对项目经理和高级管理层提出建议。

项目准备（SU）过程可根据项目的需要来决定其正式程度。该过程明确一个基本问题："我们的项目是否切实可行、值得进行？"

项目启动（IP）是第一个真正的项目过程。它为项目奠定一个坚实的基础，与项目管理委员会在目标、风险和产品预期质量方面取得共识。

阶段控制（CS）阶段包含项目经理的日常管理活动。

产品交付管理（MP）过程涵盖根据产品描述中的质量标准制造和准备实际产品的工作。

阶段边界管理（SB）对项目现状价值的评估具有重要作用，有助于决定商业论证是否仍旧可行。

项目收尾（CP）确保项目的结束、必要的后续行动计划和项目后审查都能得到有效控制。

项目计划（PL）描述了计划和重新计划项目的重复步骤。通过运用以产品为基础的计划技术，确保能够按照要求的结果来制订计划。

PRINCE2 过程中贯穿了项目管理的许多重要方面。

PRINCE2 认为商业论证是项目的交付结果，是项目实施的经济理由。商业论证产生与公司战略一致的关联，并在整个项目周期中不断更新。PRINCE2 将项目分成不同的阶段可以对商业论证和任何变化进行定期审查。商业论证的责任位于组织结构之上，体现了它在 PRINCE2 中的重要性。

PRINCE2 规定了一种灵活的组织结构，由各种明确的角色组成，这些角色可能分配给一人，多个人或由大家共同承担。通过确保商业利益的代表者、项目管理委员会中的供应商和用户，PRINCE2 为项目经理与主要的利益干系人提供了一条至关重要的联系纽带。代表商业利益和客户方的项目主管，是项目管理委员会的首领，在 PRINCE2 中被指定为对商业论证最终负责的人。项目经理由此可获得相关管理层的支持，克服困难，同时也使高级管理层能时刻关注正在进行项目的可行性和正确方向。项目保证的任务是按照项目管理委员会中的利益三方——商业、用户和供应商对项目的过程进行检查，及时进行必要的改变，确保最终产品的质量达到客户期望。

"例外管理"在 PRINCE2 中通过使用多种控制手段得以推动。通过定义容许偏差，PRINCE2 使项目经理能自己灵活处理问题，并为他/她提供上报途径，当问题超出规定的容许偏差时能够寻求项目管理委员会的帮助。PRINCE2 还赋予项目管理委员会控制权，确保项目遵循经协商同意的进程，适时采用必要的纠正措施。通过在所有层面使用计划，基线经协商同意被确定，据此可对重要事件进行审查。

质量是 PRINCE2 的关键理念。PRINCE2 质量路径贯穿于所有过程中，确保最终结果与规定的质量标准保持一致，通过检测或审查对成品进行检验。配置管理被认为是质量控制的主要方面，有助于产品版本的管理。由于所有项目都会面对影响其发展趋势的变化，比如企业战略的变化或项目之外的其他事件，PRINCE2 极其重视风险管理，为变更控制创造了一个重要接点。PRINCE2 提供控制此种变化的技术，通过风险管理、质量管理和变更控制的密切配合，确保那些对项目或产品质量有影响的外部或内部因素能够被识别并加以分析，从而能够采取适当的防范措施，这就确保了这些防范措施是根据风险对最终产品质量的影响来决定的。

除了过程和组成部分，PRINCE2 还提供了另外的技术，比如以产品为基础的计划和质量审查。但它并没有说明为某一特定的项目选择哪些/个适当的技术，而将其留给使用者自己来处理。

考试形式有以下两种：

（1）基础资格（Foundation）考试。

考试采取闭卷形式，考生将在 1 小时内解答 75 道单选题（包括 5 道试验题），除试验题外的 70 道中答对 35 道即可通过。

（2）从业资格（Practitioner）考试。

考试采取开卷形式（有指定的参考书），考生要在两个半小时的时间内解答基于场景的 9 道客观题，每题由 9 小题 12 分组成，满分 108 分，得到 59 分即可通过。题型包括单选题、双选题、配对题、排序题、是非题。

3.3　项目投标

对于需要进行投标的 ITO 项目，投标管理也是项目实施前的重要工作。

1. 投标常识

根据《中华人民共和国招标投标法》规定，投标人是响应招标、参加投标竞争的法人或者其他组织。依法招标的科研项目允许个人参加投标的，投标的个人适用本法有关投标人的规定。

投标人应当具备承担招标项目的能力；国家有关规定对投标人资格条件或者招标文件对投标人资格条件有规定的，投标人应当具备规定的资格条件。

投标人应当按照招标文件的要求编制投标文件。投标文件应当对招标文件提出的实质性要求和条件作出响应。招标项目属于建设施工的，投标文件的内容应当包括拟派出的项目负责人与主要技术人员的简历、业绩和拟用于完成招标项目的机械设备等。

投标人应当在招标文件要求提交投标文件的截止时间前，将投标文件送达投标地点。招标人收到投标文件后，应当签收保存，不得开启。投标人少于三个的，招标人应当依照本法重新招标。在招标文件要求提交投标文件的截止时间后送达的投标文件，招标人应当拒收。

投标人在招标文件要求提交投标文件的截止时间前，可以补充、修改或者撤回已提交的投标文件，并书面通知招标人。补充、修改的内容为投标文件的组成部分。

投标人根据招标文件载明的项目实际情况，拟在中标后将中标项目的部分非主体、非关键性工作进行分包的，应当在投标文件中载明。

两个以上法人或者其他组织可以组成一个联合体，以一个投标人的身份共同投标。联合体各方均应当具备承担招标项目的相应能力；国家有关规定或者招标文件对投标人资格条件有规定的，联合体各方均应当具备规定的相应资格条件。由同一专业的单位组成的联合体，按照资质等级较低的单位确定资质等级。联合体各方应当签订共同投标协议，明确约定各方拟承担的工作和责任，并将共同投标协议连同投标文件一并提交招标人。联合体中标的，联合体各方应当共同与招标人签订合同，就中标项目向招标人承担连带责任。招标人不得强制投标人组成联合体共同投标，不得限制投标人之间的竞争。

投标人不得相互串通投标报价，不得排挤其他投标人的公平竞争，损害招标人或者其他投标人的合法权益。投标人不得与招标人串通投标，损害国家利益、社会公共利益或者他人的合法权益。禁止投标人以向招标人或者评标委员会成员行贿的手段谋取中标。

投标人不得以低于成本的报价竞标，也不得以他人名义投标或者以其他方式弄虚作假，骗取中标。

根据《中华人民共和国招标投标法》规定，开标应当在招标文件确定的提交投标文件截止时间的同一时间公开进行；开标地点应当为招标文件中预先确定的地点。有个别城市的地铁公司进行 EAM 招标时的截标时间为某日 10 时，而开标时间却为当日 11 时，这显然也是不符合规定的。

开标由招标人主持，邀请所有投标人参加。

开标时，由投标人或者其推选的代表检查投标文件的密封情况，也可以由招标人委托的公证机构检查并公证；经确认无误后，由工作人员当众拆封，宣读投标人名称、投标价格和投标文件的其他主要内容。招标人在招标文件要求提交投标文件的截止时间前收到的所有投标文件，开标时都应当当众予以拆封、宣读。开标过程应当记录，并存档备查。

评标由招标人依法组建的评标委员会负责。依法必须进行招标的项目，其评标委员会由招标人的代表和有关技术、经济等方面的专家组成，成员人数为五人以上单数，其中技术、经济等方面的专家不得少于成员总数的 2/3。专家应当从事相关领域工作满八年并具有高级职称或者具有同等专业水平，由招标人从国务院有关部门或者省、自治区、直辖市人民政府有关部门提供的专家名册或者招标代理机构的专家库内的相关专业的专家名单中确定；一般招标项目可以采取随机抽取方式，特殊招标项目可以由招标人直接确定。与投标人有利害关系的人不得进入相关项目的评标委员会；已经进入的应当更换。评标委员会成员的名单在中标结果确定前应当保密。

招标人应当采取必要的措施，保证评标在严格保密的情况下进行。任何单位和个人不得非法干预、影响评标的过程和结果。

评标委员会可以要求投标人对投标文件中含义不明确的内容作必要的澄清或者说明，但是澄清或者说明不得超出投标文件的范围或者改变投标文件的实质性内容。

评标委员会应当按照招标文件确定的评标标准和方法，对投标文件进行评审和比较；设有标底的，应当参考标底。评标委员会完成评标后，应当向招标人提出书面评标报告，并推荐合格的中标候选人。招标人根据评标委员会提出的书面评标报告和推荐的中标候选人确定中标人。招标人也可以授权评标委员会直接确定中标人。国务院对特定招标项目的评标有特别规定的，从其规定。

　　中标人的投标应当符合下列条件之一：能够最大限度地满足招标文件中规定的各项综合评价标准；能够满足招标文件的实质性要求，并且经评审的投标价格最低；但是投标价格低于成本的除外。

　　评标委员会经评审，认为所有投标都不符合招标文件要求的，可以否决所有投标。依法必须进行招标的项目的所有投标被否决的，招标人应当依照本法重新招标。

　　在确定中标人前，招标人不得与投标人就投标价格、投标方案等实质性内容进行谈判。

　　评标委员会成员应当客观、公正地履行职务，遵守职业道德，对所出的评审意见承担个人责任。评标委员会成员不得私下接触投标人，不得收受投标人的财物或者其他好处。评标委员会成员和参与评标的有关工作人员不得透露对投标文件的评审和比较、中标候选人的推荐情况以及与评标有关的其他情况。

　　中标人确定后，招标人应当向中标人发出中标通知书，并同时将中标结果通知所有未中标的投标人。中标通知书对招标人和中标人具有法律效力。中标通知书发出后，招标人改变中标结果的，或者中标人放弃中标项目的，应当依法承担法律责任。

　　招标人和中标人应当自中标通知书发出之日起 30 日内，按照招标文件和中标人的投标文件订立书面合同。招标人和中标人不得再行订立背离合同实质性内容的其他协议。招标文件要求中标人提交履约保证金的，中标人应当提交。

　　依法必须进行招标的项目，招标人应当自确定中标人之日起 15 日内，向有关行政监督部门提交招标投标情况的书面报告。

　　中标人应当按照合同约定履行义务，完成中标项目。中标人不得向他人转让中标项目，也不得将中标项目肢解后分别向他人转让。中标人按照合同约定或者经招标人同意，可以将中标项目的部分非主体、非关键性工作分包给他人完成。接受分包的人应当具备相应的资格条件，并不得再次分包。中标人应当就分包项目向招标人负责，接受分包的人就分包项目承担连带责任。

2. 投标保函

　　一般的招标单位会向投标单位收取一定的投标保证金。但也有的招标单位采取收取投标保证金保函的形式来规范投标单位的行为。

　　投标保证金由银行开具，但还需经过除银行外的招标单位、投标单位三方同意。招标单位会要求银行承诺在收到招标单位提出的任何一种违规事实的书面通知，立即无追索地向招标单位支付保证金。如，投标人在招标文件中规定的投标有效期内撤回投标；投标人在投标文件中提供虚假的文件和材料，意图骗取中标的；中标人未能在规定期限内提交履约保证金或签订合同协议；招标文件中其他规定。

投标保函的样例如下所示。

投 标 保 函

编号：CATOEAM1001

致受益人（招标方）都成市地铁公司：

鉴于投标方彦哲信息技术有限公司（下称"保函申请人"）参加以你方为招标方的都成市地铁运营资产管理系统投标，我行接受保函申请人的请求，愿向你方提供如下保证：

一、本保函项下我行承担的保证责任最高限额为（币种、金额、大写）人民币贰拾万元整。（下称"保证金额"）

二、我行在本保函项下提供的保证为连带责任保证。

三、本保函的有效期（保证期间，下同）为以下第___1___种：

1. 本保函有效期至2010年5月30日止。

2. ___无___。

四、在本保函的有效期内，如保函申请人发生以下情形之一：

1. 在投标文件有效期内撤回投标；

2. 在接到中标通知书后___30___天内：

（b）投标人在投标文件中提供虚假的文件和材料，意图骗取中标的；

（c）中标人未能在规定期限内提交履约保证金或签订合同协议；

（d）招标文件中其他规定。

我行将在收到你方提交的本保函原件及符合下列全部条件的索赔通知后___5___个工作日内，以上述保证金额为限支付你方索赔金额：

（一）索赔通知必须以书面形式提出，列明索赔金额，并由你方法定代表人（负责人）或授权代理人签字并加盖公章；

（二）索赔通知必须同时附有：

1. 一项书面声明，声明索赔款额并未由保函申请人或其代理人直接或间接地支付给你方；

2. 证明保函申请人有责任赔偿其服务对象损失或支付罚款、罚金以及相关损失、罚款或罚金金额的证据。

（三）索赔通知必须在本保函有效期内到达以下地址：

北京市海淀区文慧园北路 9 号。

五、本保函保证金额将随保函申请人逐步履行保函项下合同约定或法定的义务以及我行按你方索赔通知要求分次支付而相应递减。

六、本保函项下的权利不得转让，不得设定担保。

七、因本保函发生争议协商解决不成，按以下第（二）种方式解决：

（一）向本行所在地的人民法院起诉。

（二）提交中国经济贸易仲裁委员会（仲裁地点为北京），按照申请仲裁时该会现行有效的仲裁规则进行仲裁。仲裁裁决是终局的，对双方均有约束力。

八、本保函有效期届满或提前终止，受益人应立即将本保函原件退还我行；受益人未履行上述义务，本保函仍在有效期届至或提前终止之日失效。

九、本保函适用中华人民共和国法律。

十、本保函自本行负责人或授权代理人签字并加盖公章之日起生效。

保证人（公章）：中国建设银行北京市分行海淀支行

负责人或授权代理人（签字）：李建设

签发日期：2010 年 4 月 2 日

3.4　客户信用评估

在正式的合同签订以前，为了减少或避免经济风险，一般需要对客户的信用特别是付款信用进行评估。所涉及的内容如表 3-1 所示。

表 3-1　客户信用评估表

编号：＿＿＿＿＿＿

第一部分		关于付款信用评估（客户填写）		
TO：		传真：（010）57320998		电话：（010）57320889
1)	客户类型：	■新客户　□既有客户		
2)	客户名称：	都成市		
3)	合同号：	CATOEAM20100410		
4)	注册地址：	都成市都城区地铁路 1 号		
5)	联系方式：	联系人：杨章	电话：（011）53088888	Email：yz@dcmtr.com
		职务：主任	传真：（011）53088889	网址：www.dcmtr.com
6)	所提供的服务	预计合同额：人民币 619 万元		
7)	付款条款	首付 20%，终验后付 65%，质保期后付 15%。		

（续）

8）申请人		
客户经理：王哲	电话：13801296373	传真：（010）57320880
签字：（略）	日期：2010 年 4 月 12 日	
第二部分	公司意见（风险管理部门填写）	
To:		传真：（00852）68230088

9）付款条款：			
[√] ITO 项目		30%	合同签署后
		60%	设备交付
		10%	项目验收

说明：

新客户有一定的风险，需提高提前付款的比例。

签字：（略）	姓名：魏安全	日期：2010 年 4 月 15 日

3.5 合同签订

在签订合同时，应特别注意那些高风险合同和合同价值较高的合同。一般地，合同应规定的内容及注意要点如下所述。

(1) 当事人的名称或者姓名和住所

● 名称以营业执照名称为准，自然人就以居民身份证上的名字为准

● 公司地址以营业执照所注明的地址为准

(2) 标的

● 硬件应写具体的全称，不能简写，品种、规格、型号、等级等要写具体

● 对于服务的内容或软件开发要实现的功能的描述要具体

(3) 数量

必须明确填写，不得含糊。如有调整，签补充协议。

(4) 质量

产品的质量标准、国家标准、行业标准，按企业标准签订，当事人有特殊要求的，由双方协商签订。

(5) 价款或者报酬

由双方协商决定。给供货商的付款条件，不得优于与最终用户的相应条款。

(6) 履行期限、地点和方式

履行期限、地点和方式，应有明确规定。

(7) 验收

验收标准和方式，要详细定义因其一般会与收款关联，同时约定如客户不

验收如何处理。

(8) 违约责任

注意基于履行合同所产生的全部责任、违约金、损害赔偿的总额累计不得超过于本合同项下实际收取费用的总额/合同总金额。

(9) 解决争议的方法

推荐中国国际经济贸易仲裁委员会及其分会；仲裁委。

(10) 转让条款

有权将合同项下的权力义务转让给其关联公司而不需事先取得对方同意。

另外还可以规定包装方式、结算方式、合同使用的文字及其效力等条款。

在实践中，常见的主要法律问题有：

1. 合同签署的有效性

● 要求：盖章（公章或合同专用章）并签字，避免业务专用章及部门章。

● 除非法定代表人签字，其他授权代表要有公司明确授权。

● 注意分公司签约的情形。

2. 服务范围

● 明确服务的内容、服务的标准、服务的时间。

● 对于以上有任何的更改，签订补充协议。

● 客户公司须承担施工时间表任何变更或修改有关的费用或开支。

3. 验收

要注意交货验收、提请初验、提请终验等不同阶段的验收。

4. 投标中的问题

(1) 联合投标并不能解决投标资质问题

(2) 在与国有公司的工程建设项目中，必须采用工程量清单计价，不得笼统综合报价结算。

依据：《建设工程工程量清单计价规范》（此规定已于 2008 年 12 月 1 日起正式实施）

请注意：

(1) 在实施的任何一个阶段都保留书面文件，有对方的公章、合同章或授权人的签字。

(2) 任何变更都要有书面的协议。

（3）有效的送达文件或催款函，保证可追溯案件的诉讼时效。

5. CWL 申请

CWL（Contracts Without Appropriate Limitation of liability）就是没有包括适当责任限制的（相等或者少于合同价值）的合同。

标准赔偿限制责任条款，如下所述：

不论本合同其他条款有何约定，合同任何一方基于履行本合同所产生的全部责任、违约金、损害赔偿总额累计不得超过合同总金额。但合同任何一方对另一方的商誉损失、利润损失，及其他间接的、附随性的、惩罚性的损失或赔偿不承担任何责任和义务。

如果合同没有在集团保险范围之内，或者合同的金额是 200 万美元及以上并且赔偿责任是 2 倍及以上的，不论其是否在集团保险范围之内，均需要上报公司财务管理负责人审核。也就是说，需要进行 CWL 申请。

该 ITO 项目的 CWL 申请表格如表 3-2 所示。

表 3-2　CWL 申请表

日期：2010 年 5 月 15 日 部门：业务拓展部 合同签订负责人：李森林 律师：王树森
1. 合同条款明细（附合同复印件） （A）法人实体： 　　买方（甲方）：都成市地铁公司 　　卖方（乙方）：北京彦哲信息技术有限公司 （B）合同类型：服务类 （C）合同主要内容：为都成市地铁公司提供地铁 EAM 的 ITO 服务。 （D）合同额与合同期限：人民币 619 万元；截止日期为 2011 年 12 月 31 日。 （E）合同对公司战略的重要性和意义：1. 非常重要■　2. 重要□　3. 不重要□ 原因说明：为公司将来在轨道交通行业推广 CATO EAM ITO 服务打好基础，具有战略意义。
2. 责任与措施 （A）说明合同规定的赔偿责任限制的具体条款（如有）：如未按合同条款执行，最严重的情况需赔偿合同金额的两倍。 （B）说明同意 CWL 的原因：项目属于低风险项目，我方完全胜任，出现违约的可能性非常小。 （C）为了控制风险而采取措施，请指明合同涉及的商业/商务/技术风险。 风险清单：人员流动。 控制风险的方法：做好后备人才的建设，以便人才流动时填补空缺。

（续）

3. 保险评估	
公司的保险是否覆盖？　　是■　　不是□	
	评估人：许为财

4. 法务部门意见
根据以上信息评估法律风险：　　低。

5. 总经理审批	
总经理（签字）　　（略）	审批意见：　　同意■　　不同意□

6. 保密协议（NDA，Non Disclosure Agreement）

除非该协议或者备忘录包括有不竞争/排他性条款或其他非标准保密条款。

除死亡、因疏忽导致人身受伤、欺诈、违反保密条款或（当公司是原始授权人时）由于知识产权而引起的责任外，限制的责任于合同价值之内的协议。

在签订保密协议时，要注意受其他审批程序所管辖的协议或合同情形。属于受其他审批程序所管辖的协议或合同有：

● 集团内的公司以平等条款达成的协议。请注意，关联交易受其他审批程序管辖。

● 采购合同或接受服务的合同，我方的唯一义务是支付价款。

● 租赁及产权特许协议。

● 劳动合同。

● 我方作为特许人的特许协议，授予专用权者除外。

关于知识产权，主要分以下四种情况：

(1) 自己拥有所有权的知识产权

一般情况下：许可他方非独占的，有地域性的，不可转让的使用权

(2) 合作开发完成的知识产权

合作开发完成的产品，除当事人另有约定的以外，知识产权属于合作开发的当事人共有。

(3) 自己作为受委托方为客户开发完成的作品的知识产权

除当事人另有约定外，申请知识产权的权利属于研究开发人。

(4) 自己只拥有销售权的产品的知识产权

自己授予客户的许可，不得超过从供货商那里得到的许可。

招标人和中标的投标人在签订合同后，即成为发包人和接包人。接包人一般须向发包人提供银行开立的履约保证金保函，金额一般为合同金额的10％～15％，以确保接包人按合同条款履约。否则，由银行负责赔偿一定金额，最高不超过履约保函的总金额。履约保证金保函格式如下所示。

致：<u>都成市地铁公司</u>（业主名称）

鉴于<u>彦哲信息技术有限公司</u>（承包商名称）（以下简称"承包商"）根据 <u>2010</u> 年<u>5</u> 月 <u>28</u> 日签定的<u>CATOEAMITO20100001</u> 号合同向业主提供<u>地铁 EAM ITO</u>（以下简称"合同"）。

根据贵方在合同中规定接包商应向业主提交一家信誉良好的银行出具的在合同中规定的金额的银行保函作为接包商履行合同义务的保证金。

我行同意出具此保函：

我行特承诺，我行作为保证人并以承包商名义向贵方出具总额为<u>人民币壹佰万元整</u>（以大写和数字表示的保证金金额）的保函。我行在收到贵方第一次书面宣布承包商违反了合同规定后，就无条件向贵方支付保函限额之内的一笔或数笔款项，而贵方无须证明或说明要求的原因和理由。

本保函在<u>2012</u> 年<u>2</u> 月 <u>22</u> 日（本项目缺陷责任期满后 28 天）前一直有效。

出具保函银行名称：<u>中国建设银行北京市分行海淀支行</u>

签字人姓名和职务：<u>魏建设　主任</u>

签 字 人 签 名：<u>（略）</u>

公 章：<u>（略）</u>

本章小结

通过以上详细的案例分析，我们可以了解到在 ITO 项目投标阶段的工作要点有：

（1）资质认证准备。

（2）项目投标。

（3）客户信用评估。

（4）合同签订。

发包方一般关心接包方的企业资质和项目经理资质的认证情况。企业资质包括 ISO9001、ISO2000、CMMI、ISO27001、系统集成资质等。项目经理资质包括信息系统项目管理师、PMP、IPMP、PRINCE2 等。

一般地，招标文件包括以下内容：投标邀请书、投标须知、合同条款、技术要求、投标文件要求与格式、评标办法等。

在正式的合同签订以前，为了减少或避免经济风险，一般需要对客户的信用特别是付款信用进行评估。

CWL (Contracts Without Appropriate Limitation of liability) 就是没有包括适当责任限制的（相等或者少于合同价值）的合同。

本章关键词或概念

招标

资质

投标

信用评估

合同

本章思考题

一、简答题

【问题 1】ITO 项目招标单位一般比较关注投标单位的哪些认证资质？

【问题 2】在 ITO 项目投标阶段的工作要点有哪些？

二、案例分析题

阅读下面的案例叙述并回答后面的问题。

某系统集成商最近正在争取某电力公司的办公网络迁移到外地的项目。王某是系统集成商负责捕捉项目机会的客户经理，钱某是系统集成商负责实施的项目经理。由于以往项目客户经理的过度承诺给后继的实施工作带来了很大困难，此次钱某主动为该项目做售前支持。该办公网络迁移项目的工作包括电力公司新办公楼的综合布线、局域网网络系统升级、机房建设、远程视频会议系统、生产现场的闭路监控系统等 5 个子系统。电力公司对该项目的招标工作在 2008 年 8 月 4 日开始。该项目要求在 2008 年 12 月 29 日完成，否则将严重影响电力公司的业务。

时间已到 2008 年 8 月 8 日，电力公司希望系统集成商能在 8 月 15 日前能够提交项目建议书。电力公司对项目的进度非常关注，这是他们选择集成商的重要指标之一。根据经验、电力公司的实际情况和现有的资源，钱某组织制定了一个初步的项目计划，通过对该计划中项目进度的分析预测，钱某认为按正常流程很难达到客户对进度的要求。拟订的合同中将规定对进度的延误要处以罚款。但是客户经理王某则急于赢得合同，希望能在项目建议书中对客户做出明确的进度保证，首先赢得合同再说。钱某和王某在对项目进度承诺的问题上产生了分歧，王某认为钱某不帮助销售拿合同，钱某认为王某乱承诺对以后的项目实施不负责任。本着支持销售的原则，钱某采取了多种措施，组织制订了一个切实可行的进度计划，虽然其报价比竞争对手略高，但评标委员会认为该方案有保证，是可行的，于是系统集成商中标。系统集成商中标后，由其实施部负责项目的实施。

　　在项目实施过程中，负责售前工作的王某应继续承担哪些工作？

第三篇　项目管理篇

第三篇　反目标理论

第4章 ITO 接包项目启动

本章导读

我们通过前两章的学习，已经了解并掌握了 ITO 接包项目在立项和投标阶段的工作要点，在接下来的一章我们通过对具体案例的分析学习，了解 ITO 接包项目启动的主要步骤，并对各步骤进行深入的学习和研究。

ITO 接包项目启动主要步骤有以下几个：进行 ITO 接包项目启动阶段风险评估；召开 ITO 接包项目启动会议；制定 ITO 接包项目章程；制定初步范围说明书。

本章学习目标

1. 了解 ITO 接包项目启动主要步骤。
2. 了解启动阶段风险评估的关键点。
3. 掌握项目范围说明书的制定要点。
4. 掌握项目章程的制定要点。

4.1 项目启动

4.1.1 项目启动阶段风险评估

外包项目存在着诸多风险，ITO 项目也不例外。由于涉及一系列服务，ITO 接包项目的风险就更大，风险管理相对其他类型的项目管理要重要许多，项目风险评估结果能够指导 ITO 接包项目的启动、实施和控制，全面的风险评估能推动项目向成功的方向发展。鉴于其重要性，ITO 接包项目风险评估最好在项目启动之前做好。

在 ITO 接包项目启动阶段，初步识别存在的风险主要有以下几个：

● 人员风险：ITO 服务人员的数量不够，ITO 服务人员突然离职等。

● 需求蔓延风险：用户和接包方对于服务范围的理解不一致，以至用户总是提出接包方难以满足的需求。

● 响应风险等。

ITO 接包项目启动阶段初步识别的风险评估完成后，今后的项目管理中要加强哪些模块也就明晰了。

4.1.2 项目启动会议

ITO 接包项目风险评估后就可以安排召开项目启动会议了。项目启动会议分为内部会议和外部会议。

项目内部启动会议的目的是让项目团队成员对该项目的整体情况（包括项目的建设背景、项目总体规划及项目团队成员等信息）和各自的工作职责有一个清晰的认识和了解，为日后协同开展工作做准备；同时获得领导对项目资源的承诺和保障。需要参加项目内部启动会议的人员包括项目团队全体成员、接包方相关领导。

项目内部启动会议所需要介绍的主要内容包括：ITO 接包项目的背景、项目主要干系人信息、项目的基本需求、项目的总体规划、项目团队成员及其分工、项目存在的风险及应对策略和项目资源需求等。其中"项目总体规划"、"项目团队成员及其分工"、"项目存在的风险及其应对策略"和"项目资源需求"是会上需要重点介绍的内容。

项目外部启动会议是指有发包方项目主要干系人参加的项目启动会议，该会议一般选择在接包方或发包方现场召开。会议的目的是让项目接包方、发包方等项目主要干系方对该项目的整体情况（包括项目的背景、项目总体规划及项目团队成员等信息）有一个清晰的认识和了解，让项目各主要干系方清楚各自的职责和义务，让项目接包方、发包方在项目实施的过程中所需要给予的支持和配合给予承诺，从而让各方就项目实施的相关事宜达成共识。

项目外部启动会议所需要介绍的主要内容包括：项目的背景、项目主要干系方领导和项目负责人、项目的基本需求、项目的总体规划、项目各主要干系方的责任和义务项目存在的风险及其应对策略和在项目的建设过程中项目接包方、发包方所需要给予的支持和配合等。其中，"项目总体规划"、"项目各主要干系方的责任和义务"和"项目建设过程中项目接包方、发包方所需要给予的支持和配合"是会上需要重点介绍的内容。

由于项目启动会议主要是信息展示而不是讨论，一般时间都比较短，因此一些需要与会各方认可或承诺的事宜，需要在启动会议前沟通清楚，否则会严重影响启动会议的效果。

根据项目的实际情况，项目的内、外部启动会议也可以合二为一。如果合一，会议成功前提条件除了会议之前的沟通文档齐备，还有更重要的一点就是会议主持人一定需要兼顾各与会者所关心的内容。

一个成功的项目启动会议是项目的良好开端，启动会议召开成功意味着项目成功了第一步。

4.2　项目章程制定

启动过程的一个重要标志是项目章程的制定，有时候也可能是一次项目重要干系人参加的会议决议文件，但目的都是正式委任项目经理，确认资金已经到位，项目可行，可以开始。如果项目还无法确认是否可行，则应该首先将项目的可研阶段作为一个独立的项目进行。

项目章程重点是项目经理确定、立项原因、总体的项目进度、预算和范围、干系人影响等内容。

制定项目章程是制定一份正式批准项目或阶段的文件，并记录能反映干系人需要和期望的初步要求的过程。它在项目执行组织与发起组织（或客户，如果是外部项目的话）之间建立起伙伴关系。项目章程的批准，标志着项目的正式启动。在项目中，应尽早确认并任命项目经理，最好在制定项目章程时就任命，最晚也必须在规划开始之前。项目经理应该参与制定项目章程，因为该章程将授权项目经理在项目活动中使用组织资源。

项目由项目以外的人员批准，如发起人、PMO（项目管理办公室）或项目组合指导委员会。

项目启动者或发起人应该具有一定的职权，能为项目提供资金。他们亲自编制项目章程，或授权项目经理代为编制。项目章程经启动者签字，即标志着项目获得批准。可能因内部经营需要或外部影响而批准项目，故通常需要编制需求分析、商业论证或情况描述。通过编制项目章程，就可以把项目与组织的战略及日常运营工作联系起来。

4.3　初步范围说明书制定

项目初步范围说明书由项目发起人或投资人编制，并由项目管理团队在项目范围管理过程中进一步细化为项目范围说明书。

项目范围说明书用于明确项目中需要完成什么。制定初步项目范围说明书过程的对象和记载事项是项目及其产品和服务的特征和边界，以及验收和范围控制的方法。项目范围说明书要说明项目及其产品或服务的特征、边界以及项目验收与范围控制的方法，即认定项目需完成的任务，确定项目的范围。项目范围说明书的内容包括：

- 项目和产品目标
- 产品或服务需求和特征
- 产品验收标准
- 项目边界
- 项目需求和可交付成果
- 项目约束条件
- 项目假设
- 最初的项目组织
- 初步识别的风险
- 进度里程碑
- 初步的工作分解结构 WBS
- 数量级成本估算
- 项目结构管理需求
- 正式批准的需求

项目范围说明书的内容因项目的应用领域和复杂程度而异，因此可能包括上面列出的某些或全部内容。

例如，在都成市地铁资产管理系统 ITO 项目中，彦哲公司应在项目范围说明书中说明应该具备的可交付物及其验收标准如表 4-1 所示。

表 4-1 交付物及其验收标准表

序号	交付物	验收标准
1	项目计划 项目计划具体包括如下内容： 　项目定义及范围 　项目机构明确有关各方在项目中担负的角色和责任 　项目可交付成果 　项目假设 　风险控制及突发事件管理	及时完成项目各阶段的任务，将所消耗的资源控制在预算之内 明确项目涉及的所有人力及物力资源 资源发生冲突时需及时解决 定期由都成市地铁派出的 IT 代表验收检查 需按都成市地铁验收程序验收，由 BSMG、PDG 经理和项目指导委员会主席确认

（续）

序号	交付物	验收标准
1	项目控制 　彦哲公司基本程序及其具体进度表和工作计划 　项目沟通计划 　项目资源分配计划 　其他	
2	可交付物完成矩阵（每两周更新） 可交付完成矩阵将体现各项任务完成情况/按验收完成矩阵标准，验收每位项目工作人员对所负责任务的完成情况。	合格标准须由都成市地铁和彦哲公司共同制定 定期由都成市地铁的项目经理验收检查
3	项目进展报告（每周每月都需更新） 该报告整理如下相关项目管理方面的数据： 　资源管理 　时间管理 　风险及突发事件管理 　关联管理 　质量管理 　变更管理	项目进展报告须达到由都成市地铁和彦哲公司共同制定内容标准 整理报告为管理检查之用 准确及时的进展报告 根据用户要求设定适宜的报告深度标准及涵盖范围标准 及时有效地完成预定计划并解决相关问题 定期由都成市地铁的项目经理验收检查
4	项目进度会议 每周举行一次项目进度会议，向都成市地铁提交项目完成情况。	完成交付标准由都成市地铁与彦哲公司共同制定 由彦哲公司和都成市地铁的项目经理负责验收检查
5	变更申请表及变更记录 变更申请表记录变更申请信息，影响分析，检查及批复。 变更申请记录包含变更申请表中的主要信息及变更状态信息。	完成交付标准由都成市地铁与彦哲公司共同制定 由彦哲公司和都成市地铁的项目经理负责验收检查 由都成市地铁项目指导委员会批复
6	问题日志（持续更新） 问题日志是对所有问题的概要汇总，并跟踪它们的进展情况。	完成交付标准由都成市地铁与彦哲公司共同制定 由都成市地铁的 IT 代表审核，在记录的当天应和用户确认 由都成市地铁的项目经理验收检查

（续）

序号	交付物	验收标准
7	用户需求报告 主要内容包括： 　　用户应用背景 　　用户应用现状 　　用户的要求及期望	都成市地铁用户确认需求 双方共同确认用户的需求
8	系统概要设计说明 该部分的主要内容包括： 　　设计约束及策略 　　系统总体结构 　　子系统结构与功能 　　开发、测试环境配置等	经由都成市地铁 IT 人员和用户代表检查 由都成市地铁项目经理签署

本章小结

ITO 接包项目启动主要步骤有：

1. 进行 ITO 接包项目启动阶段风险评估；

2. 召开 ITO 接包项目启动会议；

3. 制定 ITO 接包项目章程；

4. 制定初步范围说明书。

ITO 接包项目的风险很大，风险管理相对其他类型的项目管理要重要许多，项目风险评估结果能够指导 ITO 接包项目的启动、实施和控制，全面的风险评估是必要的。ITO 接包项目风险评估最好在项目启动之前做好。

项目启动会议分为内部会议和外部会议。

项目章程重点是项目经理确定、立项原因、总体的项目进度、预算和范围、干系人影响等内容。

项目初步范围说明书由项目发起人或赞助人编制，并由项目管理团队在项目范围管理过程中进一步细化为项目范围说明书。项目范围说明书用于明确项目中需要完成什么。

本章关键词或概念

风险

风险评估

项目章程

项目范围说明书

本章思考题

一、简答题

【问题 1】ITO 接包项目启动的主要步骤有哪几个？

【问题 2】项目范围说明书包括哪些内容？

二、案例分析题

A 公司是某世界知名 IT 厂商，在全球均有分公司，总部在美国。B 是 A 在中国的分公司，厂址设立在北京。B 公司把本公司内部 IT 系统的建设外包给北京一家专业公司 C 承建。B 公司 CIO 张总跟 C 公司市场部副主任任总多次会谈，对 C 公司的实力有了一定的了解，于是就汇报给 A 公司总部，并且得到了总部主管信息化的负责人 W 的许可。张总和任总开了个会，确定了项目范围说明书，此项目就正式启动了。

【问题 1】请指出此项目启动步骤中的不妥之处，并说明原因。

【问题 2】请结合本案例说明项目范围说明书应该包括哪些具体内容。

【问题 3】此项目的项目启动会只有张总和任总参加，是否妥当，如果不妥，请指明原因以及此案例中项目启动会的参加人员应该如何组成。

第 5 章　ITO 接包项目计划

本章导读

通过前一章的学习，我们已经了解并掌握了 ITO 接包项目启动的步骤和具体步骤的工作要点，在本章我们学习 ITO 接包项目计划阶段需要的主要工作内容，通过对具体案例的分析和研究，我们要深入讨论项目计划阶段的各项工作要点。

项目的特殊性决定了项目中必然包含种种相互关联的任务和不可预知的风险，所以要保证项目成功，首先要重视计划。项目计划确定项目的范围和实施路径，其输出结果是项目计划书，项目计划书包含项目工作分解结构 WBS、项目的进度计划、任务分配表、项目里程碑的标识、风险标识以及范围变更管理流程等。

本章学习目标

1. 了解 ITO 接包项目计划阶段的主要工作内容。
2. 掌握项目计划制定的步骤以及各步骤的要点。
3. 熟练掌握项目工作分解结构 WBS 的概念及制作要点。
4. 掌握项目进度计划的编制。
5. 掌握项目成本估算的方法。
6. 掌握风险评估的方法并熟练运用。

5.1　项目计划制订

ITO 接包项目启动后，就要进行项目计划的制定工作，项目计划制定包括以下步骤：

1. 明确目标

ITO 接包项目的目标必须符合 SMART 原则，即目标必须明确、可行、具体和可度量。

所谓 SMART 原则，SMART 是 5 个英文单词首字母的缩写：目标必须是具体的（Specific）；目标必须是可以衡量的（Measurable）；目标必须是可以达到的（Attainable）；目标必须和其他目标具有相关性（Relevant）；目标必须具有明确的截止期限（Time-based）。

都成市地铁 EAM 项目的项目目标如第 2.1.2 节所述，在此不再重述。

2. 制定项目工作范围

对照目标，将需要完成的工作进行分析和梳理，列出一份完成目标任务所需要进行的所有活动一览表，这就构成了项目的工作范围。

有两种办法：对于较小的项目，利用"头脑风暴"的方法；对于稍大一些的项目，更好的方法是使用项目工作分解结构 WBS 来生成一份全面的清单。

都成市地铁 EAM 项目的项目范围如第 2.1.3 节所述，在此亦不再重述。

3. 在项目组内分配任务职责

编辑责任矩阵（Responsibility Matrix）是完成项目组内任务职责分配的最好选择。

4. 统筹规划项目间活动的关联

该步骤确定各项目活动所需要的时间、人力、物力，明确各项活动之间的先后逻辑关系，通常通过网络图工具来完成。

完成以上 4 个步骤后，项目经理还可以为项目计划增加一些支持性文档以及备注等信息，所有这些信息将使项目计划成为项目的信息中心。

制定项目计划的原则有以下几点：

（1）不应过分拘泥于细节，此阶段的主要目的是制定出一份能够获得干系人批准、总体结构准确且具有指导意义的项目计划书。计划的完善是一项贯穿于整个项目生命周期的持续改进过程。

（2）短期计划和长期计划相结合，短期计划需要做出周密的规划，长期计划只需要给出指导性规划即可。

（3）项目计划的确定可以采用目标管理法，强调上下交互来制定项目的目标和任务，首先由项目经理根据项目的章程把项目的整体计划制定出来，然后由项目成员根据项目的整体计划来指导个人任务的制定，通过协商式、小规模的群体讨论来确定个人的任务。这种参与能够增加团队成员的责任感，有利于项目工作的开展。

不可忽视的重要信息有：

（1）组织架构图、各部门的职能、各关键部门的经理和部分成员。项目经理可以通过翻阅流程文件了解各个部门之间的业务依赖关系和配合方式。

（2）历时经验。

（3）制约因素，包括成本制约、人力资源制约等等。

（4）项目实施中的假设信息。

项目干系人的要求在项目初期阶段往往是模糊的，不同的干系人之间对项目的期望往往不尽相同甚至是相互矛盾的。作为项目经理在制定项目计划的时候要充分认识到这一点，从一开始就要清晰地定义项目，并注意平衡不同的项目关键干系人之间的需求。制定的项目计划书一定要得到项目关键干系人的正式书面批准。

5.2 工作任务分解

5.2.1 基本概念

创建工作分解结构（WBS，Work Breakdown Structure）属于项目范围定义过程的主要工作内容。

WBS 是由 3 个关键元素构成的名词：

工作（Work）——可以产生有形结果的工作任务；

分解（Breakdown）——是一种逐步细分和分类的层级结构；

结构（Structure）——按照一定的模式组织各部分。

WBS 基本定义是以可交付成果为导向对项目要素进行的分组，它归纳和定义了项目的整个工作范围每下降一层代表对项目工作的更详细定义。WBS 总是处于计划过程的中心，也是制定进度计划、资源需求、成本预算、风险管理计划和采购计划等的重要基础。WBS 同时也是控制项目变更的重要基础。项目范围是由 WBS 定义的，所以 WBS 也是一个项目的综合工具。

WBS 定义了整个项目的详细的工作范围。完成后的 WBS 应交与项目相关人员确认，并达成一致认识。WBS 每向下细分一层即表示对项目工作的更详细描述。WBS 结构的最底层总是工作任务定义，以便为工作任务分配资源、安排进度。WBS 应为每个工作任务指定唯一标识，以便工作任务的执行和跟踪。

根据这些概念，WBS 有相应的构成因子与其对应：

（1）结构化编码

编码是最显著和最关键的 WBS 构成因子，首先编码用于将 WBS 彻底的结构化。通过编码体系，我们可以很容易识别 WBS 元素的层级关系、分组类别和特性。并且由于近代计算机技术的发展，编码实际上使 WBS 信息与组织结构信息、成本数据、进度数据、合同信息、产品数据、报告信息等紧密地联系起来。

（2）工作包

工作包（Work Package）是 WBS 的最底层元素，一般的工作包是最小的"可交付成果"，这些可交付成果很容易识别出完成它的活动、成本和组织以及资源信息。例如：管道安装工作包可能含有管道支架制作和安装、管道连接与安装、严密性检验等几项活动；包含运输/焊接/管道制作人工费用、管道/金属附件材料费等成本；过程中产生的报告/检验结果等等文档；以及被分配的工班组等责任包干信息等等。正是上述这些组织/成本/进度/绩效信息使工作包乃至 WBS 成为了项目管理的基础。基于上述观点，一个用于项目管理的 WBS 必须被分解到工作包层次才能够使其成为一个有效的管理工具。

（3）WBS 元素

WBS 元素实际上就是 WBS 结构上的一个个"节点"，通俗的理解就是"组织架构图"上的一个个"方框"，这些方框代表了独立的、具有隶属关系/汇总关系的"可交付成果"。经过数十年的总结大多数组织都倾向于 WBS 结构必须与项目目标有关，必须面向最终产品或可交付成果的，因此 WBS 元素更适于由描述输出产品的名词组成。其中的道理很明显，不同组织、文化等为完成同一工作所使用的方法、程序和资源不同，但是他们的结果必须相同，必须满足规定的要求。只有抓住最核心的可交付结果才能最有效地控制和管理项目；另一方面，只有识别出可交付结果才能识别内部/外部组织完成此工作所使用的方法、程序和资源。工作包是最底层的 WBS 元素。

（4）WBS 字典

管理的规范化、标准化一直是众多公司追求的目标，WBS 字典就是这样一种工具。WBS 字典是 WBS 的配套文档，用于描述和定义 WBS 元素中的工作。对每个 WBS 元素，包括其工作说明、相关活动列表和里程碑列表。字典相当于对某一 WBS 元素的规范，即 WBS 元素必须完成的工作以及对工作的详细描述；工作成果的描述和相应规范标准；元素上下级关系以及元素成果输入输出关系等。同时 WBS 字典对于清晰的定义项目范围也有着巨大的规范作用，它使得 WBS 易于理解和被组织以外的参与者（如接包商）接受。在建筑业，工程量清单规范就是典型的工作包级别的 WBS 字典。

对 WBS 需要建立 WBS 词典（WBS Dictionary）来描述各个工作部分。WBS 词典通常包括工作包描述、进度日期、成本预算和人员分配等信息。对于每个工作包，应尽可能地包括有关工作包的必要的、尽量多的信息。当 WBS 与 OBS 综合使用时，要建立账目编码（Code of Account）。账目编码是用于唯一确定项目工作分解结构每一个单元的编码系统。成本和资源被分配到这一编码结构中。

根据 WBS 的概念，可以得知：

● WBS 是一个描述思路的规划和设计工具。它帮助项目经理和项目团队确定和有效地管理项目的工作。

● WBS 是一个清晰地表示各项目工作之间的相互联系的结构设计工具。

● WBS 是一个展现项目全貌，详细说明为完成项目所必须完成的各项工作的计划工具。

● WBS 定义了里程碑事件，可以向高级管理层和客户报告项目完成情况，作为项目状况的报告工具。

● WBS 防止遗漏项目的可交付成果。

● WBS 帮助项目经理关注项目目标和澄清职责。

● WBS 建立可视化的项目可交付成果，以便估算工作量和分配工作。

● WBS 帮助改进时间、成本和资源估计的准确度。

● WBS 帮助项目团队的建立和获得项目人员的承诺。

● WBS 为绩效测量和项目控制定义一个基准。

● WBS 辅助沟通清晰的工作责任。

● WBS 为其他项目计划的制订建立框架。

● WBS 帮助分析项目的最初风险。

5.2.2　目的和意义

工作分解结构 WBS 是详细的项目范围定义的表示方法，详细描述了项目所要完成的工作。WBS 以整个项目的可交付物进行项目元素的层次分解，WBS 分解的最底层元素是工作任务或工作任务包，这些最低层分解项是能够在进度、资源、成本、质量等方面被较准确评估和跟踪的。WBS 有助于项目干系人对项目进行跟踪检查。

WBS 是编制项目计划的主要依据，是项目管理工作的基础。包括：定义项目范围、定义项目组织、编制项目资源预算、编制项目产品质量计划、编制成本管理计划、编制项目进度计划等。

WBS 分解过程为项目管理过程建立了基础，对项目管理有着重要意义：

（1）项目计划编制的依据，确认后的 WBS 将作为项目范围基线的主要文件，并作为项目计划（进度、成本、资源、质量）编制的直接依据。

（2）项目控制的依据，确认后的 WBS 将作为项目范围控制的基准，也是项目计划在执行过程中进行控制的主要依据。

（3）确保项目的完整性和系统性。WBS 分解要求在项目前期的计划阶段统观全局，系统分析，尽量详尽周全地考虑项目相关工作内容，尽量避免遗漏，从而确保项目执行过程能够尽量完成充分且必要的项目工作，确保输出完整的项目产品。

（4）明确工作任务分派，利用 WBS 将工作任务落实到对应的负责人，并分配相应的资源，如：资金、时间、人力、其他资源等。

（5）沟通协调的依据，由 WBS 对项目范围进行详细定义，分解为详细具体的工作任务，并描述了项目各项工作之间的依赖、制约关系，明确各项目成员的职责，并使各项目成员在执行过程中的协调配合有了指导依据。

（6）项目保证，包括进度、成本、质量等项目目标，只有在 WBS 的指导下，才能将项目整体目标逐个落实到具体的资源、人力、时间，并确保这些目标的实现。

5.2.3　区别工作分解结构与产品分解结构

利用项目需求定义书或项目产品定义进行分解，根据分解目的不同，可以有两种完全不同的分解方法及相应的结果。一是工作分解，一是产品分解，请注意二者的区别。

产品分解，将项目需求或项目产品定义分解为产品部件或构件，所得到的是项目产品的详细定义，或称为产品范围分解。

工作分解，将项目需求或项目产品定义分解为产品部件或构件，然后再定义为了实现产品部件或构件所需要完成的工作任务，所得到的是项目工作（范围）的详细定义，这个过程或称为项目范围分解。

工作分解、产品分解均要以需求定义书或产品定义为依据，但分解的指导思想不同、层次不同、结果不同。

工作分解结构与产品分解结构，通常具有相同的表现形式，如使用树形图，或使用缩进图表来表示。

产品分解的分解项中只有产品部件。工作分解的每个分支的最底层分解项必须是工作任务，上层节点可以是产品部件或工作任务包。

5.2.4 依据

1. 项目初步范围说明书

项目需求定义书、项目合同附件（项目建设方案、合同清单、采购清单等）。

2. 项目范围管理计划

提供了项目范围分解（工作分解）的指南。

5.2.5 工具和技术

WBS 模板是作为项目组织的组织过程资产在同类项目中的复用，而分解技术则为 WBS 分解过程提供了理论指导。分解技术可以独立应用，而 WBS 模板则不能，但 WBS 模板能提高分解效率，实际工作中应将两者结合起来。

1. 工作分解结构模板

WBS 模板是项目的组织过程资产，利用模板可以提高 WBS 编制的进度和质量。性质相同的项目，WBS 的相似性有可能达到 80％以上。例如，"地铁 EAM 项目（北京）"、"地铁 EAM 项目（上海）"就具有非常高的相似性。一个项目组织所从事的项目管理工作通常属于相同的行业，同行业的项目其生命周期也具有相似性，因此，WBS 模板也具有较好的复用性。

2. 工作分解

工作分解是项目计划的基础，工作分解的质量决定着项目的成败。如果工作分解得不好，势必造成项目计划编制的质量低劣，导致项目执行过程与基线的严重偏差，并且影响到项目控制工作难以开展。

分解，是将项目可交付物分解为更小、更易管理的单元，直至可交付物细分到足以支持项目活动定义，依据所定义的工作包能够较准确地预算成本、进度、资源。

当然，根据项目的实际情况和当前所能够得到的项目信息的详细程度，分解的粒度可粗可细。当所获得的项目信息确实不足以支持更加详细的分解时，可待项目执行过程中搜集到更详细的信息后，在变更控制系统的约束下，对 WBS 进行变更。

工作分解应遵守以下主要步骤，如图 5-1 所示。

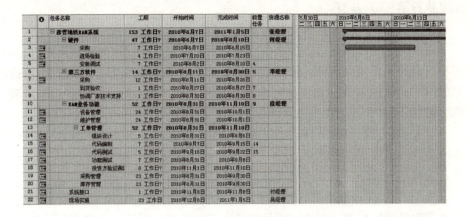

图 5-1　工作分解结构 WBS 示例

（1）识别和确认项目的主要可交付物

工作分解以项目需求定义书或项目产品定义为直接依据，项目工作范围的直接结果就是提交项目产品，因此，工作分解应当首先整理项目的主要可交付物，这些主要可交付物可作为产品分解、项目范围分解的第一层次，或称为项目里程碑阶段应提交的成果。

如图 5-1 的第一层次的分解，第 0 层次为根节点，代表整个项目的总和。

（2）分解并确认每一组成部分或工作包是否分解得足够详细

分解的输入可以是项目产品成分，也可以是已经定义的工作包。

逐个对各组成成分进行分解，要求分解详细到能较准确地对每项工作任务制订资源预算、成本预算、进度预算、质量管理。其实这个要求还是概念化的，不同的人产生不同的理解。在实际工作中，项目组织的组织过程资产能进一步规范化分解过程，贯彻 WBS 分解指南、WBS 分解模板、高级项目经理的指导意见等，往往更能确保 WBS 分解的详细程度达到规定的要求。

若分解已经足够详细，则进入第（4）步骤，核实分解的正确性。

（3）将可交付成果或工作包分解为更小的组成部分

分解时可采用头脑风暴法、专家判断法、历史经验类比法等，考察工作成果可以由哪些更小粒度的成分构成，或考察工作包由哪些更详细的工作任务构成。在分解原则的指导下，应考虑分解后成分的独立性，并从时间维度、资源维度、成本维度等分别展开分解过程。

对组成部分的描述应便于项目绩效度量，可从有形的、可效验的结果角度来进行描述。有形的、可效验的结果可以包括服务以及产品（例如：地铁 EAM 项目，可以描述为若干软件功能模块、硬件、网络、培训、维护等）。

重复执行第（2）步骤。

（4）核实分解的正确性，并对产品分解项进行工作定义

可考虑这些方面：每个分解项应该清晰而完整；低层次分解项对其上层分解项应当是必要而且充分；每个分解项应该能明确资源预算，落实进度，分配到组织中具体的人力资源。如果核实结果不正确，则应该返回第（3）步骤，继续进行分解。

对工作包进行分解所得到的结果是细分工作包；而对项目产品成分进行分解所得到的结果仍然是产品细分成分。因此，应对产品细分成分进行工作定义，这样，所输出的结果才是项目范围。

WBS 结构应该有适当的分解层次，一般在 3～5 层，如果层次过多，通常意味着项目规模较大，应该将项目划分为多个子项目，设立高级项目经理和子项目经理，高级项目经理负责项目整体管理和高层次的资源调配，子项目经理在高级项目经理的指导下负责各子项目的管理工作。相应地 WBS 也可以分层次制订，高级项目经理从整体角度将项目分解为几个大的工作包，分派给子项目经理，子项目经理再对这些工作包进行细分。

创建工作分解结构应把握以下原则：

● 各分解层次均应保证项目的完整性，避免遗漏项目可交付物成分或工作包。

● 任一分解项只能从属其直接上层分解项，不可出现交叉。

● 工作任务单元相互之间不应重叠工作内容，应当能分别对应到具体负责人。

● 属于较高层次的分解节点项可以是项目可交付物成分，也可以是工作包，但最低层叶节点分解项必须是工作包。

● 最低层叶节点工作包应便于编制资源预算、成本预算、进度预算、质量管理。

● 对于分包给其他项目管理者的工作，可以分解为一个粒度较大的工作包。

3. WBS 编码规范

对于项目详细范围的定义文件 WBS，其分解项众多，实际工作中有可能达到几百、几千、上万个分解项，项目管理者要管理这么庞大的分解信息，应当借助规范的 WBS 编码，WBS 编码可以说是 WBS 分解项的关键索引。

采用层次化编码技术是较好的解决方案，WBS 树形图中，如图 5-1，根节点为第 0 层，以下分解层次逐个为 1 层、2 层、3 层、……；每一层的元素从 1 开始编号，逐个递增；层与层之间用 "." 分割，如下表 5-1 所示。

表 5-1　地铁 EAM ITO 项目工作分解结构表

工作编号	工作任务	工期	负责人
0	地铁资产管理系统 EAM	8 月	刘××
1	硬件	2 月	何××
2	第三方软件	2 月	邓××
3	EAM 业务应用软件	6 月	
3.1	设备管理	1 月	
3.2	维护管理	1 月	
3.3	工单管理	1 月	
3.3.1	模块设计	5 天	段××
3.3.2	代码编制	10 天	马××
4	系统接口	1 月	
5	现场实施	1 月	

5.2.6　创建 WBS

创建 WBS 是指将复杂的项目分解为一系列明确定义的项目工作并作为随后计划活动的指导文档。WBS 的创建方法主要有以下两种：

类比方法。参考类似项目的 WBS 创建新项目的 WBS。

自上而下的方法。从项目的目标开始，逐级分解项目工作，直到参与者满意地认为项目工作已经充分地得到定义。该方法由于可以将项目工作定义在适当的细节水平，对于项目工期、成本和资源需求的估计可以比较准确。

创建 WBS 时需要满足以下几点基本要求：

● 某项任务应该在 WBS 中的一个地方且只应该在 WBS 中的一个地方出现。

● WBS 中某项任务的内容是其下所有 WBS 项的总和。

● 一个 WBS 项只能由一个人负责，即使许多人都可能在其上工作，也只能由一个人负责，其他人只能是参与者。

● WBS 必须与实际工作中的执行方式一致。

● 应让项目团队成员积极参与创建 WBS，以确保 WBS 的一致性。

● 每个 WBS 项都必须文档化，以确保准确理解已包括和未包括的工作范围。

● WBS 必须在根据范围说明书正常地维护项目工作内容的同时，也能适应无法避免的变更。

● WBS 的工作包的定义不超过 40 小时，建议在 4～8 小时。

● WBS 的层次一般不超过 10 层，建议在 4～6 层。

WBS 可以由树形的层次结构图或者行首缩进的表格表示。在实际应用中，表格形式的 WBS 应用比较普遍，特别是在项目管理软件中。

WBS 的分解可以采用以下三种方式进行：

按产品的物理结构分解；

按产品或项目的功能分解；

按照实施过程分解。

项目组内创建 WBS 的过程非常重要，因为在项目分解过程中，项目经理、项目成员和所有参与项目的部门主任都必须考虑该项目的所有方面。

项目组内创建 WBS 的过程是：

（1）得到范围说明书（Scope Statement）或工作说明书（Statement of Work，承包子项目时）。

（2）召集有关人员，集体讨论所有主要项目工作，确定项目工作分解的方式。

（3）分解项目工作。如果有现成的模板，应该尽量利用。

（4）画出 WBS 的层次结构图。WBS 较高层次上的一些工作可以定义为子项目或子生命周期阶段。

（5）将主要项目可交付成果细分为更小的、易于管理的组分或工作包。工作包必须详细到可以对该工作包进行估算（成本和历时）、安排进度、做出预算、分配负责人员或组织单位。

（6）验证上述分解的正确性。如果发现较低层次的项没有必要，则修改组成成分。

（7）建立一个编号系统。

（8）随着其他计划活动的进行，不断地对 WBS 更新或修正，直到覆盖所有工作。

检验 WBS 是否定义完全、项目的所有任务是否都被完全分解主要依据以下标准：

● 每个任务的状态和完成情况是可以量化的。

● 明确定义了每个任务的开始和结束。

● 每个任务都有一个可交付成果。

● 工期易于估算且在可接受期限内。

● 容易估算成本。

● 各项任务是独立的。

WBS 的实践经验包括以下三点：

（1）最多使用 20 个层次，多于 20 层是过度的。对于一些较小的项目 4～6 层一般就足够了。

（2）WBS 中的支路没有必要全都分解到同一层次，即不必把结构强制做成对称的。

（3）在任意支路，当达到一个层次时，可以作出所要求准确性的估算，就可以停止。

5. 2. 7　成果

工作分解的结果是得到详细的项目范围定义文件 WBS，并对项目计划进行更新。因为 WBS 分解过程将对项目范围进行更加详细、准确、清晰、合理的定义，这个过程也包含对项目范围的检验，如果发现偏差，应及时采取纠正措施。

工作分解结构可以有多种表现形式。如：树形图、表格、Microsoft Excel、Microsoft Project 等。图 5-1 为使用 Microsoft Project 工具创建的 WBS 例子。

由于项目计划是以 WBS 为直接依据来编制的，因此，前期所编制的较粗略的项目计划，在详细 WBS 编制完成后，应该被更新。如果是在项目执行过程中的范围变更所导致的 WBS 文件的更新，也应该相应地更新项目计划。

5.3　项目进度计划编制

项目进度计划制定是指根据项目活动界定、项目活动顺序、各项活动工期和所需资源所进行的分析和项目计划的编制，制订项目进度计划要定义出项目的起止日期和具体实施与措施的工作。

ITO 接包项目的进度计划来源于一些启动项目的基本文件。项目章程通常提到计划的项目开始日期与结束日期。

项目进度的编制要决定项目活动的开始和结束日期，若开始和结束日期是不现实的，项目不可能按计划完成。进度编制、时间估计、成本估计等过程交织在一起，这些过程反复多次，最后才能确定项目进度。

编制项目进度计划的依据主要包括以下内容：

● 项目网络图

- 项目活动工期的估算
- 项目的资源要求和资源共享说明
- 项目作业制度安排
- 项目作业的各种约束条件
- 项目活动的提前和滞后要求

编制项目进度计划主要需要经历以下八个步骤。

1. 项目描述。项目描述是制作项目计划和绘制工作分解结构图的依据。该步骤就是项目管理办公室或项目主管人员依据项目的立项规划书、已经通过的初步设计方案和批准后的可行性报告，用表格的形式列出项目目标、项目范围、项目如何执行、项目完成计划等。目的是对项目的总体要求做一个概要性的说明。

项目描述表格的主要内容有：项目名称、项目目标、交付物、交付物完成准则、工作描述、工作规范、所需资源估计、重大里程碑、项目主管审核意见。

表 5-2　地铁 EAM ITO 项目描述表

项目名称	都成市地铁运营资产管理系统（EAM）ITO 项目
项目目标	8 个月内完成实施工作，总投资 750 万元配备一套 EAM 系统。
交付物	操作手册、维护手册、安装手册等交付物
交付物完成准则	符合招标要求的各项规定
工作描述	EAM 系统的安装、调试、培训、维护等工作
工作规范	依据国家相关标准
所需资源估计	人力、材料、设备的需求预计
重大里程碑	开工日期 2010 年 6 月 7 日、实施完成日期 2011 年 1 月 5 日
项目负责人审核意见	签名：（略）　　　　日期：2010 年 6 月 8 日

2. 项目分解。项目分解就是先把复杂的项目逐步分解成一层一层的要素（工作），直到具体明确为止。目的是明确项目所包含的各项工作。项目分解的工具是工作分解结构 WBS 原理，它是一个分级的树型结构，是一个对项目工作由粗到细的分解过程。

从前面的内容我们曾经知道，工作分解结构（WBS，Work Breakdown Structure）主要是将一个项目分解成易于管理的几个部分或几个细目，以便确保找出完成项目工作范围所需的所有工作要素。它是一种在项目全范围内分解和定义各层次工作包的方法，WBS 按照项目发展的规律，依据一定的原则和规定，进行系统化的、相互关联和协调的层次分解。结构层次越往下层则项目组成部分的定义越详细，WBS 最后构成一份层次清晰，可以具体作为组织项目实施的工作依据。WBS 通常是一种面向"成果"的"树"，其最底层是细化后的"可交付成果"，该树组织确定了项目的整个范围。但 WBS 的形式并不限于"树"状，还有多种形式。

3. 工作描述。目的是为了更明确地描述项目包含的各项工作的具体内容和要求。工作描述作为编制项目计划的依据，同时便于实施过程中更清晰地领会各项工作的内容。依据项目描述和项目工作分解结构来得到工作描述表及项目工作列表等结果。

4. 工作责任分配表制定。目的是对项目的每一项任务分配责任者和落实责任。用于明确各单位或个人的责任，便于项目管理部门在项目实施过程中的管理协调。以工作分解结构图表和项目组织结构图表为依据制作此表，来完成工作责任分配表。

5. 工作先后关系确定。任何工作的执行必须依赖于一定工作的完成，也就是说它的执行必须在某些工作完成之后才能执行，这就是工作的先后依赖关系。

工作的先后依赖关系有两种：一种是工作之间本身存在的、无法改变的逻辑关系；另一种是人为组织确定的，两项工作可先可后的组织关系。

工作相互关系确定的主要内容包括：

（1）强制性逻辑关系的确定：这是工作相互关系确定的基础，工作逻辑关系的确定相对比较容易，由于它是工作之间所存在的内在关系，通常是不可调整的，主要依赖于技术方面的限制，因此确定起来较为明确，通常由技术和管理人员的交流就可完成。

（2）组织关系的确定：对于无逻辑关系的那些工作，由于其工作先后关系具有随意性，从而将直接影响到项目计划的总体水平。工作组织关系的确定一般比较难，它通常取决于项目管理人员的知识和经验，因此组织关系的确定对于项目的成功实施是至关重要的。

（3）外部制约关系的确定：在项目的工作和非项目工作之间通常会存在一定的影响，因此在项目工作计划的安排过程中也需要考虑到外部工作对项目工作的一些制约及影响，这样才能充分把握项目的发展。

6. 绘制网络图。网络图的绘制主要是依据项目工作关系表，通过网络图的形式将项目工作关系表达出来，主要有两种方式：单代号网络计划图和双代号网络计划图。

7. 工作时间估计。工作延续时间的估计是项目计划制定的一项重要的基础工作，它直接关系到各事项、各工作网络时间的计算和完成整个项目任务所需要的总时间。若工作时间估计的太短，则会在工作中造成被动紧张的局面；相反，若工作时间估计的太长，就会使整个工程的完工期延长。网络中所有工作的进度安排都是由工作的延续时间来推算，因此，对延续时间的估计要做到客观正确的估计。这就要求在对工作作出时间估计时，不应受到工作重要性及工程完成期限的影响，要在考虑到各种资源、人力、物力、财力的情况下，把工作置于独立的正常状态下进行估计，要做通盘考虑，不可顾此失彼。

工作时间的估计主要依赖的数据基础有以下几个：

（1）工作详细列表。

（2）项目约束和限制条件。

（3）资源需求：大多数工作的时间将受到分配给该工作的资源情况以及该工作实际所需要的资源情况，比如说当人力资源减少一半时工作的延续时间一般来说将会增加一倍。

（4）资源能力：资源能力决定了可分配资源数量的大小，对多数工作来说其延续时间将受到分配给它们的人力及材料资源的明显影响，比如说一个全职的项目经理处理一件事情的时间将会明显的少于一个兼职的项目经理处理该事情的时间。

（5）历史信息：许多类似的历史项目工作资料对于项目工作时间的确定是很有帮助的，主要包括：项目档案、公用的工作延续时间估计数据库、项目工作组的知识。

确定工作时间的主要方法有：

（1）专家判断：专家判断主要依赖于历史的经验和信息，当然其时间估计的结果也具有一定的不确定性和风险。

（2）类比估计：类比估计意味着以先前的类似的实际项目的工作时间来推测估计当前项目各工作的实际时间。当项目的一些详细信息获得有限的情况下，这是一种最为常用的方法，类比估计可以说是专家判断的一种形式。

（3）单一时间估计法：估计一个最可能工作实现时间，对应于 CPM 网络。

关键路径法（CPM）借助网络图和各活动所需时间（估计值），计算每一活动的最早或最迟开始和结束时间。CPM 法的关键是计算总时差，这样可决定哪一活动有最小时间弹性。该方法可以确定出项目各工作最早、最迟开始和结束时间，通过最早最迟时间的差额可以分析每一工作相对时间紧迫程度及工作的重要程度，这种最早和最迟时间的差额称为机动时间，机动时间为零的工作通常称为关键工作。关键路径法的主要目的就是确定项目中的关键工作，以保证实施过程中能重点关照，保证项目按期完成。CPM 算法也在其他类型的数学分析中得到应用。

关键路径法主要涉及的几个时间因素是：最早开始时间 ES、最早结束时间 EF、最迟开始时间 LS、最迟结束时间 LF、总时差 TF、自由时差 FF。

（4）三个时间估计法。

计划评审技术 PERT 的形式与 CPM 网络计划基本相同，只是在工作延续时间方面 CPM 仅需要一个确定的工作时间，而 PERT 需要工作的三个时间估计，包括最短时间 a、最可能时间 m 及最长时间 b，然后按照 β 分布计算工作的期望时间 t。PERT 通常使用的计算方法是 CPM 的方法。

项目进度计划制定的结果有以下几个方面：

● 项目进度计划
● 项目进度的支持细节
● 项目进度管理的安排
● 更新后的项目资源需求

计划评审技术（PERT）是一种双代号非确定型网络分析方法。

三种时间估计值，即对活动持续时间 t 做出 t_o、t_m、t_p 三个估计值，即乐观时间（Optimistic Time，t_o）、最可能时间（Most Likely Time，t_m）、悲观时间（Pessimistic Time，t_p）。其理论依据是将 t 视为一个连续型的随机变量。

假定三个估计均服从 β 概率分布（Beta Probability Distribution）。在这个假定基础上，由每项活动的三个时间估计可以为每项活动计算一个期望（平均或折中）工期（t_e）和方差 σ^2。

期望时间：$t_e = \dfrac{t_o + 4t_m + t_p}{6}$

例如，某一工作在正常情况下的工作时间是 15 天，在最有利的情况下工作时间是 9 天，在最不利的情况下其工作时间是 18 天，那么该工作的最可能完成时间是多少呢？

最可能完成时间：$t = (9 + 4 \times 15 + 18) / 6 = 14.5$ 天

8. 进度安排。参与编制项目计划的相关人员，应该有项目经理、职能部门、技术人员、项目管理专家、参与项目工作的其他人员。

工作时间估计的结果有：

（1）各项工作时间的估计。

（2）基本的估计假设。

（3）工作列表的更新。

安排时间进度时，项目主管要组织有关职能部门参加，明确对各部门的要求，据此各职能部门可拟定本部门的项目进度计划。主要依据为项目内容的分解、各组成要素工作的先后顺序、工作延续时间的估计结果。目标是制定项目的详细安排计划，明确每项工作的起始终止时间，作为项目控制的有效手段。

项目的进度计划目前多采用网络计划技术的形式，其有助于明确反映项目各工作单元之间的相互关系，有利于项目执行过程中各工作之间的协调与控制。

进度安排所依赖的有关资料和数据有：

（1）项目网络图。

（2）工作延续时间估计。

（3）资源需求。

（4）资源安排描述：什么资源在什么时候是可用的，以及在项目执行过程中每一时刻需要什么样的资源，是项目计划安排的基础。当几个工作同时都需要某一种资源时，计划的合理安排将特别重要。

（5）日历：明确项目和资源的日历是十分必要的，项目日历将直接影响到所有的资源，资源日历影响一个特别的资源。

（6）限制和约束：强制日期或时限、里程碑事件，这些都是项目执行过程中所必须考虑的限制因素。

制定项目工期计划可以采用系统分析的方法。系统分析方法是通过计算出所有项目活动的最早、最晚开始和结束日期。考虑多种因素的影响，编制项目工期计划的方法。例如，关键路径法就是其中的一种。

项目进度可用简略形式或详细形式表示，虽然可用表格形式表示进度，但更常以图的形式来表示，具体有以下几种：

● 有日期信息的项目网络图。这些图能显示出项目间前后次序的逻辑关系，同时也显示了项目的关键路线与相应的活动。

● 条形图。也称甘特图。美国学者甘特发明的一种使用条形图编制项目工期计划的方法，一种比较简便的工期计划和进度安排工具。该图显示了活动开始和结束日期，也显示了期望活动时间，但图中显示不出相关性。条形图容易读，通常用于直观显示上。

● 重大事件图。它类似于条形图，可以看出主要工作细目的开始和完成时间。

● 有时间尺度的项目网络图。它是项目网络图和条形图的一种混合图。这种网络图显示了项目的前后逻辑关系、活动所需时间和进度方面信息。

5.4　成本估算

5.4.1　项目成本估算

ITO 项目的成本估算指的是预估完成项目各工作所需各资源（人、材料、设备等）成本的近似值。

当一个项目按合同进行时，应区分成本估算和定价这两个不同意义的词。成本估算涉及的是对可能数量结果的估计，即执行组织为提供产品或服务的花费是多少。而定价是一个商业决策，即执行组织为它提供的产品或服务索取多少费用。成本估算只是定价要考虑的因素之一。

成本估算包括确认和考虑各种不同的成本替代议程。例如，在地铁 EAM 项目中，在设计阶段增加额外工作量可减少生产阶段的成本。成本估算过程必须考虑增加的设计工作所多花的成本能否被以后的节省所抵消。

当项目在一定的约束条件下实施时，成本估算是一项重要的因素。成本估算也应该与工作质量的结果相联系。

成本估算过程中，亦应该考虑各种形式的费用交换，比如：在多数情况下，延长工作的延续时间通常是与减少工作的直接费用相联系在一起的，相反，追加费用将缩短项目工作的延续时间。因此，在成本估算的过程之中必须考虑附加的工作对工程期望工期缩短的影响。

成本估算主要依据的资料有以下几种：

● 工作分解结构 WBS。

● 资源需求计划：即资源计划安排结果。

● 资源价格：为了计算项目各工作费用必须知道各种资源的单位价格，包括工时费、单位体积材料的费用等。如果某种资源的实际价格不知道，就应该给它的价格作出估计。

● 工作的延续时间：工作的延续时间将直接影响到项目工作经费的估算，因为它将直接影响分配给它的资源数量。

● 历史信息：同类项目的历史资料始终是项目执行过程中可以参考的最有价值的资料，包括项目文件、共用的项目费用估计数据库及项目工作组的知识等。

● 会计表格：会计表格说明了各种费用信息项的代码结构，这对项目费用的估计应与正确的会计目录相对应很有帮助。

成本估算的工具和方法有：

● 类比估计法：通常是与原有的类似已执行项目进行类比以估计当期项目的费用。

● 参数模型法：将项目的特征参数作为预测项目费用数学模型的基本参数。如果模型是依赖于历史信息、模型参数容易数量化，且模型应用仅是项目范围的大小，则它通常是可靠的。

● 从下向上的估计法：这种技术通常首先估计各个独立工作的费用，然后再汇总从下往上估计出整个项目的总费用。

● 从上往下估计法：同上述方法相反是从上往下逐步估计的，多在有类似项目已完成的情况下应用。

● 计算工具的辅助：项目管理软件及电子表格软件辅助项目费用的估计。

5.4.2　制定项目预算

ITO 项目的预算是把估算的总成本分配到各个工作细目，建立基准成本以衡量项目执行情况。

进行 ITO 项目预算的依据包括：

● 成本估算。

● 工作分解结构 WBS：WBS 确认了项目的细目，而成本要分配到这些工作中去。

● 项目进度：项目进度包括了项目细目的计划开始日期和预计结束日期。为了将成本分配到时间区间，进度信息是不可缺少的。

项目预算包括给每一独立工作分配全部费用，以获得度量项目执行的费用基线。成本预算可以分为以下三部分：直接人工成本预算、辅助服务成本预算、采购物品成本预算。

项目预算依赖的主要数据包括费用估计、工作分解结构、项目进度。成本的分配和安排应该是与进度计划相适应的。

项目预算的技术和方法：类同于成本估算。

项目预算的结果：成本预算的主要结果是获得费用线，费用线将作为度量和监控项目实施过程中费用支出的依据，通常的费用曲线和时间的关系是一个 S 型曲线。也就是基准成本。基准成本是以时间为自变量的预算，被用于度量和监督项目执行成本。把预计成本按时间累加便为基准成本，可用 S 曲线表示。许多项目（尤其大项目）可有多重基准成本以衡量成本的不同方面。例如，一个费用计划或现金流量预测是衡量支付的基准成本。

项目不同阶段的费用估算的目的和作用，如下所述。

(1) 项目发起、准备阶段

满足项目建议书和可行性研究的需要作为项目论证和方案选择的依据。

(2) 项目规划、设计阶段

满足设计任务书和编制招标文件的需要作为项目贷款和招标评标的依据。

(3) 项目施工、实施阶段

满足合同变更和成本核算的需要作为进度付款和费用控制的依据。

(4) 项目验收、移交阶段

满足合同结算需要作为历史资料供将来项目估价和确定生产定额参考。

数据采集的效率和精度，如下所述。

(1) 原成本估计的修正　修改原有成本数据并通知与项目有关的涉及方。修改成本估计可能要求对整个项目计划进行调整。

(2) 预算修改　预算修改是一种类型的成本修改。预算修改是对原基准成本的更改，这些数字通常在范围改变时作修改的。有时成本偏差是如此之大以至于重新制订基准成本显得必要，以便对以一步执行提供一个现实的基准成本。

(3) 纠正措施　指采取措施使项目执行情况回到项目计划。

(4) 完成项目所需成本估计　完成项目所需成本估计（EAC）是根据项目执行的实际执行情况为基础，对整个项目成本的一个预测。最常见的 EAC 有以下几种：

● EAC＝实际已发生成本＋对剩余的项目预算，在项目现在的偏差可视为将来偏差时，这种方法通常被利用。

● EAC＝实际已发生成本＋对剩余项目的一个新估计值。当过去的执行情况表明先前的成本假设有根本缺陷或由于条件改变而不再适用新的情况时，这种方法最为常见。

● EAC＝实际已发生成本＋剩余原预算。当现有偏差被认为是不正常的（由偶然因素引起）项目管理小组认为类似偏差不会发生时，用这种方法最为常见。

不同的工作可选用上述方法中一种。

(5) 教训　应记录下产生偏差的原因、采取纠正措施的理由和其他的成本控制方面教训，这样记录下来的教训便成为这个项目和执行组织其他项目历史数据库的一部分。

5.5 风险识别与分析

5.5.1 风险识别

风险管理的基础和前提是进行风险识别。风险识别就是对存在于项目中的各种风险根源或是不确定性因素按其产生的背景原因、表现特点和预期后果进行定义、识别，对所有的风险因素进行科学的分类，以便采取不同的分析方法进行评估，依此制定出对应的风险管理计划方案和措施，并付诸实施。通过风险的识别与分析，应较为准确地了解风险的来源、风险事件及造成的后果所产生的影响。

风险识别包含两方面内容：识别哪些风险可能影响项目进展及记录具体风险的各方面特征。风险识别不是一次性行为，而应有规律地贯穿整个项目中。

风险识别包括识别内在风险及外在风险。内在风险指项目工作组能加以控制和影响的风险，如人事任免和成本估计等。外在风险指超出项目工作组的控制力和影响力之外的风险，如市场转向或政府行为等。

严格来说，风险仅仅指遭受创伤和损失的可能性，但对项目而言，风险识别还牵涉机会选择（积极成本）和不利因素威胁（消极结果）。

项目风险识别应凭借对"因"和"果"（将会发生什么导致什么）的认定来实现，或通过对"果"和"因"（什么样的结果需要予以避免或促使其发生，以及怎样发生）的认定来完成。

1. 项目风险识别的过程

(1) 项目风险分解

项目风险分解是风险识别的基础。项目风险分解是确认项目活动中客观存在的各种风险，从总体到细节，由宏观到微观，层层分解，并根据项目风险的相互关系将其归纳为若干个子系统，使人们能比较容易地识别项目的风险，使风险识别具有较好的准确性、完整性和系统性。根据项目的特点一般按目标、时间、结构、环境、因素等 5 个维度相互组合分解。

①目标维。按项目目标进行分解，即考虑影响项目费用、进度、质量、安全与健康、环境等目标实现的风险的可能性。

②时间维。按项目建设阶段分解，也就是考虑工程项目进展不同阶段（项目计划与设计、项目采购、项目施工、试生产及竣工验收、项目保修期）的不同风险。

③结构维。按项目结构或组成内容（单位工程、分部工程、分项工程等）组成分解，同时相关技术群也能按其并列或相互支持的关系进行分解。

④环境维。按项目与其所在环境（如政治、经济、自然、军事、社会等）的关系分解。

⑤因素维。按项目风险因素（技术、合同、管理、人员等）的分类进行分解。

风险分解过程中，一般需要采用多种方法的组合进行分解，常用的组合是由时间维、目标维和因素维的组合。

（2）建立初步项目风险清单

清单中应明确列出客观存在的和潜在的各种风险，应包括各种影响生产率、操作运行、质量和经济效益的各种因素。一般是沿着项目风险的 5 个维度去搜寻，由粗到细，先怀疑、排除后确认，尽量做到全面，不要遗漏重要的风险项目。

（3）识别各种风险事件并推测其结果

根据初步风险清单中开列的各种重要的风险来源，通过收集数据、案例、财务报表分析、专家咨询等方法，推测与其相关联的各种风险结果的可能性，包括盈利或损失、人身伤害、自然灾害、时间和成本、节约或超支等方面，重点是资金的财务结果。

（4）进行施工项目风险分类

通过对风险进行分类可以加深对风险的认识和理解，辨清风险的性质和某些不同风险事件之间的关联，有助于制定风险管理目标。

施工项目风险常见的分类方法是以由 6 个风险目录组成的框架形式，每个目录中都列出不同种类的典型风险，然后针对各个风险进行全面检查，这样既能尽量避免遗漏，又可得到一目了然的效果。

（5）建设风险目录摘要

风险目录摘要是将施工项目可能面临的风险汇总并排列出轻重缓急的表格。它能使全体项目人员对施工项目的总体风险有一个全局的印象，每个人不仅考虑自己所面临的风险，而且还能自觉地意识到项目其他方面的风险，了解项目中各种风险之间的联系和可能发生的连锁反应。

通过风险识别最后建立了风险目录摘要，其内容可供风险管理人员参考。但是，由于人们认识的局限性，风险目录摘要不可能完全准确、全面，特别是风险自身的不确定性，决定了风险识别的过程应该是一个动态的连续的过程，最后所形成的风险目录摘要也应随着施工的进展，施工项目内外部条件的变化，及风险的演变而在不断地更新、增删，直至项目结束。

2. 风险识别的方法

风险识别的方法主要有以下几种。

（1）文件审查法

对项目文件进行系统和结构性的审查，包括计划、假设、先前的项目文档和其他信息。

（2）生产流程法

按工艺流程和加工流程的顺序，对每一个过程、每一个环节进行检查，发现其中潜在的风险，挖掘产生风险的根源。

（3）环境分析法

设备的制造和安装企业面临的环境包括内部环境和外部环境。其中影响内部环境的因素有：企业的生产条件、规章制度、工人及管理人员的素质、管理水平等；影响外部环境的因素有：原材料供应商、市场需求情况、企业和项目的筹资渠道、企业与业主、设备监理工程师及竞争对象的关系、企业与政府的关系、企业与外界的其他联系等。

（4）组织图分析法

组织图分析法适用于各类企业和项目的风险识别，它是风险识别的必要方法之一。

（5）头脑风暴法

项目组成员、外聘专家、客户等各方人员组成一个小组，根据经验列出所有可能的风险。

（6）专家访谈法

向该领域专家或者有经验的人员了解项目中可能会遇到哪些困难。

（7）历史资料法。

通过查阅类似项目的历史资料了解可能出现的问题。

（8）检查表法

将可能出现的问题列出清单，可以对照清单条目检查潜在的风险。

（9）评估表法

根据历史经验进行总结，通过调查问卷的方式收集和判别项目的整体风险和风险的类型。

（10）分解分析法

将大系统分解成小系统，将复杂的事物分解成简单的、易于认识的事物，从而识别风险及其潜在的损失。

风险识别应该注意以下一些事项：

(1) 现场观察

风险管理者必须亲临现场，直接观察现场的各种设施的使用和运行情况，以及环境条件情况。通过对现场的考察，风险管理者可以更多地发现和了解项目面临的各种风险，有利于更好地运用上述方法对风险进行识别。

(2) 与项目其他团队密切联系和配合

风险管理者应该与本项目的其他团队保持密切联系，及时交换意见，详细了解各个团队的活动情况。除了从其他团队听取口头报告和阅读书面报告外，还应与项目的负责人、专家和小组成员广泛接触，以便及时发现在这些团队的各种活动中可能存在的潜在损失。

(3) 做好资料保管工作

风险管理者应注意将从各方面收集到的资料进行分类，妥善保存，这有助于项目风险管理的决策与分析。

5.5.2　风险分析

风险分析充分体现了"预防为主"的方针。实施有效的风险分析，可实现对事故的预防和生产作业的全过程控制。需要对各种作业和生产过程进行初始评价后，对各种预知的风险因素做到事前控制，以实现预防为主的目的，并对各种潜在的事故制定应急程序，力图使损失最小化。风险识别、分析及控制是ITO 项目管理体系有效运行的主线，需要我们正确地识别风险和进行评价，有效地控制各类风险。风险的级别由风险的发生频率与危险程度共同决定。进行安全管理的目的就在通过充分的风险识别和风险分析，将系统的风险降低到可接受的范围，确保系统达到其安全的要求。

在都成市地铁 EAM ITO 项目的设计、开发、生产过程中，需要进行初步风险分析、子系统风险分析、系统风险分析、接口风险分析、操作和支持风险分析。

上述这些风险分析过程，纵向上是风险分析不断深入的过程；横向来看，它们均采用原因—结果的分析方法，即针对每个风险，分析导致其产生的原因和可能出现的结果；根据风险的发生频率和危害度，估算其风险；再根据风险的级别提出降低风险的建议措施。这些危害分析的过程可以采用统一的分析表格，表格包括风险、风险产生的原因、风险引发的结果、风险发生频率、严酷度、风险级别、降低风险的措施、采取措施后的危害发生频率、采取措施后的危害严酷度、采取措施后的风险级别等几项内容。

从初步风险分析之后，就要建立风险日志，将所有发现的风险加以记录和跟踪，随着风险分析不断深入，风险日志也要不断更新。风险日志一方面作为风险分析的数据库,记录所有识别出的风险;另一方面作为跟踪与监督机制,跟踪各个风险的处理过程,确保所有的风险得到有效控制。项目的风险日志最终要纳入客户的风险日志,在系统交付后,由用户继续进行风险日志的维护。

1. 初步风险分析

从初步风险分析之后,就要填写危险源登记表来登记危险源,建立风险日志,将所有发现的危害、采取的措施、目前风险情况以及关键的证据加以记录和跟踪,随着风险分析不断深入,风险日志也要不断更新。风险日志一方面作为风险分析的数据库,记录所有识别出的风险;另一方面作为跟踪与监督机制,跟踪各个危险的处理过程,确保所有的风险得到有效控制。项目的风险日志最终要纳入客户的风险日志,在系统交付后,由用户继续进行风险日志的维护。

风险识别根据潜在事故和主要起因的清单进行建立。基于与类似运行系统的经验,记入具有灾难特性的潜在事故的清单中,如,供电故障或断电;其他与其接口的系统提供不正确的信息等。

(1) 按频率分类

表5-3从定性的角度,列出了危险事件按发生频率或概率进行的典型分类以及信息系统对每一分类的描述。这些应用的分类、数字应当由主管方根据所考虑的应用进行定义。

风险发生频率按照表5-3进行分类。

表5-3 危险事件发生的频率分类

类别	描述
频繁的	很可能频繁发生,将持续经历危险
可能的	将发生几次,危险被认为经常发生
偶然的	有可能发生几次。危险被认为发生过几次
极少可能的	可能在系统周期中某一时刻发生
不可能的	不太可能发生,但是存在可能性。可以认为危险可能异常性地发生
难以置信的	极端不可能发生。可以当它不会发生

(2) 按严重性分类

非期望事件的后果分析导致确定事件的严重级别。表5-4描述了典型的危险严重级以及和所有铁路系统相关联的后果。严重等级的数量和每一严重等级的后果应当由业务主管方根据所考虑的应用进行定义。

危险严重性按表5-4进行分类。

表 5 - 4　危险严重等级分类

严重等级	对人员和环境后果	对运营的后果
灾难性的	人员死亡和/或多个严重受伤和/或对环境的重大损害	
严重的	单个人员死亡和/或严重受伤和/或对环境的显著损害	主要系统的损失
不重要的	轻微的伤害和/或对环境的显著威胁	严重的系统损害
无关紧要的	可能的轻微伤害	轻微的系统损害

注：根据定义，严重的和灾难性的类别中的事件统称为"危险事件"。

（3）危险评估标准矩阵（严重性×频率）

危险的评估是综合考虑事件发生的频率以及事件发生后造成的后果严重性。这种结合在一起的评估方法便于建立一个危险事件的风险等级。表 5 - 5 提供了"频率×后果"矩阵的定义，表 5 - 6 定性定义了对每一种危险所采取的措施。

一般情况下，危险评估是根据列表中各个危险的频率和严重性（表 5 - 5 中所示）作出的。危险风险是通过最新的数据、相似项目所报告的问题以及从其他相似系统中所学到的经验得出的。表 5 - 5 是以危险后果的严重性级别为灾难性的、危险事件的发生频率为极少可能的为例，列出了识别出的 14 种危险。表 5 - 6 是针对不同的风险级别为减低或控制风险所建议采取的纠正或预防措施。

表 5 - 5　风险评估和接受矩阵

危险事件的发生频率	风险级别			
频繁的	不符合要求	无法接受	无法接受	无法接受
可能的	可以接受	不符合要求	无法接受	无法接受
偶然的	可以接受	不符合要求	不符合要求	无法接受
极少可能的	忽略不计	可以接受	不符合要求	不符合要求
不可能的	忽略不计	忽略不计	可以接受	可以接受
难以置信的	忽略不计	忽略不计	忽略不计	忽略不计
	无关紧要的	不重要的	严重的	灾难性的
	危险后果的严重级别			

表 5 - 6　风险的定性分类

风险分类	风险降低和控制
无法接受的	应当消除（通过技术手段）
不符合要求的	只有当风险降低不可行时并且铁路主管方或安全主管方同意后才被接受
可以接受的	经充分的控制并经铁路主管方同意后是可以接受的
忽略不计的	无需铁路主管方同意就可以接受

（4）安全接受标准

内部风险控制流程的目标是：提供适当的方法来防止不可接受的故障，或者缓解不可接受故障的程度使之达到可接受的水平。

根据风险评估和分析，所需功能的安全完整性可以被确定，这将是安全工程要达到的安全目标。根据所有需求功能的软件完善度等级（SIL）定义和系统体系结构，按照每一子系统或部件的功能职责和功能的安全完整等级确定其安全完整度。随后的安全工程努力必须确保每一子系统或部件达到同确定的软件完善度等级（SIL）相对应的内置安全特性。

2. 子系统风险分析

子系统风险分析致力于识别子系统体系和详细功能设计相关的危险，这将建立软件设计规格。分析导致为软件建立安全需求以降低子系统范围内潜在的随机故障。一般情况下，子系统风险分析应包括子系统级接口风险分析，此接口风险分析为系统级执行的接口风险分析的延伸。子系统级接口风险分析应进一步分析和以下有关的可能故障：

（1）组成待分析子系统部件间的相互作用和接口

（2）子系统和外部设备或其他系统间接口

（3）人机接口，即人机接口风险分析（HMIHA）也必须包括在接口风险分析中输入文档包括以下内容：

● 风险分析报告：初步风险分析，系统风险分析（包括接口风险分析），数据通讯安全分析

● 风险日志

● 规格：子系统需求规格

● 设计文档：子系统结构设计描述

输出文档包括以下内容：

● 每一子系统风险分析（包括子系统接口风险分析）文档

● 安全关键项清单

● 软件详细安全需求

● 更新的风险日志

● 确定任何硬件普通原因将会影响其他最低级别可替代单元的失灵

3. 系统风险分析

系统风险分析将持续关注于如下的细节：

（1）交叉检查危险与系统功能，针对失效模式、影响和危险程度分析

（FMECA）的结果，决定是否还有没有在初步风险分析中定义的新的系统危险，汇总所有的失败模式。

（2）制作一份子系统的缓解隐患汇总表，然后在系统中输出这份汇总表，然后子系统需求作为安全需求。

（3）在子系统的需求中检查子系统隐患缓解所涉及的范围，来确保子系统安全需求的正确性和全面性。

（4）系统风险分析将会被记录在危险记录中，子系统的危险缓解将会被记录并定义进系统风险分析中，以展现它的可追溯性。

4. 接口风险分析

接口风险分析是定义和评价在 ITO 接包项目的子系统的接口处所发生的危险。接口风险分析是对于潜在接口危险，决定必要的危险减缓的功能分析。

一般情况下，接口风险分析被分解并集成到系统和子系统级。

● 在系统级风险分析，必须给出外部接口故障或未预料的外部事件。子系统间内部接口也必须这样分析。

● 在子系统级，必须对任何同外部安全相关设备接口的子系统或操作者进行分析以识别由接口导致的潜在危险。

● 在详细设计/执行级，分析外部设备接口以防止隐藏的关键信号路径故障。

接口风险分析的范围包括：内部接口之间和连接其他子系统（比如：车辆、信号和联锁电路、人机界面、牵引供电等等）的外部接口。这个分析包括与通过有线和无线网络通信的关键信息有关的潜在风险分析。

对每一个子系统执行接口风险分析，接口风险分析的任务包括：

（1）识别子系统中所有的接口，包括所有内部的、外部的、物理的、功能的、人类环境的和人工界面的接口。

（2）提供每一个接口的功能描述。

（3）如果必要，对于每一个接口分析可能产生失败的原因和结果。

（4）如果必要，执行定量的评估，以估计潜在危险的风险程度。它还将进行安全分析，以决定执行这个分析的最佳方式和方法。

（5）进一步减缓，并避免由于故障所产生的结果而造成的所有潜在风险。

（6）在软件功能与输出的安全功能方面，生成一张危险减缓摘要。

（7）在接口控制文档和系统或子系统需求中，交叉检查危险减缓覆盖。

（8）如果危险和危险减缓没有被记录在风险日志中，需要将它们记入风险日志中。

接口风险分析任务的输出，是对于每个关键子系统的接口风险分析文档。

在接口风险分析的任务执行过程中，所有的潜在危险和减缓都将被定义并记载入风险日志，子系统的安全需求被记录在子系统需求文档中。可要求输出一些安全需求以获得这个结果。

5. 操作和支持风险分析

操作和支持风险分析是联合 ITO 接包项目系统的安装、操作、支持等活动定义和评估危险，定义了缓减需求，这些任务包含了如下内容：

（1）在初步风险分析、系统风险分析和被推荐的减缓中收集所有被定义的安装、操作和支持危险。

（2）分析操作和安装的流程。

（3）基于操作和维护原则和安装计划精炼危险和细化缓减。

（4）将危险和必需的缓减（例如：设计、培训、操作和维护需求）记录进风险日志，以保护可追溯性。

（5）如果必要，校验在系统和子系统安全需求、培训计划和系统操作计划中建议的减缓范围。

（6）确定需要输出给用户操作使用的操作和安装安全需求。

分析的结果将在操作和支持风险分析报告中记录。报告包含：操作危险和减缓列表，对于系统和子系统、培训和操作流程的安全需求。

三要素分析法是对信息系统项目进行风险分析的重要方法。三要素分析法也称"风险来源—风险后果—风险程度"分析法。该方法的实施需要以下四个步骤：首先，构造风险来源要素表；其次，确定对应风险后果值集；再次，评价风险影响程度；最后，基于灰色关联分析的综合评价模型。

步骤 1：构造风险来源要素表。如表 5-7 所示。

表 5-7　风险来源要素表

序号	风险来源		
1	业主风险	1	需求定位风险
		2	环境风险
		3	认识风险
2	能力风险	1	开发商实力
		2	人员结构
		3	组织协调
3	业务风险	1	业务理解
		2	成熟产品
		3	应变能力

（续）

序号	风险来源		
4	开发风险	1	项目计划
		2	项目组织
		3	质量控制
5	技术风险	1	技术平台
		2	开发工具
		3	维护能力

步骤 2：确定对应风险后果值集。如表 5-8 所示。

表 5-8　风险后果值集表

序号	风险来源			风险后果	
1	业主风险	1	需求定位风险	1	反复、延误、失败
		2	环境风险	2	项目开发不充分，降低目标
		3	认识风险	3	不配合，难实现
2	能力风险	1	开发商实力	1	无法完成项目开发
		2	人员结构	2	项目存在欠缺
		3	组织协调	3	延误工期
3	业务风险	1	业务理解	1	资源和机会错误匹配
		2	成熟产品	2	无法使用，孤立
		3	应变能力	3	不适应变化，很快放弃
4	开发风险	1	项目计划	1	超时，不信任
		2	项目组织	2	重新熟悉，延迟
		3	质量控制	3	质量不保证
5	技术风险	1	技术平台	1	不稳定，项目不充分
		2	开发工具	2	工具不当，效率低，质量差
		3	维护能力	3	系统效率低，无法运行

步骤 3：评价风险程度。如表 5-9 所示。

表 5-9　风险程度表

序号	风险来源			风险后果		风险程度					可接受水平
						1~2	3~4	5~6	7~8	9~10	
1	业主风险	1	需求定位风险	1	反复、延误、失败						
		2	环境风险	2	项目开发不充分，降低目标						
		3	认识风险	3	不配合，难实现						
2	能力风险	1	开发商实力	1	无法完成项目开发						
		2	人员结构	2	项目存在欠缺						
		3	组织协调	3	延误工期						

（续）

序号	风险来源			风险后果		风险程度					可接受水平
						1～2	3～4	5～6	7～8	9～10	
3	业务风险	1	业务理解	1	资源和机会错误匹配						
		2	成熟产品	2	无法使用，孤立						
		3	应变能力	3	不适应变化，很快放弃						
4	开发风险	1	项目计划	1	超时，不信任						
		2	项目组织	2	重新熟悉，延迟						
		3	质量控制	3	质量不保证						
5	技术风险	1	技术平台	1	不稳定，项目不充分						
		2	开发工具	2	工具不当，效率低，质量差						
		3	维护能力	3	系统效率低，无法运行						

注： 风险程度栏内，1～2 为轻度、3～4 为不严重、5～6 为较严重、8～9 为严重、9～10 为很严重。

步骤 4：基于灰色关联分析信息系统项目风险评价决策模型。

设以下为评审专家对选定 EAM 招标项目的风险因素的风险影响程度的评价值；应用灰色关联分析的风险评价方法对表中的各个项目风险影响程度数据进行分析。

风险矩阵（Risk Matrix）是一种有效的风险管理工具。可应用于分析项目的潜在风险，也可以分析采取某种方法的潜在风险。

采用风险矩阵进行风险分析的步骤有以下几点：

（1）列出该项目的所有潜在问题。

（2）依次估计这些潜在问题发生的可能性，可按低、中、高，也可按数字 0～10。

（3）依次再估计这些潜在问题发生后对整个项目的影响，也可按低、中、高或 0～10 方法。

（4）可得出风险矩阵图便于分析，见图 5 - 2。

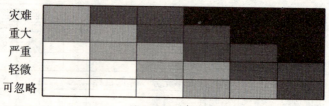

发生概率%

图 5 - 2　风险矩阵图

（5）找出预防性措施。

（6）建立应急计划。

风险矩阵图给出四种分类（也可以是其他几种分类）：

（1）如潜在问题在黑色区域，则应该不惜成本阻止其发生，指派业主和拟定备用计划。如果成本大于可接受范围，则放弃该项目。

（2）如潜在问题在深灰色区域，应安排合理的费用来阻止其发生。

（3）如潜在问题在灰色区域，应采取一些合理的步骤来阻止发生或尽可能降低其发生后造成的影响，指派业主和进行状况监视。

（4）如潜在问题在白色区域，应在出现分类变动时进行监视和处理。准备应急计划，该部分的问题是反应型，即发生后再采取措施，而前三类则是预防型。

定量风险评估的目的在于判断风险是否处于可接受的级别。前面风险分析识别出的风险和系统的安全目标是定量风险评估工作的输入，通过故障树、事件树分析和成本效益比的计算，可以判断风险是否处于可接受的级别。

风险量化涉及对风险和风险之间相互作用的评估，用这个评估分析项目可能的输出。这首先需要决定哪些风险值得反应。风险由于包括诸多因素而较复杂，这里就部分因素列举如下：

• 机会和危胁能够以出乎意料的方式相互作用（比如：计划的延迟会造成不得不考虑新的战略以缩短整个项目周期）。

• 一个单纯的风险事件能造成多重后果（比如：主要零部件递送延误会造成成本超支、计划延迟、多支付薪水以及产品质量低劣等）。

• 某个项目涉及人员的机会（如降成本）却往往意味着对其他项目涉及人员的威胁（不得不降低利润）。

• 数学技巧往往容易使人们对精确性和可靠性产生错误印象。

表 5-10　定量风险评估表

风险 r_i	损失概率 l_i	损失大小 x_i/周	期望风险 y_i/周
计划过于乐观	50%	5	2.5
自动从主机更新数据的额外需求	5%	20	1.0
由市场部门增加额外的功能	35%	8	2.9
图形子系统接口不稳定	25%	4	1.0
设计欠佳——需要重新设计	15%	15	2.25
项目审批花费时间比预期的要长	25%	4	1.0
设施未能及时到位	10%	2	0.2
为管理层撰写进程报告占用开发人员的时间比预期的多	10%	1	0.1
签约商的图形子系统推迟交付	10%～20%	4	0.4～0.8
新的编程工具没有节省预期时间	30%	5	1.5

风险管理贯穿于 ITO 接包项目整个生命周期。风险管理包括三个阶段：风险标识别、风险量化以及风险规避。和其他的软件项目一样，在 ITO 接包项目中也存在着许多风险。我们将风险影响划分为四级，从高到低为：一级、二级、三级、四级，级别越高，表示风险发生后带来的影响越大；同时我们也将风险发生率分为四级，一级最高，级别越高，表示风险发生的几率越大。表 5-11 显示了本项目一部分风险的风险分析表格。

表 5-11　风险分析表

风险	发生率	影响程度	结果	规避方案
需求变动频率	二级	二级	工作计划经常变动 超工期完成项目 最终工作结果与计划相差甚远	进行合同评审；制订变更控制机制；严格执行配置管理；良好的客户关系
人员技术水平不足	三级	三级	项目不能按时按质完成	对项目小组人员进行项目前培训
项目规模估计过低	二级	一级	项目不能按计划完成	评审项目计划：对有关细节请专家评审
软件体系结构不合理	三级	一级	影响项目进度 维护成本升高	设计组成员选择有经验人员；评审设计
人员流失	三级	二级	项目进度延迟 专特长人员流失影响质量	采取更高的人力资源专特长人员流失影响质量政策；提高开发人员整体素质，降低对特长人员的依赖程度；文档化有关过程
质量保证体系实施不力	二级	二级	软件产品质量低	严格执行质量政策；评审每个与质量保证相关的活动和文档

本章小结

ITO 接包项目启动后，就要进行项目计划的制订工作，项目计划制定步骤；明确目标、制定项目工作范围、在项目组内分配任务职责、统筹规划项目间活动的关联。制定项目计划的原则不应过分拘泥于细节，短期计划和长期计划相结合，项目计划的确定可采用目标管理法，强调上下交互来制定项目的目标和任务。

工作分解结构 WBS 是详细的项目范围定义的表示方法，详细描述了项目所要完成的工作。WBS 分解过程为项目管理过程建立了基础，对项目管理有着重要意义。WBS 模板是项目的组织过程资产，利用模板可以提高 WBS 编制的进度和质量。WBS 结构应该有适当的分解层次，一般在 $3\sim5$ 层，如果层次过多，通常意味着项目规模较大，应该将项目划分为多个子项目。

编制项目进度计划主要步骤：项目描述、项目分解、工作描述、工作责任分配表制定、工作先后关系确定、绘制网络图、工作时间估计、进度安排。

成本估算主要依据的资料有：工作分解结构 WBS、资源需求计划、资源价格、工作的延续时间、历史信息、会计表格。成本估算的工具和方法有：类比估计法、参数模型法、从下向上的估计法、从上往下估计法、计算工具的辅助。

风险管理贯穿于 ITO 接包项目整个生命周期。风险管理包括三个阶段：风险标识别、风险量化以及风险规避。风险管理的基础和前提是进行风险识别。项目风险分解是风险识别的基础。项目风险的分解就是根据项目风险的相互关系将其分解成若干个子系统。风险分解过程中，一般需要采用多种方法的组合进行分解，常用的组合是由时间维、目标维和因素维的组合。

本章关键词或概念

WBS

项目计划

项目进度计划

项目成本计划

风险管理

本章思考题

一、简答题

【问题1】什么是工作任务分解？

【问题2】编制项目进度计划主要需要经历哪几个步骤？

二、案例分析题

某银行信息系统工程项目，包含省级广域网工程、储蓄所终端安装工程、主机系统工程、存储系统工程、备份系统工程、银行业务软件开发工程等若干子项目。此工程项目通过公开招标方式确定承建单位，彦哲信息技术有限公司（CATO）经过激烈竞标争夺，赢得工程合同。合同约定，工程项目的开发周期预算为 36 周。

由于银行对于应用软件质量要求很高，CATO 也非常重视工程质量，安排有资深资历的高级工程师张工全面负责项目实施。在工程正式开工之前，张工对工程项目进行了分解，根据工程分析，张工认为此工程项目质量、进度的关键在于银行业务定制应用软件的开发。除工程整体的开发计划外，张工还针对应用软件开发制定了详细的开发计划，定制应用软件的开发周期为36周。网络工程、终端安装工程、主机系统工程、存储系统工程、备份系统工程等与应用软件开发并行实施。

张工对工程项目在需求分析、概要设计、详细设计、编码、单元测试、集成测试等各个环节要求均非常严格。根据张工安排，需求分析、概要设计均安排有多年工作经验的高级软件工程师担任，各个阶段的阶段成果均组织了严格的评审，以保证各个阶段成果的质量。

在软件编码及单元测试工作完成之后，张工安排软件测试组的工程师编制了详细软件测试计划、测试用例，包括集成测试、功能测试、性能测试、安全性测试，等等。

张工在安排软件测试任务的时候，在动员软件开发小组时宣讲："软件测试环节是软件系统质量形成的主要环节，各开发小组，特别是测试小组，应重视软件系统测试工作"。因此，张工安排给测试组进行测试的时间非常充足，测试周期占整个软件系统开发周期的40%，约14.5周。在软件系统测试的过程中，张工安排了详细的测试跟踪计划，统计每周所发现软件系统故障数量，以及所解决的软件故障。根据每周测试的结果分析，软件系统故障随时间的推移呈明显的下降趋势，第1周发现约100个故障，第2周发现约90个故障，第3周发现50个故障……，第10周发现2个故障，第11周发现1个故障，第12周发现1个故障。于是张总工断言软件系统可以在完成第14周测试之后顺利交付给用户，并进行项目验收。

【问题1】请问张工的软件开发计划中是否存在问题？为什么？

【问题2】张工根据对定制软件系统测试的跟踪统计分析结论，得出项目可于计划的测试期限结束后达到验收交付的要求，你认为可行吗，为什么？

【问题3】若你是本项目的总工，你将怎样改进工作，以提高软件系统开发的质量，保证工程项目按期验收？

第6章 ITO 接包项目执行

本章导读

我们通过前一章的学习，已经了解并掌握了 ITO 接包项目在计划阶段的工作要点，在接下来的一章我们通过对具体案例的分析学习，了解 ITO 接包项目执行的工作要点，通过对具体案例的分析和研究，理解项目执行阶段的工作重点，并能熟练运用相关项目管理工具。

本章学习目标

1. 了解指导与管理项目执行的具体活动有哪些。
2. 了解质量控制的关键点。
3. 了解团队建设的工作要点及大致步骤。
4. 能够找出项目干系人都有哪些。
5. 了解如何选择合作伙伴。

6.1 指导与管理项目执行

指导与管理项目执行是为实现项目目标而执行项目管理计划中所确定的工作的过程。具体活动包括（但不限于）：

- 开展活动来实现项目要求
- 创造项目的可交付成果
- 配备、培训和管理项目团队成员
- 获取、管理和使用资源，包括材料、工具、设备与设施
- 执行已计划好的方法和标准
- 建立并管理项目团队内外的项目沟通渠道
- 生成项目数据（如成本、进度、技术和质量进展情况，以及状态数

据），为预测提供基础

- 提出变更请求，并根据项目范围、计划和环境来实施批准的变更
- 管理风险并实施风险应对活动
- 管理卖方和供应商
- 收集和记录经验教训，并实施批准的过程改进活动

项目经理与项目管理团队一起指导实施已计划好的项目活动，并管理项目内的各种技术接口和组织接口。指导与管理项目执行过程会受项目所在应用领域的直接影响。通过实施相关过程来完成项目管理计划中的项目工作，产出相应的可交付成果。项目执行时还需收集工作绩效信息，并提交绩效报告。工作绩效信息说明可交付成果的完成情况以及哪些工作已经完成。工作绩效信息也是 ITO 接包项目控制的输入。

指导与管理项目执行还需实施已批准的变更，包括：

- 纠正措施。为使项目工作的未来期望绩效与项目管理计划保持一致，而对项目执行工作下达的书面指令。

- 预防措施。通过实施某项活动，来降低项目风险消极后果的发生概率的书面指令。

- 缺陷补救。识别项目组成部分的某一缺陷之后所形成的正式文件，用于就如何修补该缺陷或彻底替换该部分提出建议。

6.2 实施质量保证

质量保证是为了提供信用、证明项目将会达到有关质量标准，而在质量体系中开展的有计划、有组织的工作活动。它贯穿于整个项目的始终。比 ISO9000 质量管理体系的发展更进一步的是，在质量计划部分所描述的活动从广义上说，也是质量保证的组成部分。

这种保证可以向项目管理小组和执行组织提供（内部质量保证），或者向客户和其他没有介入项目工作的人员提供（外部质量保证）。

建立项目达到有关质量标准的信心而制定的计划，以及项目质量系统内系统地加以实施的所有活动，称质量保证。质量保证实质上是对质量规划和质量控制过程的控制。

质量保证是所有计划和系统工作实施达到质量计划要求的基础，为项目质量系统的正常运转提供可靠的保证，它应该贯穿于项目实施的全过程之中。在 ISO9000 系列实施之前，质量保证通常被描述在质量计划之中。

质量保证通常是由质量保证部门或者类似的组织单位提供，但是不必总是如此。质量保证通常提供给项目管理组以及实施组织（内部质量保证）或者提供给客户或项目工作涉及的其他活动（外部质量保证）。

(1) 质量保证的依据

● 质量管理计划

● 质量控制度量的结果：质量控制度量是为了比较和分析所作的质量控制测试的记录和度量。

● 操作说明

(2) 质量保证的工具和方法

● 质量计划

● 质量审核：质量审核是确定质量活动及其有关结果是否符合计划安排，以及这些安排是否有效贯彻。通过质量审核：

——保证项目质量符合规定要求；

——保证设计、实施与组织过程符合规定要求；

——保证质量体系有效运行并不断完善，提高质量管理水平。

● 质量审核的分类包括：

——质量体系审核　　　　　　　　——项目质量审核

——过程（工序）质量审核　　　　——监督审核

——内部质量审核　　　　　　　　——外部质量审核

● 质量审核可以是有计划的，也可以是随机的，它可以由专门的审计员或者是第三方质量系统注册组织审核。

(3) 质量保证的结果

● 质量改进：质量改进包括达到以下目的的各种行动：增加项目有效性和效率以提高项目投资者的利益。在大多数情况下，质量改进将要求改变不正确的行动以及克服这种不正确行动的过程。

影响项目质量的因素主要有五大方面：人、材料、设备、方法和环境。对这五个方面因素的控制，是保证项目质量的关键。

(1) 人的控制

指直接参与项目组织者、指挥者和操作者。人，作为控制的对象，是要避免产生失误；作为控制的动力，是要充分调动人的积极性，发挥人的主导作用。因此，应提高人的素质，健全岗位责任制，改善劳动条件，公平合理地激励劳动热情；应根据项目的特点，从确保质量出发，在人的技术水平、生理缺陷、心理行为、错误行为等方面控制人的使用；更为重要的是提高人的质量意识，形成人人重视质量的项目环境。

（2）原材料的控制

主要包括原材料、成品、半成品、构配件等。对材料的控制主要通过严格检查验收，正确合理地使用，进行收、发、储、运的技术管理，杜绝使用不合格材料等环节来进行控制。

（3）设备控制

设备包括项目使用的机械设备、工具、仪器仪表等。对设备的控制，应根据项目的不同特点，合理选择、正确使用、管理和保养。

（4）方法控制

这里所指的方法，包括项目实施方案、工艺、组织设计、技术措施等。对方法的控制，主要是通过合理选择、动态管理等环节加以实现。合理选择就是根据项目特点选择技术可行、经济合理、有利于保证项目质量、加快项目进度、降低项目费用的实施方法。动态管理就是在项目进行过程中正确应用，并随着条件的变化不断地进行调整。

（5）环境控制

影响项目质量的环境因素较多，有项目技术环境，如实现项目的各种技术、工艺等；项目管理环境，如质量保证体系、管理制度等；劳动环境，如劳动组合、作业场所等。根据项目的特点和具体条件，应采取有效措施对影响质量的环境因素进行控制。

项目实施阶段的不同环节，其质量控制的工作内容不同。根据项目实施的不同阶段，可以将项目实施阶段的质量控制分为事前控制、事中控制和事后控制。

（1）事前质量控制

在项目实施前所进行的质量控制就称为事前质量控制，其控制的重点是做好项目实施的准备工作，且该项工作应贯穿于项目实施的全过程。主要工作内容有：

①技术准备：熟悉和审查项目的有关资料、图样等；调查分析项目的自然条件、技术经济条件；确定项目实施方案及质量保证措施；确定计量方法和质量检测技术等。

②物质准备：对项目所需材料、构配件的质量进行检查与控制；对项目实施中所使用的设备或装置应检查其技术性能，不符合质量要求的不能使用；准备必要的质量检测设备、机具及质量控制所需的其他物质。

③组织准备：建立组织机构及质量保证体系；对项目参与人员分层次进行培训，提高其质量意识和素质；建立与保证质量有关的岗位责任制。

④现场准备：不同的项目，现场准备的内容亦不相同。

（2）事中质量控制

在项目实施过程中所进行的质量控制就是事中质量控制。事中质量控制的策略是：全面控制实施过程，重点控制工序或工作质量。其具体措施是：工序交接有检查；质量预控有对策；项目实施有方案；质量保证措施有交底；动态控制有方法；配制材料有经验；隐蔽工程有验收；项目变更有手续；质量处理有复查；行使质控有否决；质量文件有档案。

（3）事后质量控制

一个项目、工序或工作完成形成成品或半成品的质量控制称为事后质量控制。事后质量控制的重点是进行质量检查、验收及评定。

（4）项目最终完成阶段的质量控制

项目最终完成后，应进行全面的质量检查评定，判断项目是否达到其质量目标。

工序是指一个（或一组）工人在一个工作地对一个（或若干个）劳动对象连续完成的各项生产活动的总和。项目就是由一系列相互关联、相互制约的工序所构成的。要控制项目质量，首选应控制工序质量。

工序质量包括两方面内容：一是工序活动条件的质量；二是工序活动效果的质量。就质量控制而言，这两者是互为关联的。一方面要控制工序活动条件的质量，使每道工序投入品的质量符合要求；另一方面应控制工序效果的质量，使每道工序所形成的产品（或结果）达到其质量要求的标准。工序质量控制，就是对工序活动条件和活动效果进行质量控制，从而达到对整个项目的质量控制。

工序质量控制的基本原则是：严格遵守工序作业标准或规程；主动控制工序活动条件的质量；及时控制工序活动效果的质量；合理设置工序质量控制点。

工序质量控制点的设置：工序质量控制点是指在不同时期工序质量控制的重点。质量控制点的涉及面较广，根据项目的特点，视其重要性、复杂性、精确性、质量标准和要求等；质量控制点可能是材料、操作环节、技术参数、设备、作业顺序、自然条件、项目环境等。质量控制点的设置，主要是视其对质量特征影响的程度及危害程度加以确定。质量控制点可归纳为以下几类：

（1）人的行为。对操作者应从人的生理、心理、技术能力等方面进行考核、控制。避免因人的失误造成质量问题。

（2）物的状态。根据不同工序的特点，对作业场所的控制，如对静电的处理等。

（3）材料的质量和性能。材料的质量和性能是直接影响项目质量的主要因素。

（4）关键的操作。对于直接影响项目质量的操作，应作为控制重点。

（5）作业顺序。对于工序或操作，必须严格控制作业之间的先后顺序。

（6）技术参数。与质量相关的技术参数，应严格控制。

（7）新工艺、新技术、新材料的应用。由于操作人员缺乏经验，将其工序操作作为重点严加控制。

（8）质量不稳定、质量问题较多的工序。通过对质量数据的统计分析，表明质量波动、不合格率较高的工序，应设置为质量控制点。

质量控制点的设置是保证项目质量的有力措施，也是进行质量控制的重要手段。在工序质量控制过程中，首选应对工序进行全面分析、比较、以明确质量控制点；然后应分析所设置的质量控制点在工序进行过程中可能出现的质量问题或造成质量隐患的因素并加以严格控制。

在都成市地铁 EAM ITO 项目中，其质量保证检查表如表 6-1 所示。

表 6-1 质量保证检查表

单据号：DC-IT-028-20100810-01

检查项目：	地铁 EAM ITO 项目		
检查人员：	李丽娟		
检查日期：	2010-08-10		
检查过程：	项目定义阶段、项目设计阶段		
检查项	状态	不合格	说明
1. 工作范围说明书、项目实施总体计划、项目实施资源计划是否确认并签署？	合格	/	此三项内容合在《项目计划书》中，已签署。路径如下： N：\EAM ITO 项目\项目管理\项目计划
2. 可交付物完成矩阵是否及时更新并经过都成市地铁项目负责人检查？	不合格	EAM ITO-D001	检查发现：在提交的《可交付物矩阵》中，有交付物的计划完成日期未有明确。路径如下： N：\EAM ITO 项目\项目管理\项目计划
3. 资源分配计划是否提交？	合格	/	在《项目计划书》中提交。
4. 项目进展报告是否按时提交？	合格	/	按周、月提交。 N：\EAM ITO 项目\项目管理\进度报告
5. 项目进度会议是否按时举行并提交报告？	合格	/	按时。 N：\EAM ITO 项目\项目管理\会议纪要

（续）

检查项目：	地铁 EAM ITO 项目			
检查人员：	李丽娟			
检查日期：	2010 - 08 - 10			
检查过程：	项目定义阶段、项目设计阶段			
检查项		状态	不合格	说明
6. 发生的变更是否符合相关流程？		合格	/	未有变更发生。
7. 配置项清单是否提交并随时更新？		TBD	/	尚未提交。
8. 识别的风险是否采取了必要措施？		合格	/	检查发现：项目进展过程中发现了一项风险，该风险经项目管理会议讨论，将风险等级由高降至可控。N：\ EAM ITO 项目 \ 项目管理 \ 风险报告
9. 项目准备阶段发现的问题是否进行记录和跟踪？		合格	/	记录并跟踪。N：\ EAM ITO 项目 \ 项目管理 \ 问题报告
10. 业务流程测试案例、测试结果是否提交？		不合格	EAM ITO - D002	检查发现：仅对用户进行了系统的介绍和培训，并未按照项目计划书中所要求的"方法论"进行真正意义上的测试（匹配）。故未提交
11. 业务模式例外情形是否研讨并提交的业务流程定稿或相应解决方案？		不合格	EAM ITO - D003	同上。
12. 系统参数和代码定制是否完成并提交签署。		TBD	/	完成。尚未签署。N：\ EAM ITO 项目 \ 项目实施
13. 客户化需求是否提交并获得功能经理和都成市项目经理的签署？		TBD	/	客户化需求提交，等待签署。
14. 集成管理计划是否提交？		TBD	/	原计划于 2010 年 7 月初提交初稿。目前尚未提交（预计下周一提交），该项延期。
15. 集成功能设计是否提交？		TBD	/	原计划于 2010 年 7 月初提交初稿。目前尚未提交（预计下周一提交），该项延期。
16. 系统参数和代码定制是否完成并提交签署。		TBD	/	完成。尚未签署。N：\ EAM ITO 项目 \ 项目实施

（续）

签　署
质量检查人员签署： （略） 　　　　　　　　　　　　　　年　　　月　　　日
被检查项目/部门负责人签署： （略） 　　　　　　　　　　　　　　年　　　月　　　日
信息技术部签署： （略） 　　　　　　　　　　　　　　年　　　月　　　日

从表 6-1 可以看出，此次质量保证检查共有 3 个不合格项。

6.3　项目团队建设

项目团队一般经历四个发展阶段：

第一阶段是项目团队的组建阶段。刚开始时，大家都很客气，互相介绍、认识，在工作中逐步建立彼此间的信任和依赖关系，取得了一致的目标。

第二阶段是项目团队的磨合阶段。大家对事情意见不同，互不服气，不服从领导，不愿受团队纪律约束的现象时有发生。

第三阶段是项目团队的正常运作阶段。大家对自己在团队中担任的角色和共同解决问题的方法达成共识，整个团队达到自然平衡，差异缩小，队员之间互相体谅各自的困难。

第四阶段是项目团队的高效运作阶段。队员之间互相关心，互相支持，能够有效圆满地解决问题、完成任务。团队内部达到高度统一，最终共同达到目标。

打造高绩效 ITO 项目团队应做好如下几方面的工作：

（1）合理设置项目团队的架构

根据阶段任务的大小来构建项目团队是最有效的方法。而项目团队的综合竞争力来自于对项目团队成员的人数及其各自专长的合理配置。因此在项目团队的组建阶段，首先应该做的就是根据项目任务的大小给项目团队设置合理的团队成员数量，以满足项目团队初建阶段的运转，就如同我们公司在组建项目部时所经常说的策划工作。

（2）确立一个共同的愿景和目标

共同的目标是项目团队存在的基础。心理学家马斯洛曾说，杰出团队的显著特征便是具有共同的愿望与目的。由于人的需求不同、动机不同、价值观不同、地位和看问题的角度不同，对企业的目标和期望值有着很大的区别，但"人同此心，心同此理"只要能具有同理心，加上一定的技巧，是可以建立共同的目标。要使项目团队高效运转，就必须在项目团队组建初期为团队确立一个共同的目标和愿景。简单地说，就是让每一个团队成员都知道"我们要做什么"、"要做成怎么样"、"我能得到什么"。这一目标是成员共同愿望在一定环境中的具体化，是项目团队的灵魂和核心，它能够为项目团队成员指明方向，是项目团队运行的核心动力。要使项目团队的目标和愿景真正起到激励作用，应遵循下面几个特性：

①明确性。项目团队的目标、愿景应该清晰明确确定。

②共识性。每一个团队成员都支持一种观点对高效运用的项目团队来说是非常重要的。项目团队目标应该是团队成员利益的集中体现，应与团队成员的价值取向相统一。

③可行性。项目团队的目标应该根据项目团队及其企业本身现有内外环境资源及市场机会来分析和评判，应该让团队通过付出确实可以做到，所以目标既不能高不可攀，也不能轻易取得，关键是掌握好高低之度。

④激励性。制定的目标愿景就能够起到激励成员的作用，使每位项目团队成员都相信项目团队的愿景并愿意努力去实现它。

⑤动态性。就是当项目团队由于某种原因发生了变化以后，项目的目标也应该得到及时的调整，让其继续有效发挥导向功能和动力作用，这样目标才能得到有效地贯彻推行。

（3）建立健全有效管理制度和激励机制

健全的管理制度、良好的激励机制是团队精神形成与维持的内在动力。根据项目团队的阶段性发展规律，在项目团队组建时，项目团队成员是来自不同岗位的人临时组合在一起的，工作的方式、方法、习惯等方面不尽相同，要想让一个项目团队尽快进入到正常运作中来，就应该在项目团队组建后，建立合理、有利于团队管理的规范，并且促使团队成员认同规范，遵从规范。

主要包括：

● 业务流程。这是为实现团队目标的基本制度，有了它才能让团队成员做事有章可循，明确怎么做、要做成怎么样。

● 团队纪律。这是加强流程执行力的保障工具。有了严明纪律，团队就能战无不胜。

● 职责划分。这样就能明确责任和义务，充分调动各方面的积极性和创造性。

①可行的激励约束机制。要建立科学的分配制度以及公平考核制度，在实施激励时，要充分考虑人的需求的多样性，激励形式应丰富多样，做到精神激励与物质激励并用，不论是正激励还是负激励都应该做到及时，这样才能使团队成员尽快走出磨合期，迈进运作阶段，促进团队不断发展。

②培育良好的项目团队氛围。健康和谐的人际关系能使团队成员之间从陌生到熟悉、从排斥到相容、从怀疑到信任，可以在长时期内使人们保持亲密。项目团队关系越和谐，组织内耗越小，项目团队效能就越大，因此项目团队建设过程中应注重设法减少内耗。信任对于项目团队的健康发展和效率提高具有至关重要的作用。要使项目团队健康发展，项目领导之间就应该统一思想，充分履行对团队的承诺，为项目团队制订的"游戏"规则要公正、公平、公开，用实际行动让本项目的团队成员对项目领导产生信任，对游戏规则产生信心。项目领导应该及时向团队提供包括信息在内的必要的资源支持，在团队工作范围内充分授权，创造机会，主动与团队成员进行交往、沟通，关心团队成员对工作满意度和生活满意度变化。项目团队是每个成员的舞台，个体尊重与满足离不开项目团队这一集体，单打独斗只考虑自己的利益很难成功，真正的强者讲究双赢追求团队合作，要在团队内部经常性地倡导感恩和关爱他人、互敬互尊的良好团队氛围。通过开展户外拓展活动及各种喜闻乐见、趣味有益的文娱团体竞赛活动，培育团队精神。尊重员工的自我价值，将团队价值与员工自我价值有机地统一起来，通过实行创造良好的工作福利待遇、改善工作环境、做好事实事、岗位转换等手段使成员感受工作的乐趣以及挑战性，从而提高团队的工作效率。

③注重项目团队成员素质提高。根据"木桶理论"，要想让木桶的盛水量增加，就必须加长木桶的短板。不断地提高项目团队成员素质的目的就是不断加强项目团队的"短板"，让项目团队不断得到优化，保持持久的竞争力。要有效地提高团队的整体素质，提高团队竞争力，就是要团队成员不断地学习。在知识经济时代，要获得持久的竞争优势就是具备比竞争对手更快的学习能力。在项目团队中要努力创建学习型项目团队，营造积极的学习氛围，让团队成员乐于学习，确信自己可以做得更好。注重解决好工与学的矛盾，积极创造条件，组织员工学习新知识、新技术，经常开展岗位练兵与技术比武活动，为其提供各种外出进修和学习的机会，提高员工的知识、技能和业务水平，使他们能够不断提高自身素质适应企业发展的需要。结合加强员工的思想政治工作，加强员工的职业化塑造，培养员工爱岗敬业、团结拼搏精神，在团队内形成和谐、友善、融洽的人际关系和团结一心、通力合作的团队精神。

④提高项目团队领导的领导力。领导力是指领导在动态环境中，运用各种方法，以促使团队目标趋于一致，建立良好团队关系，以及树立团队规范的能力。优秀的团队领袖在团队中充当教练员和协调员的角色，他能在动态环境中建立和谐的成员关系，对团队提供指导和支持，鼓舞团队成员的自信心，帮助他们更充分认识自己的潜力，并为团队指明方向，团队领导的行为直接影响到团队精神的建立。一个优秀的团队领导能够带动并且提高整个团队的活力，指导并帮助团队取得更加突出的成绩。因此团队领导要不断提高如何管人、育人、用人的艺术水平，做到爱才、护才、育才的有机统一，知人善任，恩威激励，不断加强自身素质和能力的修炼，要善于学习、勤于学习，善于运筹帷幄，懂得掌握中心和总揽全局，不断提高分析问题和解决问题的能力，自觉加强自身的德性修养，以德服人，以情感影响、鼓舞、引导团队成员，做到开阔胸襟，言行一致，取信于人，发扬民主，敢于否定自己、检讨自己，善于集中团队成员的智慧、采纳团队成员的意见，发扬民主管理的作风，不断提高领导水平。

6.4　项目干系人沟通

项目干系人又称为项目相关利益者，是指积极参与项目、或其利益会受到项目执行或完成情况影响的个人或组织。项目干系人对项目的目的和结果施加影响。项目管理团队必须识别项目干系人，确定他们的需求和期望，尽最大可能地管理与需求相关的影响，以获得项目的成功。

项目干系人通常由以下几个部分构成：

(1) 项目发起人

项目发起人是项目的执行组织（如一个企业）内部或外部的个人或集体，他们以现金或实物为项目提供资金、资源，是对项目的获利负有责任的人。项目发起人有时指首先实际命令执行项目的人，他可能是客户，但在许多情况下是第三方。一般来说，项目发起人负责保证项目得到合适的预算款项，其计划可以接受以及项目组织具有达到要求的结果所需要的资源。发起人这个角色担负着相当大的责任，必须向所有关心项目成功与否的人证明项目的优势。

(2) 项目/程序管理小组

这个小组由高级管理人员组成，往往包含项目发起人。小组成员定期会面，对现行项目的状况进行审查。他们选择并提议新的项目，解决主要的问题，并决定组织中哪些项目行动应优先安排。该小组对于跨越职务界限的项目非常重要，可保证大家协调努力，作出决策，并有效地加以实施。

（3）项目经理

项目经理是对保证按时、按照预算、按照工作范围以及按所要求的性能水平完成项目全面负责的人，他从项目开始到收尾都要管理日常的项目实施工作。在很多情况下，项目经理的职权很弱，不能完全控制这些过程。

（4）项目小组

项目小组成员负责按时完成所有计划的工作。任何一位小组成员，当被项目经理委任为掌权者，如子项目小组的负责人时，也必须负责一项子工作。小组成员有两种：一种是核心小组成员，一般是以全职身份，或投入大部分精力，在项目实施全过程中始终是项目小组一员的人；另一种是扩展小组成员，他们在需要他的技能与知识时才为项目小组所用，通常在核心小组的严密指导下工作。需要强调的是，每个小组成员必须清楚应该向谁汇报工作。

（5）客户

客户是项目交付成果的使用者。项目中总是要面对多方面的客户，有直接的客户和间接的客户，有内部客户和外部客户，每种客户均有不同的利益。为了定义客户需求，项目小组必须准确理解客户的业务，区分不同客户的需求，并在不同需求之间求得平衡与折中，这是一项艰难的工作，但必须做好，因为实际上，项目的成功和失败就是用是否满足客户需求来定义的。项目经理有责任把自己与客户的关系转变成为一种契约的形式，这将明确双方应各自履行的任务和职责。通常，这不是一个由各方签署的正式的契约，而是一个非正式的协议。

（6）其他的与项目有利益关系的组织或个人

一些关键的利益共享者，可能会对项目施加非常大的影响。项目或项目中的某些活动影响到这些人的利益时，他们会采取积极、中立或消极的态度来对待项目。项目管理者应列出在项目实施中对项目的目标、工作内容或进展有影响的、除了项目小组成员之外的所有人，分析和了解他们的立场，并对他们加以管理。

沟通在项目管理中，有其必然的、不可取代的重要地位。在1995年，斯坦迪什集团研究发现，与IT项目成功有关的三个主要因素是：用户参与、主管层的支持、需求的清晰明确。所有这些因素都依赖于拥有良好的沟通技巧。要懂得如何艺术化地与项目干系人进行沟通，做到通过项目成果使客户得到最大的收益，让客户满意。要做好各要素沟通，站在项目干系人的角度上，从他们的需要及利益出发，最大限度的通过项目实现他们的价值，如果脱离这些，那么项目是很难获得成功的。同样，沟通是ITO接包项目管理的主要内容之一，项目干系人的沟通则更是重中之重。都成市地铁 EAMITO 项目自然也不例外。在前期就对与分包商之间各阶段工作的数据采集、成果验收、评审依据等沟通形式进行了明确的细化要求，为项目的成功奠定了基础。

6.5　合作伙伴选择

大多数企业在挑选合作伙伴时首先做的第一件事情就是建立一系列的指标对合作单位的资信状况、财务实力、管理能力、市场运作能力加以评估，以满足这些指标中的优异者确定为公司的理想合作伙伴。然而这样的做法却存在一个很大的问题：就是从最大限度上也只是表明了对合作单位状况的一种描述，而合作单位自身拥有的实力与合作单位承诺与企业建立良好的伙伴关系，这两者之间却没有必然的联系。

以此来作为定义合作伙伴的标准，带来的只是企业一方的一厢情愿。并非每一位优异的合作单位都期望与企业建立患难与共、同舟共济的关系的。

那么，究竟什么样的合作单位才是战略合作伙伴人选？

所以企业必须做到：

(1) 扩展自身的能力

要做一些事情使合作单位相信，企业不仅能够而且已经利用自己的知识和实力针对特定的合作伙伴情况提供专项的合作。

(2) 增加对合作单位业务的了解

对合作单位的主要业务给予关注和分析，并加以重视和配合，而这种特殊利益是同行业其他竞争对手不易模仿的。

(3) 增加对合作单位行业的了解

认真分析合作单位行业方面的杂志、资料，并将这些信息主动提供给合作单位。这样做不是象征性地讨好合作单位或是表示兴趣，目的在于探察合作单位的新需求，还能够提供文件和证据说服合作单位在新领域内继续前进。

总之，合作伙伴关系实际上是一个共赢的概念，只有企业、合作单位都能不断地从这种合作中长久受益，这种关系才能持久稳固。然而，合作伙伴关系并不是一成不变的。随着时间的推移，企业自身的改变也会给合作伙伴关系带来影响。建立一套合作单位档案，跟踪、分析合作单位的动向，并及时地对合作单位的改变作出迅速积极的反应，企业才能将这种合作关系维持下来。

企业信息化不是一锤子买卖，企业在信息化中寻找的是战略合作伙伴，真正精明的企业最终实现的应是合作双方的共赢。

本章小结

指导与管理项目执行是为实现项目目标而执行项目管理计划中所确定的工作的过程。项目经理与项目管理团队一起指导实施已计划好的项目活动，并管理项目内的各种技术接口和组织接口。

质量保证贯穿于整个项目的始终。质量保证实质上是对质量规划和质量控制过程的控制。质量保证是所有计划和系统工作实施达到质量计划要求的基础，为项目质量系统的正常运转提供可靠的保证，它应该贯穿于项目实施的全过程之中。在 ISO9000 系列实施之前，质量保证通常被描述在质量计划之中。

影响项目质量的因素主要有五大方面：人、材料、设备、方法和环境。对这五个方面因素的控制，是保证项目质量的关键。

项目团队一般经历四个发展阶段：组建阶段、磨合阶段、正常运作阶段、高效运作阶段。

项目干系人又称为项目相关利益者，是指积极参与项目、或其利益会受到项目执行或完成情况影响的个人或组织。项目干系人对项目的目的和结果施加影响。沟通是 ITO 接包项目管理的主要内容之一，项目干系人的沟通则更是重中之重。项目干系人通常由以下几个部分构成：

1. 项目发起人
2. 项目/程序管理小组
3. 项目经理
4. 项目小组
5. 客户
6. 其他的与项目有利益关系的组织或个人

合作伙伴关系是一个共赢的概念，只有企业、合作单位都能不断地从这种合作中长久受益，这种关系才能持久稳固。

本章关键词或概念

质量保证

质量计划

项目团队

项目干系人

本章思考题

一、简答题

【问题 1】影响项目质量的因素主要有哪几方面？

【问题 2】项目团队一般经历哪几个发展阶段?

二、案例分析题

A 公司是我国大型企业,从事塑料制品的研发、生产和销售,成立于 1981 年,总部在北京,在北京、深圳、郑州各有一个工厂,在全国各地都有销售网络,员工 2000 余人。公司的产品涉及面非常广泛,生产模式比较复杂。为了提高整体经营管理水平,提高效率,节约成本,A 公司决定上一套 ERP 系统,这样包括销售、生产、财务与物流等模块,这个项目会涉及北京、深圳、郑州的 3 个工厂和全世界所有的销售网络。

事件一:由于信息中心的系统管理员小张对系统十分了解,又是计算机专业,公司决定由他来负责此项目。

事件二:小张考虑到自己的时间有限,就推荐系统操作员小刘来担任项目经理,小刘对项目管理很有热情,人缘也好。

【问题 1】事件一中公司的决定是否妥当?为什么?怎么样才妥当?

【问题 2】事件二中推荐小刘做项目经理是否可行,为什么?

【问题 3】为了组建有效的团队,首先要分析和确定项目成员的职责和能力要求,然后根据这些职责和能力要求去确定如何配置和获得项目团队成员。试结合本案例做出初步的分析结果,并指出项目成员的获取方式。

第 7 章　ITO 接包项目控制

本章导读

我们通过前一章的学习，已经了解并掌握了 ITO 接包项目执行阶段的工作要点，在接下来的一章我们通过对具体案例的分析学习，了解 ITO 接包项目控制的几大方面，并熟练掌握变更控制、进度控制、成本控制和风险控制的概念及主要知识点。

本章学习目标

1. 了解项目工作控制的意义。
2. 掌握变更控制的要点。
3. 掌握进度控制的要点。
4. 掌握成本控制的要点。
5. 掌握风险控制的要点。

7.1　项目工作控制

项目工作控制是指在项目按事先制订的计划朝着最终目标挺进的过程中，由于前期工作的不确定性和实施过程中多种因素的干扰，项目的实施进展必然会偏离预期轨道。为此，项目管理者根据项目跟踪提供的信息，对比原计划（或既定目标），找出偏差，分析成因，研究纠偏对策，实施纠偏措施的全过程。所以项目工作控制过程是一种特定的、有选择的、能动的动态作用过程。

ITO 项目的控制阶段，首先要做的工作是指导项目符合目标，就是根据计划对目标和方向进行设定，尽量使项目进展朝着项目计划所确定的目标和方向前进。其次是有效利用资源，进一步提高资源的使用效率。在计划阶段是预见问题、预测问题。在执行阶段是判断问题、纠正问题，对计划要做一些适当变更，使之更好地完成项目目标。在计划阶段我们做出了一些关于团队建设，关于员工激励的方针和措施，在执行阶段就要贯彻和实施这些措施，对员工做出的贡献给予积极的奖励和鼓励。

项目监测又叫项目跟踪，是指项目各级管理人员根据项目的规划和目标等，在项目实施的整个过程中对项目状态以及影响项目进展的内外部因素进行及时的、连续的、系统的记录和报告的系列活动过程。项目监测主要针对计划、任务和项目成员三个方面，是为了了解项目的实际进展情况而进行。如了解成员工作完成情况，了解整个项目计划完成情况等内容。

项目工作控制分为以下几类：

（1）正规和非正规控制。

（2）预防性控制和更正性控制。

（3）预先控制、过程控制和事后控制。

（4）直接控制和间接控制。

项目控制的基础是项目计划，项目计划的基础是项目目标。因此，项目管理的第一步是要明确项目目标。项目目标应该包括软件系统的范围、质量、进度、成本、市场或政治目标。范围目标是指功能范围；质量目标包括性能要求、技术指标、质量要求等等；进度目标包括交付时间，与客户达成共识的其他时间要求，如验收时间、培训时间等等；成本目标对企业内部来说就是项目的预算，对于客户来说就是能够给出合理的价格；市场或政治目标就是诸如完成市场占有率、提高企业形象、打开知名度、击败某个竞争对手等等。

第二步是根据目标分析自身的资源状况，资源包括人力资源（管理水平、技术水平、数量、行业知识与经验积累、技术知识与经验积累）、设备、资金、信息、与相关人员的关系或渠道。

第三步是根据项目目标和资源约束来制定项目计划，项目计划应包括项目目标、项目任务的分解、项目组的组织机构和各角色责任、项目任务的责任分配、项目进度计划、成本计划、质量计划、沟通计划、风险防范计划、项目控制计划。

第四步就是实施项目计划，在项目计划实施过程中要持续跟踪监控项目进展情况，并与项目计划比较，发现偏差，分析原因，及时采取纠正、预防措施，随时解决项目中需要解决的问题，包括项目团队的沟通和冲突问题。

项目内外各种因素具有不确定性，同时项目相关环境中存在一定的干扰，因此项目的实施难以完全按照项目计划进行，出现偏差是不可避免的。良好的项目控制可以保证项目按照计划稳定地完成项目目标，就是说可以及时地发现偏差、有效地缩小偏差、迅速地纠正或预防偏差，使项目始终按照合理的计划推进。

为了对项目进行有效地控制，必须遵循以下准则：

- 项目的执行自始至终必须以项目计划为依据
- 定期和及时测量实际进展情况
- 随时监测和调整项目计划
- 充分的、及时的信息沟通
- 详细准确地记录项目的进展和变化

7.2 变更控制

项目变更（Project Modification）是指 ITO 接包项目的实施过程中，由于项目环境或者其他的各种原因而对项目的部分或项目的全部功能、性能、架构、技术指标、集成方法、项目进度等方面做出的改变。

实施整体变更控制是审查所有变更请求，批准变更，并管理对可交付成果、组织过程资产、项目文件和项目管理计划的变更的过程。该过程贯穿项目始终。需要通过谨慎、持续地管理变更，来维护项目管理计划、项目范围说明书和其他可交付成果。应该通过否决或批准变更，来确保只有经批准的变更才能纳入修改后的基准中。

实施整体变更控制过程包括以下变更管理活动（这些活动的细致程度取决于项目进展情况）：

● 对规避整体变更控制的因素施加影响，确保只有经批准的变更才能付诸执行。

● 迅速地审查、分析和批准变更请求。必须迅速，因为延误决策时机可能给时间、成本或变更的可行性带来不利影响。

● 管理已批准的变更。

● 仅允许经批准的变更纳入项目管理计划和项目文件中，以此维护基准的严肃性。

● 审查已推荐的全部纠正措施和预防措施，并加以批准或否决。

● 协调整个项目中的各种变更（如建议的进度变更往往也会影响成本、风险、质量和人员配备）。

● 完整地记录变更请求的影响。

项目的任何干系人都可以提出变更请求。尽管也可以口头提出，但所有变更请求都必须以书面形式记录，并纳入变更管理和/或配置管理系统中。变更请求由变更控制系统和配置控制系统中所列的过程进行处理。可能需要向这些过程说明变更对时间和成本的影响。每一项记录在案的变更请求都必须由项目管理团队或外部组织加以批准或否决。在很多项目中，根据项目角色与职责文件的规定，项目经理有权批准某些种类的变更请求。必要时，需由变更控制委员会（Change Control Board，CCB）负责批准或否决变更请求。变更控制委员会的角色与职责，应该在配置控制程序与变更控制程序中明确规定，并经相关干系人一致同意。很多大型组织会建立多层次的变更控制委员会，来分别承担相关职责。

如果项目是按合同来实施的，那么按照合同要求，某些变更请求还需要经过客户的批准。

变更请求得到批准后，可能需要编制新的（或修订的）成本估算、活动排序、进度日期、资源需求和风险应对方案分析。这些变更可能要求调整项目管理计划或项目的其他管理计划或文件。变更控制的实施水平，取决于项目所在应用领域、项目复杂程度、合同要求，以及项目所处的背景与环境。

附带整体变更控制功能的配置管理系统可以提供标准化、效果好和效率高的方式，来集中管理已批准的变更与基准。配置控制重点关注可交付成果及各个过程的技术规范，而变更控制则着眼于识别、记录和控制对项目及产品基准的变更。在整个项目中使用包含变更控制过程的配置管理系统，旨在实现三个主要目标：

（1）建立一种先进的方法，以便规范地识别和提出对既定基准的变更，并评估变更的价值和有效性。

（2）通过分析各项变更的影响，为持续验证和改进项目创造机会。

（3）建立一种机制，以便项目管理团队规范地向有关干系人沟通变更的批准和否决情况。

包含在整体变更控制过程中的部分配置管理活动如下：

（1）配置识别。选择与识别配置项，从而为定义与核实产品配置、标志产品和文件、管理变更和明确责任提供基础。

（2）配置状态记录。为了能及时提供关于配置项的适当数据，应记录和报告相关信息。此类信息包括已批准的配置识别清单、配置变更请求的状态和已批准的变更的实施状态。

（3）配置核实与审计。配置核实与配置审计能保证项目配置项组合的正确性，保证相应的变更都被登记、评估、批准、跟踪和正确实施，从而确保配置文件所规定的功能要求都已实现。

7.2.1 范围变更控制

在项目的实施过程中，项目各干系人的行为均有可能超出项目范围基线，如果不加控制，则有可能出现两种情况，一是没有完成充分的工作任务，使项目目标无法实现；二是完成了很多不必要的工作，导致资源浪费。项目的范围难免会因为多种因素、需要或者至少为项目利益相关人提出变更，项目范围的变更控制，需要与项目的进度控制、成本控制、质量控制结合起来管理。

造成项目范围变更的原因主要有：

● 项目外部环境发生变化。如：地震的影响导致地铁 EAM 项目设计的变更；国家货币紧缩政策导致地铁投资缩减。

● 项目范围定义不周，有错误或者遗漏。例如：地铁 EAM 项目的 WBS 分解，分解项过粗（大概 200 项），导致很多工作任务在计划中遗漏，而根据后续的补充和完善，WBS 分解达到了 350 项，可见项目范围定义遗漏工作项达到了 40％以上。

● 项目实施过程的偏差。项目实施过程难免出现偏离项目范围基线的情况，对于所造成的偏差，应当及时分析并采取措施予以纠正。

● 新的技术、手段和方案的应用。IT 新技术发展迅猛，新技术的应用可改善项目建设进程，但也存在风险。

● 项目组织发生了变化。如：地铁 EAM 项目发包方人员调整或领导班子换届，项目组成员更换，导致项目建设思路发生重大变更，从而导致项目范围变更。

● 项目发包方对项目或者项目产品的要求发生变化。需求变更，增加或减少了地铁 EAM 项目的功能需求，从而导致项目范围变更。

对变更应防患于未然，项目组织者应能洞察造成变更的原因，对这些原因采取措施，避免范围变更的发生。如果无法阻止变更发生，或变更已经成为事实，项目管理者只能接受变更，并对这些变更进行有效的管理。

例如，在该地铁 EAM ITO 项目中建设过程中，由于地震灾害造成了部分建设物资受损，为了恢复项目建设，接包方必须配合地铁公司清理受到损失的设备、配合机房清理、重新安装受到损坏的设备。以上工作均涉及已经既成事实的范围变更，接包方无法阻止这些既成事实的变更，但接包方应该对这些变更的原因及影响进行分析、记载，并让发包方地铁公司相关人员确认这些变更。以上类型的变更，接包方可以向发包方提出索赔，但前提是欲接包方能合理的管理这些变更，索赔时才有依据。地铁 EAM 项目建设有监理参与，彦哲公司的项目管理人员应注意与监理保持密切配合，范围变更应接受监理监督。

对于范围变更管理来说，评估和确认范围变更请求需要消耗项目的资源，但实现范围变更则要付出更多的代价。意识到这一点非常重要，项目的资源很容易被无休止的变更消耗殆尽。因此，采用有效的管理过程、方法、工具等，对范围变更进行有效管理是非常必要的。

1. 依据

(1) 范围管理计划

是范围变更管理的指南，为变更控制提供了指导方针。

对于有合同形式的项目，项目范围变更必须遵守项目合同的相关条款。

(2) 范围基线

包含 WBS 和 WBS 字典。获得批准的 WBS 即是项目范围基线的主要文件，实施阶段项目范围管理的所有工作均应以此为参考。

(3) 项目绩效报告

项目绩效报告提供了有关项目范围的实际进度情况，反映了哪些中间成果已经完成，哪些还没有完成，通过项目绩效报告，还能预测项目将来可能发生的问题，如：后续进度、后续成本开支等。

(4) 范围变更申请

造成范围变更的因素有多种，有强制性的变更、非强制性的变更；有外部不可抗力引起的变更、有内部因素导致的变更；有前期工作过失造成的变更、有额外增加的工作；有既成事实的变更、有酝酿中的变更。变更形式有：书面的、口头的、间接的、直接的、外部的、内部的等。项目管理者应能识别不同的变更，分别采取相应的管理方法。

(5) 其他已批准的变更

如：批准的需求变更、批准的成本变更、批准的进度变更，这些变更均会影响到项目范围的变更。在变更控制中，重新核对范围基线，调整 WBS 分解结构，又促使项目管理者再次审核进度、成本、质量、等项目计划并做相应的调整。

2. 工具与技术

(1) 范围变更控制系统

由各级管理职能部门、管理人员、制度、工具等组成的系统。这个系统对范围变更进行信息采集、收集、整理、分析、审批、存档等管理工作。可成立变更控制委员会 CCB 来管理范围变更。通常，范围变更控制系统不是孤立存在的，应该同项目整体变更管理结合起来考虑。

对于 IT 行业，项目需求经常会因项目建设方的理解而改变或随时发生变化，频繁的需求变更必然导致频繁的项目范围变更。如果没有相对正式的书面确认过程和有效的控制系统来管理变更，项目范围将有可能严重偏离范围基线，从而导致项目失控。当然，变更控制系统不是僵化的，应该根据变更的等级进行灵活管理，这是项目范围管理计划应该考虑的内容，根据项目范围管理计划提供的指南，应该规定什么级别的变更必须严格遵守变更管理流程，什么级别的变更可以由项目组成员依据制度完成。

范围变更控制系统规定了项目范围变更所应遵循的流程、文书工作、系统追踪、审批程序等。其中，文书工作参见范围变更申请及跟踪表，见表 7-1 所示，这种表单与流程结合，可记录变更申请、分析结论、审批确认等主要信息。

表 7-1 范围变更跟踪表

范围变更跟踪表				
范围主题	地铁 EAM 项目因地震影响所至范围变更		编号	EAM00102
变更内容	1. 因地震的影响而导致 EAM 项目范围变更。 2. 变更工作-1：当前计划内工作暂停。 3. 变更工作-2：对受地震影响而损坏的设备进行清理。 4. 变更工作-3：重新安装受地震影响而损坏的设备。			
范围确认	申请人员： 发包方主管： 欲接包方主管：		提出日期	2010-07-06
			计划工期	30 天
范围属性	合同内□		合同外■	
预计费用	10 万	发包方领导签字		
分析结论	分析人：张×× 1. 必须对受到影响的设备进行清理、重新安装，才能使项目重新进入正常进程。 2. 受损设备经监理确认，属于发包方资产，欲接包方应配合进行清理、重新安装新设备、配合报损等工作。 进度影响： 经核算，将影响工期推迟 30 天；经监理确认，批准延期 30 天。 成本影响： 经核算，需要增加经费 10 万元；经监理和发包方确认，批准增加经费 10 万元。 其他风险：			
是否变更	是■　否□	执行人	变更日期	
完工确认	申请人员： 发包方主管： 欲接包方主管：		开工日期	
			完工日期	

（2）绩效分析

对所有变更进行评估，分析造成偏差的具体原因，并有针对性地采取相应的纠正偏差的措施。

（3）调整计划

项目实施过程很难完全符合计划，而范围变更牵涉到对编制计划的直接参考依据 WBS 和 WBS 字典的更新，这些更新必然影响到项目管理计划的更新。当局部的更新影响到整体时，还有可能触发针对项目整体的规划性调整工作，因此需要同整体变更管理结合起来考虑。

3. 成果

（1）更新后的范围基线

对由工作分解结构 WBS 为主要文件定义的范围基线进行修改，修改后经过相关审批程序，得到了新的范围基线。范围基线的更新，通常可能要求对项目计划：成本、进度、质量或其他项目目标进行相应调整。

新的范围基线，应向相关项目干系人发布。

（2）纠偏措施

对所造成的项目绩效（成本、进度、质量等方面）偏差，必须采取相应的纠偏措施，确保预期的未来项目绩效受到控制并与项目计划相符。

（3）积累组织过程资产（经验教训）

任何过程都会产生经验教训，项目组织应该把经验教训文件化，存入组织过程资产库，以备其他项目借鉴，提高组织的过程能力。该过程应整理的过程资产包括：出现偏差的原因、选择纠偏措施的依据，以及从范围变更控制所汲取的其他教训。

（4）更新项目管理计划

由于范围基线是项目计划的基本依据，范围基线的更新，必然要求对项目计划做相应的调整。当然，项目计划的更新或项目其他相关文件的更新，受项目其他相关变更控制的约束，或通过综合变更控制进行处理。

（5）链

7.2.2　需求变更控制

需求变更控制是重要的项目管理过程，是在项目实施过程中对需求进行管理和控制，以确保项目顺利实施。

1. 意义

由于ITO接包项目的特殊性，变更非常频繁。在所有变更中，需求变更常常是起因。如果不对变更进行控制，将使项目陷入混乱状态，使得项目进度无法完成，导致项目产品质量低劣，导致成本急剧上升。应从以下几方面来做好变更管理工作：

（1）项目组织应制订相应的变更管理制度或指南，在项目需求管理计划中体现。

（2）应仔细评估变更申请。

（3）对变更的分析、决策，应由具备相应资质的人员担任。

（4）变更应及时通知所有相关人员。

（5）注意相关文件、系统，要及时做相应变更，避免不一致性。

（6）及时维护需求跟踪能力信息，确保跟踪能力信息与实际相符。

2. 基本原则

由于需求变更会对ITO接包项目产生严重影响，所以必须执行变更控制。应按照以下原则进行需求变更控制。

（1）谨慎对待变更申请，尽量控制变更。对任何一方提出的变更申请，其他相关各方都应谨慎对待。例如，欲接包方对发包方提出的变更，在未分析这种变更可能会对项目的范围、进度、成本、质量产生何种影响前，就不能同意变更。

（2）高度重视需求变更。项目变更一般包含：需求变更、范围变更、进度变更、成本变更等主要变更，但最需要重视的是需求变更，因为需求是龙头，一旦需求发生变更，就会导致范围、进度、成本的变更，并波及项目质量，所以要高度重视需求变更，充分论证和评估变更申请。

（3）通过变更控制过程来处理所有变更。执行变更控制过程能规范变更，并且只有获得授权，具备资质的人员能够批准变更，确保变更的质量，避免混乱。

（4）签署变更控制协议。在编制项目计划（需求管理计划）时，项目接包方和发包方之间、项目经理和团队之间就应该就变更原则、变更方式、变更过程等问题进行协商，达成一致共识，并形成文件化的变更管理指南（或制度），以规范和指导项目实施过程中的变更。

（5）以需求基线为基础控制变更。需求基线是经项目各方共同认可的需求，通常以审批后的需求定义书的形式而存在，是需求管理的最直接的参照基准。

（6）利用变更控制工具。计算机化的变更控制系统可提高变更控制管理的效率。根据实际情况和项目规模，可以购买现成的变更控制工具，或自行开发一个小的变更控制软件来管理需求变更。

（7）把变更纳入项目计划。既然变更不可避免，与其仓促应付变更，不如在项目计划中为变更控制分配相应的资源，如：成立 CCB、制订变更管理制度。

（8）及时发布变更信息。项目发生变更时，只有部分项目关键人员才清楚这一变化过程的始终，而其他众多的团队成员并未获得项目变更的完全信息。因此，当项目管理团队做出变更决策时，应及时将变更信息公布于众。

3. 依据

(1) 需求管理计划

需求管理计划为需求变更控制提供了策略、方针、指南。

(2) 需求基线

经批准的需求定义书（需求基线）是项目建设的主要依据，也是需求管理的最直接依据，需求管理中将需求变更与需求基线进行比较分析，做出是否接受变更的决策。

(3) 需求跟踪能力信息

需求跟踪能力信息链可以为需求分析人员提供信息支持，完整的信息链可以确保需求变更的所有影响均被纳入分析。

4. 工具和技术

(1) 变更控制系统

由各级管理职能部门、管理人员、制度、工具、等组成的系统。这个系统对需求变更进行信息采集、收集、整理、分析、审批、存档等管理工作。变更控制委员会 CCB 属于这个系统。

如表 7-2 "地铁 EAM 项目需求变更跟踪表"，该表是需求变更管理工具之一，负责需求变更申请的收集整理、需求分析记载、需求变更的审批记载等。

在合理的变更控制系统的管理下，能减少项目中盲目的变更，降低变更的随意性。在 ITO 领域，发包方对需求描述的随意性及接包方对需求理解的不充分，频繁导致需求的变更，如果没有正式的书面确认过程和有效的控制系统，多次变更后，项目的需求将与初始确定的项目基线大相径庭，从而使项目失控。

表 7 - 2　地铁 EAM 项目需求变更跟踪表

需求变更跟踪表			
需求名称	地铁 EAM 设备管理	需求编号	EAM00102
变更内容	增加设备管理功能：提供设备信息的电子化采集，采用条形码技术标识设备类别、序号。		
需求确认	需求申请人员： 发包方主管： 接包方主管：	提出日期	2010 - 08 - 06
		计划工期	30 天
需求属性	合同内□	合同外■	
预计费用	40 万元	发包方领导签字	
需求分析结论	需求分析人：张×× 1. 经分析，实现设备信息电子化采集可行。 2. 需增加项目软件经费 40 万元，且条形码和条码阅读器需要另行编制预算。 3. 建议在后续项目中实现该功能。如果在本期实现，除增加经费外，项目工期也建议延期 30 天。		
是否变更	是■　否□	执行人	变更时间
完工确认	需求申请人员： 发包方主管： 欲接包方主管：	开工日期	
		完工日期	

（2）管理过程

由于需求变更大多源自发包方，而变更管理工作责任通常由欲接包方承担，因此，应当规划好各方在此工作中的责任，当监理参与项目建设时，还应考虑监理的角色和职责。项目小组在项目执行过程中，既要对项目采取控制措施，也要维护良好的组织内外关系。但决不可舍本逐末，不能因为维护与发包方良好关系（唯唯诺诺）的目标而使正常工作受到束缚。任何发包方均更青睐与管理规范的欲接包方建立长期合作关系。

项目组应该与发包方约定好需求变更的管理规程，使双方人员达成一致意见是非常必要的。需求变更的管理控制规程一般如下：

①建立需求基线：基线是变更控制的参照基准，在需求开发阶段建立，需求变更后涉及对基线的修改，形成新的基线。

②建设变更控制系统：包括各级管理职能部门、管理人员、制度、工具等。借助计算机网络系统作为变更控制的辅助工具，能改善变更控制过程，提高效率。

③规范化变更申请：项目组内的所有需求变更申请，均应采用统一的格式

化文件，以便规范管理需求变更。如表 7 - 2"地铁 EAM 项目需求变更跟踪表"，项目组可视项目需要扩展该表内容。需求变更应由变更控制委员会 CCB 统一管理，不能出现多头管理。

④分析、评估：由变更控制委员会 CCB 对变更进行评估论证。CCB 接收到需求变更申请后，应评估变更的技术可行性、代价、业务需求和资源限制，决定是采纳还是拒绝。

⑤以书面形式批准变更申请：批准后的变更申请，应纳入档案管理部门存档，以备日后查阅。每一个被批准的变更应设定一个优先级或实现的日期，以便项目管理团队调配人力资源、进度计划、成本计划，并通知到相关干系人。

⑥评估变更对项目绩效的影响：应定期评估需求变更对项目进度、成本、质量等绩效的影响，以便及时对计划执行偏差采取措施，并为后续的需求变更控制积累经验。

图 7 - 1"需求变更控制流程图"描述了需求变更控制的过程。

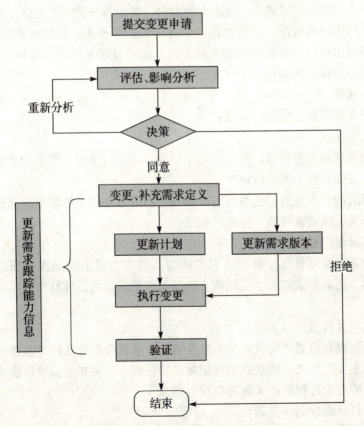

图 7 - 1　需求变更控制流程图

(3) 工具

IT 工具能够帮助你改善变更控制过程。可以选择商业化的需求管理工具来收集、存储、管理需求变更；并且能执行变更申请、审批的流程管理；提供丰富的报表，为管理人员分析、决策、掌握项目动态提供信息支持。选择商业化需求管理工具可考虑以下几个方面：

- 提供标准变更请求申请单，能个性化定义变更请求申请单模板
- 提供定义变更请求生存期的状态转换图
- 提供对变更控制流程各环节相关人员授权及管理能力
- 提供跟踪状态变更的能力，能跟踪变更执行人员
- 提供新请求或状态更新后通知相关干系人的能力
- 提供标准报表及定制报表和图表的能力

商业需求管理工具，能够帮助项目团队改进项目目标的沟通，增强协作开发，降低项目风险，提高项目的质量。提供多种类型文档管理能力，如：数据库与 Word 文档的实时同步，为需求的组织、集成和分析提供方便。支持需求详细属性的定制和过滤，以最大化各个需求的信息价值。提供可跟踪性视图，通过这些视图可以显示需求间的关联关系。能通过联系链寻找受影响的需求，并提供变更建议，通知相关干系人。

(4) 成果

需求变更控制过程的成果是：

①需求基线（更新）

批准或驳回变更申请，批准后由变更执行人执行变更，需求变更通常要求对范围、进度、成本等进行调整。

批准后的需求变更，应纳入需求基线，对需求基线文件修改后形成新的基线，并作为后续需求管理、控制的依据。

②需求跟踪能力矩阵（更新）

部分需求变更常常涉及与之相关联的其他需求或系统元素受到影响，因此，应同步更新需求跟踪能力矩阵，确保需求跟踪能力矩阵与项目实际情况保持一致。

③组织过程资产（更新）

变更过程有可能产生有价值的经验教训，项目组织应该持续改进项目执行能力，其主要工作之一就是总结并记载经验教训，以便在当前项目或其他项目中利用这些组织过程资产来改进项目管理。

④项目管理计划（更新）

由于需求变更，必然导致项目范围及项目计划的变更，因此，相应的范

围、计划等基准文件要进行修改并重新发布。

7.3　进度控制

进度控制是指改变某些因素使进度朝有利方向改变，确定原有的进度已经发生改变，当实际进度发生改变时要加以控制，进度计划控制必须和其他控制过程结合。

ITO 接包项目的进度控制就是监视和测量项目的实际进展。若发现实施过程偏离了计划，就要找出原因、采取行动，使项目回到计划的轨道上来。简单地说，进度控制就是比较实际状态和计划之间的差异，并依据差异做出必要的调整以使项目向有利于目标达成的方向发展。

项目工期计划控制是对项目工期计划实施与项目工期计划变更所进行的管理控制工作。

在项目生命周期中，创建现实的进度计划并留有应急储备是非常重要的。

项目进度控制的依据有以下四个方面：

（1）项目工期计划。

（2）项目工期计划实施情况报告。

（3）项目变更的请求。

（4）项目进度管理措施和安排。

项目进度控制的方法与工具有：

（1）项目工期计划变更的管理方法。

（2）项目实施实际情况的度量方法。

（3）追加计划法。

项目工期计划控制的结果包括：

（1）更新后的项目工期计划。

（2）计划要采取的纠偏措施。

（3）吸取的经验教训。

项目计划的执行需要做如下两个方面的工作：需要多次反复协调和消除与计划不符的偏差。

项目计划的控制就是要时刻对每项工作进度进行监督，然后，对那些出现"偏差"的工作采取必要措施，以保证项目按照原定进度执行，使预定目标按时和在预算范围内实现。

那么如何做好项目的进度控制呢？需要做好以下几个方面的工作：明确项

目控制的目的；加强来自各方面的综合、协调和督促；要建立项目管理信息制度；项目主管应及时向领导汇报工作执行情况，也应定期向客户报告，并随时向各职能部门介绍整个项目的进程；项目控制包括对未来情况的预测、对当时情况的衡量、预测情况和当时情况的比较以及及时制订实现目标、进度或预算的修正方案。

项目控制的手段包括以下几个：制订并遵守计划；不断监督；必要时进行调整；沟通；团队工作。

项目控制可视化图表工具：重要的关系；里程碑图；甘特图；费用成本曲线；资源负荷图；项目成本记录；工作绩效图；项目报告表。

项目进度控制是一种循环的例行性活动。其活动分为四个阶段：编制计划、实施计划、检查与调整计划、分析与总结。

进度控制就是采取措施来保证项目按计划的时间表来完成工作，经常出现的实际进度与计划不符的情况是拖期。责任心不强、信息失实或遗漏、协作部门的失误等都会影响到工期。不过有许多工期的拖延都是可以避免的，比如增强员工信心、完善信息制度等。不同层次的项目管理部门对项目进度控制的内容是不同的。

按照不同管理层次对进度控制的要求分为三类：

（1）项目总进度控制：项目经理等高层次管理部门对项目中各里程碑事件的进度控制。

（2）项目主进度控制：主要是项目部门对项目中每一主要事件的进度控制。在多级项目中，这些事件可能就是各个分项目。

（3）项目详细进度控制：主要是各作业部门对各具体作业进度计划的控制，这是进度控制的基础。

项目控制主要解决的问题是克服延期，但实际进度与计划不符的情况还有另外一种，即工作的过早完成。一般来说，这是有益无害的，但在有些特定情况下，某项工作的过早完成会造成资金、资源流向问题，或支付过多的利息。

在整个报告期内，需要收集两种数据或信息：

（1）实际执行的数据，包括活动开始或结束的实际时间；使用或投入的实际资源和成本等。

（2）有关项目范围、进度计划和预算变更的信息。

信息数据收集的方法有以下五种：

（1）发生概率统计法：即对某一事件发生的次数进行记录的信息收集方法，主要用于：延误报告次数、无事故天数、运行故障次数等。

（2）原始数据记录法：这是对项目中实际资源投入量和项目产出技术指标

进行统计。

（3）经验法：这类指标的定量或定级来源于人的主观意志。

（4）指标法：对一些较难或者甚至无法直接获得的对象的有关信息，寻找一种间接的度量或指标。

（5）口头测定方式：这种方式常用于测定队员的合作质量、队员士气高低、项目主和业主间合作程度等。

项目进展报告的内容包括以下几个方面：

（1）项目进展简介：列出有关重要事项。对每一个事项，叙述近期的成绩、完成的里程碑以及其他一些对项目有重大影响的事件（如采购、人事、业主等）。

（2）项目近期趋势：叙述从现在到下次报告期间将要发生的事件。对每个将要发生的事件进行简单说明。并提供一份下一期的里程碑图表。

（3）预算情况：一般以清晰、直观的图表反映项目近期的预算情况，并对重大的偏差做出解释。

（4）困难与危机：困难是指你力所不能及的事情，危机是指对项目造成重大险情的事，同时可提出高层管理人员支持的要求。

（5）人、事表扬。

项目进展报告的形式有以下三个：

（1）日常报告：日常报告是为报告有规律的信息，按里程碑时间安排报告时间，有时根据资源利用期限发出日常报告，也有时每周甚至每日提供报告。

（2）例外报告：此种报告的方式用在为项目管理决策提供信息报告。

（3）特别分析报告：常用于宣传项目特别研究成果或是对项目实施中发生一些问题进行特别评述。

进度控制管理是采用科学的方法确定进度目标，编制进度计划与资源供应计划，进行进度控制，在与质量、费用、安全目标协调的基础上，实现工期目标。由于进度计划实施过程中目标明确，而资源有限，不确定因素多，干扰因素多，这些因素有客观的、主观的，主客观条件的不断变化，计划也随着改变，因此，在项目施工过程中必须不断掌握计划的实施状况，并将实际情况与计划进行对比分析，必要时采取有效措施，使项目进度按预定的目标进行，确保目标的实现。进度控制管理是动态的、全过程的管理，其主要方法是规划、控制、协调。

编制进度计划前要进行详细的项目结构分析，系统地剖析整个项目结构构成，包括实施过程和细节，系统规则地分解项目。项目结构分解的工具是工作分解结构 WBS 原理，它是一个分级的树型结构，是将项目按照其内在结构和实施过程的顺序进行逐层分解而形成的结构示意图。通过项目 WBS 分解做到将项目分解到相对独立的、内容单一的、易于成本核算与检查的项目单元，做到明确单元之间的逻辑关系与工作关系，做到每个单元具体地落实到责任者，并能进行各部门、各专业的协调。

进度计划编制的主要依据是：项目目标范围；工期的要求；项目特点；项目的内外部条件；项目结构分解单元；项目对各项工作的时间估计；项目的资源供应状况等。进度计划编制要与费用、质量、安全等目标相协调，充分考虑客观条件和风险预计，确保项目目标的实现。进度计划编制主要工具是网络计划图和横道图（甘特图），通过绘制网络计划图，确定关键路线和关键工作。根据总进度计划，制定出项目资源总计划，费用总计划，把这些总计划分解到每年、每季度、每月、每旬等各阶段，从而进行项目实施过程的依据与控制。

1. 成立进度控制管理小组

成立以项目经理为组长，以项目副经理为常务副组长，以各职能部门负责人为副组长，以各单元工作负责人、各班组长等为组员的控制管理小组。小组成员分工明确，责任清晰；定期不定期召开会议，严格执行讨论、分析、制定对策、执行、反馈的工作制度。

2. 制定控制流程

控制流程运用了系统原理、动态控制原理、封闭循环原理、信息原理、弹性原理等。编制计划的对象由大到小，计划的内容从粗到细，形成了项目计划系统；控制是随着项目的进行而不断进行的，是个动态过程；由计划编制到计划实施、计划调整再到计划编制这么一个不断循环过程，直到目标的实现；计划实施与控制过程需要不断地进行信息的传递与反馈，也是信息的传递与反馈过程；同时，计划编制时也考虑到各种风险的存在，使进度留有余地，具有一定的弹性，进度控制时，可利用这些弹性，缩短工作持续时间，或改变工作之间的搭接关系，确保项目工期目标的实现。

3. 影响因素分析

每项工作开始之前，控制管理小组组长即项目经理组织相关人员，运用头脑风暴法，结合各成员各自的工作经验对潜在的、可能影响到各工作目标实现的各种因素进行预见性分析、研究、归纳，并制定出解决措施，责任到人进行落实实施。

影响因素主要有人、料、机、工艺、环境、资金等方面。

4. 项目进度实施

计划要起到应有的效应，就必须采取措施，使之得以顺利实施，实施主要有组织措施、技术措施、经济措施、管理措施。组织措施包括落实各层次的控制人员、具体任务和工作责任；建立进度控制的组织系统，确定事前控制、事中控制、事后控制、协调会议、集体决策等进度控制工作制度；监测计划的执行情况，分析与控制计划执行情况等。经济措施包括实现项目进度计划的资金保证措施，资源供应及时的措施，实施激励机制。技术措施包括采取加快项目进度的技术方法。管理措施包括加强合同管理、信息管理、沟通管理、资料管理等综合管理，协调参与项目的各有关单位、部门和人员之间的利益关系，使之有利于项目进展。

5. 进度动态监测

项目实施过程中要对施工进展状态进行观测，掌握进展动态，对项目进展状态的观测通常采用日常观测和定期观测方法。日常观测法是指随着项目的进展，不断观测记录每一项工作的实际开始时间、实际完成时间、实际进展时间、实际消耗的资源、目前状况等内容，以此作为进度控制的依据。定期观测是指每隔一定时间对项目进度计划执行情况进行一次较为全面的观测、检查；检查各工作之间逻辑关系的变化，检查各工作的进度和关键线路的变化情况，以便更好地发掘潜力，调整或优化资源。

6. 进度分析比较和更新

进度控制的核心就是将项目的实际进度与计划进度进行不断分析比较，不断进行进度计划的更新。进度分析比较的方法主要采用横道图比较法，就是将在项目进展中通过观测、检查、搜集到的信息，经整理后直接用横道图并列标于原计划的横道线一起，进行直观比较，通过分析比较，分析进度偏差的影响，找出原因，以保证工期不变、保证质量安全和所耗费用最少为目标，制定对策，指定专人负责落实，并对项目进度计划进行适当调整更新。调整更新主要是关键工作的调整、非关键工作的调整、改变某些工作的逻辑关系、重新编制计划、资源调整等。

7.4 成本控制

ITO 接包项目的成本控制就是要保证各项工作要在它们各自的预算范围内进行。成本控制的基础是事先就对项目进行的费用预算。

ITO 接包项目的成本控制主要关心的是影响改变费用线的各种因素、确定费用线是否改变以及管理和调整实际的改变。成本控制与下列内容有关：影响那些会使基准成本发生改变的因素朝有利方向改变；识别已经偏离基准成本；对实际发生的成本改变进行管理。

成本控制包括：监督成本执行情况以及对发现实际成本与计划的偏离；要把一些合理的改变包括在基准成本中；防止不正确的、不合理的、未经许可的改变包括在基准成本中；把合理的改变通知项目的涉及方。

成本控制包括寻找产生正负偏差的原因。成本控制必须和其他控制过程结合（范围控制、进度控制、质量控制和其他）。例如，对成本偏离采取不恰当反应常会引起项目的质量或进度问题或增大风险。

成本管理不能脱离技术管理和进度管理独立存在，相反要在成本、技术、进度三者之间作综合平衡。及时、准确的成本、进度和技术跟踪报告，是项目成本管理和成本控制的依据。

成本控制的基本方法是规定各部门定期上报其费用报告，再由控制部门对其进行费用审核，以保证各种支出的合法性，然后再将已经发生的费用与预算相比较，分析其是否超支，并采取相应的措施加以弥补。

成本控制的依据有：

● 费用线。

● 实施执行报告：这是成本控制的基础，实施执行报告通常包括了项目各工作的所有费用支出，同时也是发现问题的最基本依据。

● 改变的请求：改变的请求可能是口头的也可能是书面的、可能是直接的也可能是非直接的、可能是正式的也可能是非正式的，改变可能是请求增加预算，也可能是减少预算。

成本控制的方法与技术有：

● 成本控制改变系统：通常是说明费用线被改变的基本步骤，这包括文书工作、跟踪系统及调整系统，费用的改变应该与其他控制系统相协调。

● 实施的度量：主要帮助分析各种变化产生的原因，挣得值方法是一种最为常用的分析方法。成本控制的一个重要工作是确定导致误差的原因以及如何弥补、纠正所出现的误差。

● 附加的计划：很少有项目能够准确的按照期望的计划执行，不可预见的各种情况要求在项目实施过程中重新对项目的费用做出新的估计和修改。

● 计算工具：通常是借助相关的项目管理软件和电子制表软件来跟踪计划费用、实际费用和预测费用改变的影响。

成本控制的过程是运用系统工程的原理对企业在生产经营过程中发生的各种耗费进行计算、调节和监督的过程，同时也是一个发现薄弱环节，挖掘内部潜力，寻找一切可能降低成本途径的过程。科学地组织实施成本控制，可以促进企业改善经营管理，转变经营机制，全面提高企业素质，使企业在市场竞争的环境下生存、发展和壮大。

成本控制就是指以成本作为控制的手段，通过制定成本总水平指标值、可比产品成本降低率以及成本中心控制成本的责任等，达到对经济活动实施有效控制的目的的一系列管理活动与过程。

成本控制是指降低成本支出的绝对额，故又称为绝对成本控制；成本降低还包括统筹安排成本、数量和收入的相互关系，以求收入的增长超过成本的增长，实现成本的相对节约，因此又称为相对成本控制。

成本控制是成本管理的一部分，致力于满足成本要求。满足成本要求主要是指满足顾客、最高管理者、相关方以及法律法规等对组织的成本要求。成本控制的对象是成本发生的过程，包括：设计过程、采购过程、生产和服务提供过程、销售过程、物流过程、售后服务过程、管理过程、后勤保障过程等所发生的成本控制。成本控制的结果应能使被控制的成本达到规定的要求。为使成本控制达到规定的、预期的成本要求，就必须采取适宜的和有效的措施，包括：作业、成本工程和成本管理技术和方法。如 VE 价值工程、IE 工业工程、ABC 作业成本法、ABM 作业成本管理、SC 标准成本法、目标成本法、CD 降低成本法、CVP 本—量—利分析、SCM 战略成本管理、质量成本管理、环境成本管理、存货管理、成本预警、动量工程、成本控制方案等等。

开展成本控制活动的目的就是防止资源的浪费，使成本降到尽可能低的水平，并保持已降低的成本水平。

成本控制反对"秋后算账"和"死后验尸"的做法，提倡预先控制和过程控制。因此，成本控制必须遵循预先控制和过程方法的原则，并在成本发生之前或在发生的过程中去考虑和研究为什么要发生这项成本？应不应该发生？应该发生多少？应该由谁来发生？应该在什么地方发生？是否必要？决定后应对过程活动进行监视、测量、分析和改进。

成本控制应是全面控制的概念，包括全员参与和全过程控制。

成本控制和成本保证的某些活动是相互关联的。

成本控制的起点，或者说成本控制过程的平台就是成本控制的基础工作。成本控制不从基础工作做起，成本控制的效果和成功可能性将受到大大影响。

(1) 定额制定

定额是企业在一定生产技术水平和组织条件下，人力、物力、财力等各种资源的消耗达到的数量界限，主要有材料定额和工时定额。成本控制主要是制定消耗定额，只有制定出消耗定额，才能在成本控制中起作用。工时定额的制定主要依据各地区收入水平、企业工资战略、人力资源状况等因素。在现代企业管理中，人力成本越来越大，工时定额显得特别重要。在工作实践中，根据企业生产经营特点和成本控制需要，还会出现动力定额、费用定额等。定额管理是成本控制基础工作的核心，建立定额领料制度，控制材料成本、燃料动力成本，建立人工包干制度，控制工时成本，以及控制制造费用，都要依赖定额制度，没有很好的定额，就无法控制生产成本；同时，定额也是成本预测、决策、核算、分析、分配的主要依据，是成本控制工作的重中之重。

(2) 标准化工作

标准化工作是现代企业管理的基本要求，它是企业正常运行的基本保证，它促使企业的生产经营活动和各项管理工作达到合理化、规范化、高效化，是成本控制成功的基本前提。在成本控制过程中，下面四项标准化工作极为重要。

①计量标准化

计量是指用科学方法和手段，对生产经营活动中的量和质的数值进行测定，为生产经营，尤其是成本控制提供准确数据。如果没有统一计量标准，基础数据不准确，那就无法获取准确成本信息，更无从谈控制。

②价格标准化

成本控制过程中要制定两个标准价格，一是内部价格，即内部结算价格，它是企业内部各核算单位之间，各核算单位与企业之间模拟市场进行"商品"交换的价值尺度；二是外部价格，即在企业购销活动中与外部企业产生供应与销售的结算价格。标准价格是成本控制运行的基本保证。

例如，在该地铁 EAM ITO 项目中，一名高级顾问的内部结算价格为 2 200 元/人天（不含税），外部标准价格为 3 100 元/人天（含税）。

③质量标准化

质量是产品的灵魂，没有质量，再低的成本也是徒劳的。成本控制是质量控制下的成本控制，没有质量标准，成本控制就会失去方向，也谈不上成本控制。

④数据标准化

制定成本数据的采集过程，明晰成本数据报送人和入账人的责任，做到成本数据按时报送，及时入账，数据便于传输，实现信息共享；规范成本核算方式，明确成本的计算方法；对成本的书面文件实现国家公文格式，统一表头，形成统一的成本计算图表格式，做到成本核算结果准确无误。

(3) 制度建设

在市场经济中，企业运行的基本保证，一是制度，二是文化，制度建设是根本，文化建设是补充。没有制度建设，就不能固化成本控制运行，就不能保证成本控制质量。成本控制中最重要的制度是定额管理制度、预算管理制度、费用审报制度等。在实际中，制度建设有两个问题。一是制度不完善，在制度内容上，制度建设更多地从规范角度出发，看起来像命令。正确的做法应该是制度建设要从运行出发，这样才能使责任人找准位置，便于操作。二是制度执行不力，老是强调管理基础差，人员限制等客观原因，一出现利益调整内容，就收缩起来，导致制度形同虚设。

在企业发展战略中，成本控制处于极其重要的地位。如果同类产品的性能、质量相差无几，决定产品在市场竞争的主要因素则是价格，而决定产品价格高低的主要因素则是成本，因而只有降低了成本，才有可能降低产品的价格。成本管理控制目标必须首先是全过程的控制，不应仅是控制产品的生产成本，而应控制的是产品寿命周期成本的全部内容。实践证明，只有当产品的寿命周期成本得到有效控制，成本才会显著降低；而从全社会角度来看，只有如此才能真正达到节约社会资源的目的。此外，企业在进行成本控制的同时还必须要兼顾产品的不断创新，特别是要保证和提高产品的质量，绝不能片面地为了降低成本而忽视产品的品种和质量，更不能为了片面追求眼前利益，采取偷工减料、冒牌顶替或粗制滥造等歪门邪道来降低成本；否则，其结果不但坑害了消费者，最终也会使企业丧失信誉，甚至破产倒闭。

成本动因不只限于产品数量。要对成本进行控制，就必须先了解成本为何发生，它与哪些因素有关，有何关系对于直接成本（直接材料和直接人工），其成本动因是产品的产量，按产量进行这部分的分配是毫无疑问的。如何有效地控制成本，使企业的资源利用达到最大的效益，就应该从作业入手，力图增加有效作业，提高有效作业的效率，同时尽量减少以至于消除无效作业，这是现代成本控制各方法的基础理念。

成本控制的内容非常广泛，但是，这并不意味着事无巨细地平均使用力量，成本控制应该有计划有重点地区别对待。各行各业不同企业有不同的控制重点。控制内容一般可以从成本形成过程和成本费用分类两个角度加以考虑。

（1）全面介入的原则

全面介入原则是指成本控制的全部、全员、全过程的控制。全部是对产品生产的全部费用要加以控制，不仅对变动费用要控制，对固定费用也要进行控制。全员控制是要发动领导干部、管理人员、工程技术人员和广大职工建立成本意识，参与成本的控制，认识到成本控制的重要意义，才能付诸行动。全过程控制，对产品的设计、制造、销售过程进行控制，并将控制的成果在有关报表上加以反映，借以发现缺点和问题。

（2）例外管理的原则

成本控制要将注意力集中在超乎常情的情况。因为实际发生的费用往往与预算有上下，如发生的差异不大，也就不没有必要——查明其原因，而只要把注意力集中在非正常的例外事项上，并及时进行信息反馈。

（3）经济效益的原则

提高经济效益，不单是依靠降低成本的绝对数，更重要的是实现相对的节约，取得最佳的经济效益，以较少的消耗，取得更多的成果。

生产过程中的成本控制，就是在产品的制造过程中，对成本形成的各种因素，按照事先拟定的标准严格加以监督，发现偏差就及时采取措施加以纠正，从而使生产过程中的各项资源的消耗和费用开支限在标准规定的范围之内。成本控制的基本工作程序如下：

（1）制订成本标准

成本标准是成本控制的准绳，成本标准首先包括成本计划中规定的各项指标。但成本计划中的一些指标都比较综合，还不能满足具体控制的要求，这就必须规定一系列具体的标准。

确定这些标准的方法，大致有三种：

①计划指标分解法

即将大指标分解为小指标。分解时，可以按部门、单位分解，也可以按不同产品和各种产品的工艺阶段或零部件进行分解，若更细致一点，还可以按工序进行分解。

②预算法

就是用制订预算的办法来制定控制标准。有的企业基本上是根据季度的生产销售计划来制订较短期的（如月份）的费用开支预算，并把它作为成本控制的标准。采用这种方法特别要注意从实际出发来制订预算。

③定额法

就是建立起定额和费用开支限额，并将这些定额和限额作为控制标准来进行控制。在企业里，凡是能建立定额的地方，都应把定额建立起来，如材料消耗定额、工时定额等等。实行定额控制的办法有利于成本控制的具体化和经常化。在采用上述方法确定成本控制标准时，一定要进行充分的调查研究和科学计算。同时还要正确处理成本指标与其他技术经济指标的关系（如和质量、生产效率等关系），从完成企业的总体目标出发，经过综合平衡，防止片面性。必要时，还应搞多种方案的择优选用。

（2）监督成本的形成

这就是根据控制标准，对成本形成的各个项目，经常地进行检查、评比和监督。不仅要检查指标本身的执行情况，而且要检查和监督影响指标的各项条件，如设备、工艺、工具、工人技术水平、工作环境等。所以，成本日常控制要与生产作业控制等结合起来进行。

成本日常控制的主要方面有：

①材料费用的日常控制

施工员和技术检查员要监督按图纸、工艺、工装要求进行操作，实行首件检查，防止成批报废。设备员要按工艺规程规定的要求监督设备维修和使用情况，不合要求不能开工生产。供应部门材料员要按规定的品种、规格、材质实行限额发料，监督领料、补料、退料等制度的执行。生产调度人员要控制生产批量，合理下料，合理投料，监督期量标准的执行。材料费的日常控制，一般由材料核算员负责，它要经常收集材料，分析对比，追踪原因，并会同有关部门和人员提出改进措施。

②工资费用的日常控制

主要是劳资员对生产现场的工时定额、出勤率、工时利用率、劳动组织的调整、奖金、津贴等的监督和控制。此外，生产调度人员要监督内部作业计划的合理安排，要合理投产、合理派工、控制窝工、停工、加班、加点等。劳资员（或定额员）对上述有关指标负责控制和核算，分析偏差，寻找原因。

③间接费用的日常控制

经费、企业管理费的项目很多，发生的情况各异。有定额的按定额控制，没有定额的按各项费用预算进行控制，如采用费用开支手册、企业内费用券（又叫本票、企业内流通券）等形式来实行控制。各个部门、车间、班组分别由有关人员负责控制和监督，并提出改进意见。

上述各生产费用的日常控制，不仅要有专人负责和监督，而且要使费用发生的执行者实行自我控制。还应当在责任制中加以规定。这样才能调动全体职工的积极性，使成本的日常控制有群众基础。

（3）及时纠正偏差

针对成本差异发生的原因，查明责任者，分别情况，分别轻重缓急，提出改进措施，加以贯彻执行。

对于重大差异项目的纠正，一般采用下列程序：

①提出课题。从各种成本超支的原因中提出降低成本的课题。这些课题首先应当是那些成本降低潜力大、各方关心、可能实行的项目。提出课题的要求，包括课题的目的、内容、理由、根据和预期达到的经济效益。

②讨论和决策。课题选定以后，应发动有关部门和人员进行广泛的研究和讨论。对重大课题，可能要提出多种解决方案，然后进行各种方案的对比分析，从中选出最优方案。

③确定方案实施的方法步骤及负责执行的部门和人员。

④贯彻执行确定的方案。在执行过程中也要及时加以监督检查。方案实现以后，还要检查方案实现后的经济效益，衡量是否达到了预期的目标。

（4）寻求替代

当小批量采购的批量障碍难以突破，采购代价较高，而采购元器件又是同类产品的通用元器件时，企业可以考虑向同类生产厂家寻求采购替代，从同类生产厂家购买少量的替代品。而事实上，每个生产企业正常采购的每种原材料或元器件，在数量上要想达到刚好用完的准确程度是件很难的事，所以在生产企业的原材料仓库，各种品类的原材料或元器件经常会有少量的剩余。因此，对于那些在同类生产厂家可能存在替代品的零部件或原材料的小批量采购，寻求采购替代有时可以大幅度的降低采购成本，因为你所需要的东西或许正是其他同类生产厂家放在仓库正急于进行处理的多余材料。

（5）让技术人员参与采购

对于新产品的研发和试制，如果让生产技术人员参与采购有时也可以减少采购的批量。一件新产品的试制，需要的原材料或元器件的数量只有技术人员最清楚。如果让技术人员直接与供应商沟通，可以让供应商确切地知道你采购的用途和数量的多少，供应商可以将你所需要的少量元器件安排在其他批量生产之中，从而可以用比正常最小批量还小的批量采购到所需的元器件，达到节约采购成本的目的。

（6）与供应商结成战略联盟

通过与供应商结成战略联盟，也可以降低小批量采购成本。生产企业如果与供应商结成战略联盟，两者之间的关系就不再是简单的采购关系，而是一种长期合作的互惠互利的战略伙伴关系，双方不需要在一次交易中就急于收回成本，而是通过长期的交易来实现权利和义务的平衡。在这种合作关系下的小批量采购，供应商不会因为批量太小而不生产或要求很高的价格，反而会想办法节约成本，为长期的合作尽到自己的义务。

(7) 联合采购

联合采购是指同类型的中小生产企业，为了在采购价格上获得有利地位，扩大采购批量，联合起来共同采购的一种采购方法。中小企业由于生产规模小，在采购中的被动地位是很明显的，但通过跨企业的联合采购就可以扩大采购批量，降低采购成本。在可能的情况下，中小企业可以考虑组织或加入采购联盟，在原材料采购上联合起来，就可以增加防范风险的能力。多家企业联合采购，集小订单成大订单，增强集体的谈判实力，获取采购规模优势，争得和大企业一样的"江湖地位"；联合采购直接面对制造商，这样就可以摆脱代理商的转手成本，通过直接与制造商交易，减少中间层次，大大降低流通成本和保障产品质量。

(8) 第三方采购

第三方采购是企业将产品或服务采购外包给第三方公司。国外的经验表明，与企业自己进行采购相比，第三方采购往往可以提供更多的价值和购买经验，可以帮助企业更专注核心竞争力。第三方采购多以采购联盟的形式存在，通过第三方进行小批量采购，可以变小批量为大批量，加上采购联盟的行业地位与采购经验，可大大降低采购成本。

7.5　质量控制

ITO 接包项目的质量控制包括监控特定的项目成果，以判定它们是否符合有关的质量标准，并找出方法消除造成项目成果不令人满意的原因。它应当贯穿于项目执行的全过程。项目成果包括生产成果，如阶段工作报告和管理成果，如成本和进度的执行。质量控制通常由质量控制部门或有类似名称的组织单位执行，当然并不是都是如此。

项目质量控制（Project Quality Control）是指对于项目质量实施情况的监督和管理。这项工作的主要内容包括：项目质量实际情况的度量，项目质量实际与项目质量标准的比较，项目质量误差与问题的确认，项目质量问题的原因分析和采取纠偏措施以消除项目质量差距与问题等一系列活动。这类项目质量管理活动是一项贯穿项目全过程的项目质量管理工作。

1. 过程有效运行的方法和准则

根据设计产品实现过程，对每个子过程的要求如下：

(1) 项目要求的确定和任务下达

①项目要求的确定

在合同签订前或投标前或向顾客承诺前，应根据顾客的、法律法规、组织附加的要求确定项目的要求，并经评审，以确保项目要求的完整和充分。要求的评审还应包括公司承担项目所担负的责任和风险分析。项目要求的完整和充分确定是十分重要的，是体现"以顾客为关注焦点"和"超越顾客期望"的一个重要的前提条件。

②生产任务的下达

在合同签订（或向顾客承诺）后，应确定项目的级别和项目管理模式，并经过与项目经理协商，将项目有关要求下达至项目部。项目经理应将项目要求完整无缺地下达，确保得到完整的项目要求。

(2) 设计策划

由项目经理组织进行设计策划。

"梯形组织"管理的项目设计策划应形成"工作大纲"，工作大纲由项目经理组织会议审查，项目经理批准。

"矩阵式"管理的项目设计策划形成"工作大纲"或"项目计划书（表）"，设计策划结果由项目经理组织审查或审批，项目经理批准。

项目设计策划形成后，各相关专业负责人根据项目设计策划要求必要时形成"专业项目计划书（表）"。

根据"项目管理办法"的要求，项目经理应组织编制项目的年度计划和季度计划，并按计划组织实施，以确保项目进度满足规定要求。

在进行设计策划时，项目经理应根据项目要求，协商任务内容和要求。

(3) 设计输入

由项目经理组织进行项目设计输入。

根据"项目管理办法"，一、二级项目由项目经理负责组织编制项目设计大纲，各专业负责人负责组织编制专业设计大纲；三级项目由项目经理负责下达设计任务单。

设计输入应进行评审，以确保输入的完整性、适宜性和充分性。

一、二级项目设计大纲由项目总工组织校核，项目经理组织评审，评审专家应包括项目部以外的专家。项目总工应根据评审意见组织修改完善设计大纲，报项目经理批准。

三级项目设计任务单由项目总工审查，项目经理批准。

各专业设计大纲由专业负责人审查，报项目部批准。

（4）设计输出

①设计评审

设计方案成果、重大单项设计、关键专业技术等设计重要成果确定前应进行设计评审，以确定设计成果满足要求的能力和识别问题采取措施。

设计评审一般采用会议评审方式。一、二级项目公司级评审由总经理主持。三级项目由其上一级分管负责人主持。各专业成果由项目经理确定评审方式并主持评审。

设计评审完成后，由项目经理、专业负责人组织整理评审记录，并按质量管理程序文件要求形成评审会议纪要。对设计评审意见的执行情况由项目经理或专业负责人组织验证，并作为校核、审查的依据。

②设计验证

所有设计输出文件均应按质量管理程序文件要求进行设计验证，并形成记录。

设计成果校审应严格执行《设计成果校审制度》并填写《设计成果校审表》。在"梯形组织构架"下的项目，各专业单位负责组织对专业成果审查验证；在"矩阵式组织构架"下的项目，由专业负责人负责专业成果审查验证。各专业室与校核人共同承担本专业成果的校核责任。

应保留必要的校审记录。

采用其他方法（如变换方法计算、工程类比、模型试验等）进行设计验证，应在设计策划阶段予以明确，由项目经理按工作大纲或项目计划书（表）要求组织实施。

③设计确认

设计确认通常为外部审查。由项目经理负责落实外部审查的时间、地点和审查内容。

各专业负责人负责提供本专业的设计成果，交经营计划部或项目经理汇总。

项目经理负责组织保存审查意见或会议纪要，并根据审查意见中提出的修改意见进行必要的设计文件修改。修改后的设计文件应按规定的校审制度进行校审。

（5）设计成果的交付与归档

成果交付：根据项目的具体特点，有关项目的设计成果可由项目部直接向委托方提交，委托方的接受回执存档。成立有现场服务机构的项目，在现场完成的成果，由现场服务机构负责向委托方提交，签收回执定期存档。

成果归档：项目部应在提交正式成果（产品）的同时负责将三份正式成果交档案室归档，如在现场代表处向委托方提交成果，应在代表处临时建档，并定期向档案室移交。在按合同要求完成生产任务或重大阶段性的设计成果通过审查验收后，项目部及专业单位应根据有关归档要求，及时向档案资料室提交设计成果、主要中间成果、重要的计算书等所有归档资料。

(6) 服务

对需要在工程项目所在地成立现场技术服务代表处（站、组，下同）的生产项目，由项目部提出代表处主要负责人人选、职数，由分管领导确认后，由人力资源部发文任命。代表处第一负责人一般由项目部负责人兼任，并代表项目部履行生产项目的现场技术服务职责。

设计更改应满足以下要求：

①识别并确定必要的设计更改

设计更改的原因有：顾客要求、条件变化、设计有误、优化设计等。由设计人员、现场设计代表等根据设计更改原因提出设计更改要求，由现场设计负责人、专业负责人、项目总工、项目经理等根据设计更改的内容（一般性设计更改、重大设计更改）确定进行必要的设计更改。

②实施设计更改并进行必要的评审和验证

设计更改应按规定进行校审，并进行必要的评审。评审内容除设计更改成果满足规定要求外，还应评价更改对设计产品组成部分和已交付的设计产品的影响。

③设计更改记录和重大设计更改的评审、验证记录应予保留

2. 设计过程检查

(1) 进度检查

各专业负责人应按工作大纲和计划安排要求，每月对计划完成情况、生产管理存在问题进行系统检查，并于当月 25 日前将检查结果送项目部及经营计划部。

项目计划工程师负责对项目的月度、季度、年度和关键控制节点的计划进行检查，并经项目经理或项目总工认可后送分管领导。

应根据各项目的进度检查情况，编制全院月度、季度、年度各生产项目计划执行情况简报，报送领导、各项目部、各专业处，并上内网公布；对重大项目进行不定期抽查，对检查中存在的问题及时向项目经理和专业处室提出整改要求。

（2）质量检查

项目经理、项目总工、专业负责人应随时对设计质量进行检查，定期进行质量总结。

质量工程师应每季度编写项目质量自查报告，反映质量问题和纠正改进措施，报送质量部和分管领导。

质量部应根据各项目工作情况，对项目质量进行抽查，在此基础上，每季度编写项目质量情况简报，报送领导、各项目部、各专业处，并上内网公布；对检查中存在的问题及时向项目经理和专业处室提出整改要求。

3. 项目考核与持续改进

（1）项目考核内容

由质量部及人力资源部、财务部在每年年底或项目完成并验收时，对年度生产项目完成情况及项目部主要组成人员进行考核和考评。项目考核内容分为项目生产考核、成本控制考核、项目部人员考核等。

（2）项目生产考核

生产考核主要为总体进度控制、成果质量控制、现场技术服务、成果归档、安全生产等方面的内容。考核结论为优良、合格、不合格三个等级。

（3）项目部人员考核

项目部主要组成人员考评分为优良、称职、不称职三个等级。对考核为不称职的项目部人员，应及时予以撤换；对考核为优良的人员，按有关奖惩规定进行奖励。

项目部专业负责人由项目经理组织对其进行考评，专业负责人组织对主要专业设计人员进行考评。所有人员的考评结果由人力资源部计入各人档案，并作为职称晋级及职务晋升及奖励的依据。对考评结论为不称职的工作人员，应及时予以更换。

（4）对各专业单位的考核

各项目部在年终应参照考核条件和内容，对各专业单位年度的项目生产组织协调工作及成果质量等进行考核，并根据考核意见，对各专业单位的生产项目产值在 0 至 ±20% 范围内调整。

（5）持续改进措施

质量部、人力资源部和项目部应根据考核结果提出在项目生产过程、产品质量和资源等方面的改进需求，由质量部汇总分析后，提出年度改进措施要求报领导批准。由质量部跟踪改进措施的实施，并验证改进措施的效果。

项目管理小组应当具备质量控制统计方面的实际操作知识，尤其是抽样调查和可行性调查，这可以帮助他们评估质量控制成果。在其他课题中，他们应区分：

● 预防（不让错误进入项目程序）和检验（不让错误进入客户手中）。

● 静态调查（其结果要么一致，要么不一致）和动态调查（其结果依据衡量一致性程度的一种持续性标准而评估）。

● 确定因素（非常事件）和随机因素（正态过程分布）。

● 误差范围（如果其结果落入误差范围所界定的范围内，那么这个结果就是可接受的）和控制界限（如果其成果落入控制界限内。那么该项目也在控制之中）。

质量控制主要是监督项目的实施结果，将项目的结果与事先制定的质量标准进行比较，找出其存在的差距，并分析形成这一差距的原因，质量控制同样贯穿于项目实施的全过程。项目的结果包括产品结果（如交付）以及管理结果（如实施的费用和进度）。质量控制通常是由质量控制部门或类似的质量组织单元实施，但是也并非总是如此。

项目管理组应该具有统计质量控制的工作知识，特别是抽样检查和概率方面的知识，以便帮助他们评价质量控制的输出。他们应该清楚以下几个方面的不同：

——预防和检查

——特征样本和随机样本

——特殊原因和随机原因

——偏差和控制线

①质量控制的依据

● 工作结果：包括实施结果和产品结果

● 质量管理计划

● 操作规范

● 检查表格

②质量控制的方法和技术

● 帕累托分析：指确认造成系统质量问题的诸多因素中最为重要的几个因素。也称为80—20法则。意思是，80％的问题经常是由于20％的原因引起的。例如，用户抱怨地铁 EAM 系统问题有如下几方面：登录问题、系统上锁、系统太慢、系统难以使用、报告不准确。经统计，第一、二类抱怨占总抱怨数的80％。因此，应集中力量解决系统登录和系统上锁问题。

● 检查：包括度量、考察和测试。

● 控制图：控制图可以用来监控任何形式的输出变量，它用的最为频繁，可用于监控进度和费用的变化，范围变化的量度和频率，项目说明中的错误，以及其他管理结果。控制图如图 7-2 所示。

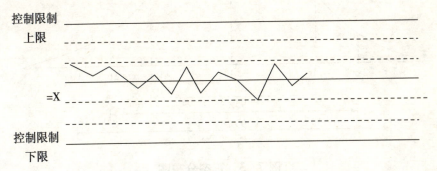

控制限制
上限

=X

控制限制
下限

图 7-2　控制图

● 统计样本：对项目实际执行情况的统计值是项目质量控制的基础，统计样本涉及到了样本选择的代表性，合适的样本通常可以减少项目控制的费用。样本的大小取决于想要的样本有多大的代表性。决定样本大小的公式：

$$样本大小 = 0.25 \times (可信度因子/可接受误差)^2$$

表 7-3　常用的可信度因子表

期望的可信度	可信度因子
95%	1.960
90%	1.645
80%	1.281

根据决定样本大小的公式，可以得出以下结论。

若要有 95% 的可信度，则样本大小为：

$$样本大小 = 0.25 \times (可信度因子/可接受误差)^2 = 0.25 \times (1.960/0.05)^2 = 384$$

若要有 90% 的可信度，则样本大小为：

$$样本大小 = 0.25 \times (可信度因子/可接受误差)^2 = 0.25 \times (1.645/0.10)^2 = 68$$

若要有 80% 的可信度，则样本大小为：

$$样本大小 = 0.25 \times (可信度因子/可接受误差)^2 = 0.25 \times (1.281/0.20)^2 = 10$$

● 标准差：标准差测量数据分布中存在多少偏差。一个小的标准差意味着数据集中聚集在分布的中间，数据之间存在很小的变化。正态分布如图 6-3 所示。标准差在质量控制上很重要，因为它是一个决定有缺陷个体的可接受数目的关键因素。

● 6σ：一些公司，如摩托罗拉、通用电气、宝丽来等使用 6σ 作为质量控制标准。6σ 被认为是美国对质量改进的最杰出的贡献之一。

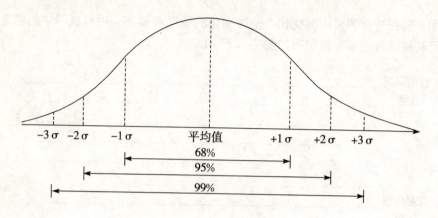

图 7 - 3   正态分布图

表 7 - 4   σ 和有缺陷的单位数

规范范围（＋/－σ）	在范围内的样本百分比	每 10 亿中有缺陷的单位数
1	68.27	317 300 000
2	95.45	45 500 000
3	99.73	2 700 000
4	99.993 7	63 000
5	99.999 943	57
6	99.999 999 8	2

● 流图：通常被用于项目质量控制过程中，其主要的目的是分析问题产生的原因及要素间的关系。

● 趋势分析：趋势分析是应用数学的技术根据历史的数据预测项目未来的发展，趋势分析通常被用来监控：

——技术参数：多少错误或缺点已被识别和纠正，多少错误仍然未被校正

——费用和进度参数：多少工作在规定的时间内被按期完成

③质量控制的结果

● 质量改进措施。

● 可接受的决定：每一项目都有接受和拒绝的可能，不被接受的工作需要重新进行。

● 重新工作：不被接受的工作需要重新执行，项目工作组的目标是使得返工的工作最少。

● 完成检查表：当检查的时候，应该完成对项目质量的记录，及完成检查表格。

● 过程调整：过程调整包括对质量控制度量结果的纠正以及预防工作。

7.6　风险控制

风险对策实施控制包括实施风险管理方案以便在项目过程中对风险事件做出回应。当变故发生时，需要重复进行风险识别，风险量化以及风险对策研究一整套基本措施。就算最彻底和最复杂的分析也不可能准确识别所有风险以及其发生概率，理解这一点是很重要的，因此控制和重复是必要的。

常用的风险监控方法有：

（1）风险审计：专人检查风险监控机制是否得到执行，并定期做风险审核，在大的阶段点重新识别风险并进行分析，对没有预计到的风险制定新的应对计划。

（2）偏差分析：与基准计划比较，分析成本和时间上的偏差。例如，未能按期完工、超出预算等都是潜在的问题。

（3）技术指标：比较原定技术指标与实际技术指标之间的差异。例如，测试未能达到性能要求，缺陷数大大超过预期等。

本章小结

项目工作控制过程是指项目管理者根据项目跟踪提供的信息，对比原计划（或既定目标），找出偏差，分析成因，研究纠偏对策，实施纠偏措施的全过程。是一种特定的、有选择的、能动的动态作用过程。

实施整体变更控制是审查所有变更请求、批准变更，并管理对可交付成果、组织过程资产、项目文件和项目管理计划的变更的过程。该过程贯穿项目始终。项目的任何干系人都可以提出变更请求。尽管也可以口头提出，但所有变更请求都必须以书面形式记录，并纳入变更管理和/或配置管理系统中。

进度控制就是比较实际状态和计划之间的差异，并依据差异做出必要的调整以使项目向有利于目标达成的方向发展。项目工期计划控制是对项目工期计划实施与项目工期计划变更所进行的管理控制工作。在项目生命周期中，创建现实的进度计划并留有应急储备是非常重要的。

ITO 接包项目的成本控制就是要保证各项工作要在它们各自的预算范围内进行。成本控制的基础是事先就对项目进行的费用预算。成本管理不能脱离技术管理和进度管理独立存在，相反要在成本、技术、进度三者之间做综合平衡。及时、准确的成本、进度和技术跟踪报告，是项目成本管理和成本控制的依据。

质量控制主要是监督项目的实施结果，将项目的结果与事先制定的质量标准进行比较，找出其存在的差距，并分析形成这一差距的原因，质量控制同样贯穿于项目实施的全过程。

当变故发生时，需要重复进行风险识别，风险量化以及风险对策研究一整套基本措施。就算最彻底和最复杂的分析也不可能准确识别所有风险以及其发生的概率。

本章关键词或概念

变更控制

进度控制

成本控制

风险控制

本章思考题

一、简答题

【问题1】造成项目范围变更的原因主要有哪几个？

【问题2】常用的风险监控方法有哪几个？

二、案例分析题

都成市电子政务信息系统工程，总投资额约500万元，主要包括网络平台建设和业务办公应用系统开发，通过公开招标，确定工程的承建单位是A公司，按照《合同法》的要求与A公司签订了工程建设合同，并在合同中规定A公司可以将机房工程这样的非主体、非关键性子工程分包给具备相关资质的专业公司B，B公司将子工程转手给了C公司。

在随后的应用系统建设过程中，监理工程师发现A公司提交的需求规格说明书质量较差，要求A公司进行整改。此外，机房工程装修不符合要求，要求A公司进行整改。

项目经理小丁在接到监理工程师的通知后，对于第二个问题拒绝了监理工程师的要求，理由是机房工程由B公司承建，且B公司经过了建设方的认可，要求追究B公司的责任，而不是自己公司的责任。对于第一个问题，小丁把任务分派给程序员老张进行修改，此时，系统设计工作已经在进行中，程序员老张独自修改了已进入基线的程序，小丁默许了他的操作。老张在修改了需求规格说明书以后采用邮件通知了系统设计人员。

合同生效后，小丁开始进行项目计划的编制，开始启动项目。由于工期紧张，甲方要求提前完工，总经理比较关心该项目，询问项目的一些进展情况，在项目汇报会议上，小丁给总经理递交了进度计划，公司总经理在阅读进度计划以后，对项目经理小丁指出任务之间的关联不是很清晰，要求小丁重新处理一下。

新的计划出来了，在计划实施过程中，由于甲方的特殊要求，需要项目提前 2 周完工，小丁更改了项目进度计划，项目最终按时完工。

【问题 1】请描述小丁在合同生效后进行的项目计划编制的工作。

【问题 2】请描述小丁在处理监理工程师提出的问题时是否正确？如果你作为项目经理，该如何处理？

【问题 3】在项目执行过程中，由于程序员老张独自修改了已进入基线的程序，小丁默许了他的操作。请评论小丁的处理方式是否正确，如果你是项目经理，你将如何处理上述的事情。

【问题 4】假设你被任命为本项目的项目经理，请问你对本项目的管理有何想法，本项目有哪些地方需要改进？

第 8 章　ITO 接包项目收尾

本章导读

我们通过前一章的学习，已经了解并掌握了 ITO 接包项目控制的几大方面：变更控制、进度控制、成本控制、质量控制和风险控制。在接下来的一章我们来了解 ITO 接包项目收尾工作的两方面工作：管理收尾和合同收尾。

也就是说，项目收尾（Project Conclusion）包括管理收尾和合同收尾两部分。

本章学习目标

1. 了解管理收尾的概念和意义。
2. 掌握管理收尾的工作要点。
3. 掌握合同收尾的概念和工作要点。

8.1　管理收尾

管理收尾涉及为了使项目干系人对项目产品的验收正式化而进行的项目成果验证和归档，具体包括收集项目记录、确保产品满足商业需求，并将项目信息归档，还包括项目审计。

项目验收要核查项目计划规定范围内的各项工作或活动是否已经全部完成，可交付成果是否令人满意，并将核查结果记录在验收文件中。如果项目没有全部完成而提前结束，则应查明有哪些工作已经完成，完成到了什么程度，哪些工作没有完成并将核查结果记录在案，形成文件。

项目审计是正式评审项目进展和成果的一个好方法。项目审计的目的，是明确完成的项目实现了哪些收益？实际成果和计划中的预计成果比有哪些差异？

管理收尾对降低软件项目失败率有重大的意义。为什么会失败？有什么地方可以改进？获得了什么经验？一系列的问题应进行分析，这些是可迭代复用的资源，就好像软件中的构件一样，总结得越多，资源就越丰富，能形成适合软件企业自身的成熟的管理模式，造就管理上的本地化和渐近式复用，降低软件项目管理风险和管理成本。

实际项目管理中，项目阶段管理收尾过程和工作往往不被大家重视。有时因为项目任务繁重，项目组为了按时完成任务忙于埋头赶工，或一大堆的问题急需解决，项目经理干脆就把该项工作给忽略了。如果你的项目没有按计划进行阶段管理收尾工作，而你的项目又能成功顺利完成，那只能恭喜你，你的运气不错！

阶段管理收尾工作是使一个项目成功的重要管理手段，它和项目的其他工作和任务一样，应该纳入项目计划并按计划落实。阶段管理收尾工作的重要性主要体现在如下几个方面：

1. 阶段管理收尾是项目的重要评审点

项目经理就是通过这些事先安排好的管理收尾工作，收集项目的最新信息和数据，并将这些数据与项目计划进行比较，来判定项目的绩效，进度是提前了还是落后了？费用是有节余还是超支了？质量是否符合要求？项目工作是否都是按计划在进行？客户对项目工作满意吗？同时项目经理也是通过项目管理收尾来预测项目的完工绩效，及时发现项目存在或潜在的问题，以便尽早采取纠正措施。这就好比你正在和朋友一起快乐地长途旅行，每到一个城市，除了观光外，总会抽些时间看一下计划，走了哪些地方，还有哪些地方要去，时间来不来得及，已经用了多少钱，还剩多少钱，还要花多少钱，有没有经验和教训值得借鉴等等，否则，走到哪算哪，不是因假期结束行程不得不半途而废，就是中途弹尽粮绝。

2. 阶段管理收尾是与客户进行沟通的好时机

一个阶段的项目工作完成后，与客户一道就前一段时间的工作进行总结是十分必要的。一方面可以及时了解客户对项目工作的满意程度，同时有些因工作繁忙未能及时签署的文件，这时也尽可能找客户给予签字确认。时间一长，你都可能找不到一个合适的客户帮你签这个字了。特别是当双方出现纠纷时，人都有那么一点点私心的，各为其主，这时你叫他出来为你讲话也是勉为其难的。只有双方当时签字的文字记录才是最有用的东西。

3. 阶段管理收尾是收集、整理保存记录的好时机

一个项目阶段的工作刚刚完成，项目成员手头都保留有的工作记录，收集起来是非常容易的。时间久了，有些项目成员可能去了其他项目组，有些可能离职了，到那时去收集可能就晚了，有些记录可能就永远也找不到了。建议事先列一个项目记录存档清单，在项目每一个阶段那些工作记录需要收集、整理和保存，由谁提供，什么时候提供，文档记录格式和要求等等，并告知相关项目成员，除了完成项目工作以外，向项目经理及时提供准确的工作记录也是一项非常重要的工作。有些要求移交给客户的文件、记录，项目经理最好要客户签收，同时一定要自己留好一份在手备案。好多项目跨几年的时间，现在的项目经理可能是第三任、第四任项目经理了，客户的工程主管都换了好几位，这个时候靠什么？无非就是白纸黑字的记录了。作为一个称职的项目经理，一定要为项目做好并保存好记录，如因工作需要不能把这个项目做完，一定要做好文件记录的移交工作。

4. 阶段管理收尾为项目收尾提供最基本的数据

这一点是不言而喻的，只有阶段管理收尾提供的数据越真实、越准确，才能在项目最终收尾时客观评定项目的最终绩效，总结的经验教训才有借鉴的价值。

8.2　合同收尾

合同收尾就是根据合同和客户逐项地核对是否完成了合同所有的要求，是否可以把项目结束掉。

合同收尾就是了结合同并结清账目，包括解决所有尚未了结的事项。合同收尾需要对整个采购过程进行系统地审查，找出进行本项目其他产品或本组织内其他项目采购时值得借鉴的成功和失败之处。

合同收尾往往是项目经理们最为头痛的事情。理想的情况下，既要使客户和用户对软件产品满意，又要使公司顺利地收到项目资金，造就一个"双赢"的局面。项目先天就有很多不确定因素，比如说，进行采购的市场人员并不清楚项目的具体实现细节和难度，用户需求不明确、不断变更，等等。诸多因素最终都要在合同收尾最终解决。

在地铁 EAM ITO 项目中，其项目收尾确认表如表 8-1 所示。

表 8-1　项目收尾确认表

项目工单号：	36284080		
项目名称：	EAM ITO 项目	项目经理：**李彦哲**	
报告日期：	2012 年 1 月 25 日	业务拓展经理：**穆建平**	
第一部分（项目经理）			
工时登记系统	如有必要，项目经理停用工时登记系统。		√
项目财务计划/状态报告	项目经理递交项目财务计划/状态报告给业务分析员，同时抄送给业务拓展经理。		√
项目结项清单	项目经理递交项目结项清单给业务拓展经理。		√
第二部分（业务拓展经理）			
资金控制表	业务拓展经理递交最终的资金控制表和本表给业务分析员。		√
第三部分（业务分析员）			
项目财务计划/状态报告	业务分析员了解项目经理递交项目财务计划/状态报告。		√
资金控制表	业务分析员了解业务拓展经理递交最终的资金控制表。		√
项目结项清单	业务分析员完成项目结束程序：标识项目结束。 通知停止采购，停止项目工单号使用。 完成本表，并递交高级业务分析员审核。		√
项目经理准备并签署 姓名（签字）： 　　　　　　（略） 日期：	业务拓展经理递交并签署 姓名（签字）： 　　　　　　（略） 日期：	业务分析员审核并签署 姓名（签字）： 　　　　　　（略） 日期：	

签署后递交给业务拓展经理 ➡ 签署后递交给业务分析员 ➡ 业务分析员签署后存档

注：如果完成，则在最后一栏内打钩。

本章小结

项目收尾包括管理收尾和合同收尾两部分。

管理收尾涉及为了使项目干系人对项目产品的验收正式化而进行的项目成果验证和归档，具体包括收集项目记录、确保产品满足商业需求、并将项目信息归档，还包括项目审计。阶段管理收尾工作是使一个项目成功的重要管理手段，它和项目的其他工作和任务一样，应该纳入项目计划并按计划落实。

合同收尾就是了结合同并结清账目，包括解决所有尚未了结的事项。合同收尾需要对整个采购过程进行系统地审查，找出进行本项目其他产品或本组织内其他项目采购时值得借鉴的成功和失败之处。

本章关键词或概念
项目收尾

管理收尾

合同收尾

本章思考题

一、简答题

【问题1】项目收尾包括哪两个部分？

【问题2】阶段管理收尾工作的重要性主要体现在哪几个方面？

二、案例分析题

国内某电信运营商 S 省分公司投资建设一套客户关系管理系统（CRM），委托当地的专业公司 U 公司来负责此系统的建设，由于 U 公司是低价中标，所以财务压力很大，在实际的管理运作中常常不按照规范操作，对成本进行非正常压缩，系统开发进度按时完成，上线测试时 S 省公司发现此系统的小问题很多，于是决定终止跟 U 公司的合同，由 S 省公司自己的信息中心来接管此系统。

项目交接时双方分别就项目现状进行了逐项检查和记录，当检查到统计报表模块时，由于缺乏数据源，条件不具备，在看过大致的演示后，接收人员便在"所有模块正常"的字样下签了自己的名字。在接下来的系统运行中，发现此模块的功能根本不能满足使用要求，无法根据业务需要生成报表，需要重新开发。

U 公司要求 S 省公司支付合同所约定的报酬，S 省公司认为 U 公司没有完成系统的开发，关键模块不能满足业务要求，要扣除一部分开发费用。U 公司拿出移交时接收人员签字的验收记录证明当时接收时 S 省公司没有提出异议，算是全部交接了，应该支付足额的合同款。

【问题1】S 省公司的做法是否正确，为什么？

【问题2】项目移交与验收工作对整个项目管理的作用是什么？

第四篇　提　高　篇

第 9 章　多项目接包操作实务

本章导读

多项目管理是站在企业层面对现行组织中多个项目进行筛选、评估、计划、执行与控制的项目管理方式。它是在假定存在多个项目的前提下，如何协调和分配现有项目资源、获取最佳项目实施组合的管理过程。多个项目的实施和良好的多项目管理可以降低项目成本，优化企业资源配置，从而提高企业的利润率。

多项目管理也是我们在工作中经常会碰到的情况。可以借助项目管理软件Project 进行多项目管理。

本章学习目标

1. 掌握如何对多个项目进行选择和优先级排列。
2. 掌握如何在项目间共享资源。
3. 了解如何使用 Project 工具软件。

9.1　项目选择和优先级排列

项目选择和优先级排列是接包多个 ITO 项目并对其进行管理的重要过程。项目选择和优先级排列过程是对项目创造的期望价值和投入进行分析，以选择出对组织最有利项目的过程。

任何组织的能力是有限的，任何组织的资源也是有限的。组织在完成其最具竞争力优势的项目是，其所获得的利润也是最高的。当组织选择了其不具备核心优势的项目是，将会导致组织内部资源利用效率的大幅下降，有时甚至会背上沉重的包袱。所以，组织在项目之初，必须认真地进行项目选择，有所不为才能有所为。

虽然项目选择经常发生在立项之初，但是项目往往持续时间较长，外部商业环境的变化以及组织内部自身的变化，如资源紧缺，或者项目之间出现了冲突的时候，同样需要对项目进行选择。此时，其决策结果未必是决定做还是不做哪个项目，而是对现有项目进行优先级排列，以决定资源分配的策略。其目的仍然是确保组织的资源得到最高效率的应用。

项目经理在进行多项目管理时，应当更青睐那些有最高优先权的项目。优先等级的确定要根据企业的战略安排来确定。一般根据项目的重要和紧急程度来安排优先级。对于企业战略得以实施的最重要且最紧急的项目一般排在最高级，依次类推。在确定优先等级之后，再根据排序来确定综合计划中资源的合理分配。优先化可能是一项费时的工作，如果一个项目的优先化系统是有效的，那么必须正确执行。优先化系统还存在最后阶段的风险。同样，并不是每一个项目都需要排出优先水平。

在主持者/客户能够持续地变化范围的情况下，多项目管理几乎是不可能的。在进行多项目管理的时候，必须理解大多数范围变更是通过增强项目达到的，而不是连续不断地进行项目变更。在一个项目中，一个主要范围变更可能会限制项目经理为其他项目服务的时间。同样，持续不断的项目变更几乎总会导致对项目优先级的重新排列，这是对多项目管理的进一步破坏。

多 ITO 项目管理最重要的一步是：先考虑项目的优先权利。当面对多个 ITO 项目时，决定 CIO 要做什么和以什么顺序去做是很重要的。仅仅简单地选一个喜欢的项目并只关注于这一个项目是没有用的，需要仔细分析以确保重要项目能达到和满足公司最急切的需求。

因为企业业务发展的多样化，造成对 ITO 的需求也是多样化的。所以，许多 ITO 项目都是交叉并列进行的。因此，CIO 要确保每一个项目的任务都被恰当并且合理地排序。我见过许多 CIO 在项目与项目之间跑来跑去，到处抓救命稻草，疲于奔命。所以，将每一个 ITO 项目明确地细分并将其正确地排序，这是十分必要的。

另一方面，对多个 ITO 接包项目进行优先权利的排序还有助于 CIO 应付项目进行中的工程变更。好多时候，ITO 接包部门每年都会收到数个变更请求。只有有了优先权利排序，CIO 才能看到什么是最紧迫的，哪些请求是可以先放缓一下，以及哪些请求将会被围绕它的其他请求所代替。

9.2　在项目间共享资源

多项目管理的一个核心难题是：如何缓解多个项目对资源的争夺，如何解决多项目在时间、资源方面的过载问题，以及解决多项目沟通的效率。

在多项目管理中，尽量错开多个 ITO 接包项目间在同一时间对同一资源和人员的争夺是一个有效的管理方法。例如利用时间差把多个 ITO 接包项目分时实施，让关键资源（资金、人力资源等）保持非过载状态。

如果无法解决时间差问题时，一般可采取增加资源或确定项目资源优先使用的途径来解决。例如短平快的核心 ITO 接包项目可具有较高优先使用权，但不能一直在整个项目阶段中独占资源。不过，对于大多数 CIO 来说，增加资源一般不太可能，因为它增加了项目成本。优先使用资源作为下策虽然保证了成本，但不可避免地影响到其他项目的工期，实际场合中应在成本和时间中进行权衡。

一个小公司或单一部门可能只有一个正在运转的项目。该项目占用了所有的可用资源，工作人员可能致力于开发新产品，当新产品可用时，则着力于推销。但是，更为可能的是：在一个部门中同时有几个项目在运作并且技术部门可能不只开发一个产品，而且同一产品的不同开发阶段，可能由单独的项目领导管理。这种情况下，几个项目可能需要同一批工作人员资源，这就存在如何共享同一个资源库的问题。

1. 创建资源库

如果在当前一段时间管理多个项目中的一组资源，则可以创建一个只包含资源信息的资源库，其中没有任务。然后，在分配资源时，可以让所有的项目都使用这个项目的公共资源库。在排定其他项目日程时，还能以当前信息来更新此资源库，从而使资源库得以更新。

2. 共享资源库

资源库被创建之后，每一个要共享的资源的项目必须与它建立联系。共享资源库的意思就是不仅在本项目中寻找资源，还到其他项目中去寻找资源。

3. 更新资源库

在与其他项目共享资源时，其他项目的管理人员可能会更改项目中的资源信息。这些改动可能会影响到资源库的可用性，所以定期地查看和更新资源库是十分必要的。

4. 查看资源分配情况

有时会需要查看某项特定资源在其工作的所有项目中的工作分配。因为资源分配信息是保存在资源库中的，所以只要打开那个包含了多个项目使用的资源库即可。查看此信息而不需打开资源分配到的各个项目。

5. 中断资源共享

项目无需永久地连接到资源库，就可以随时中断资源共享。

9.3 借助 Project 工具软件进行多项目管理

我们知道，Project 是一款优秀的项目管理工具软件。借助 Project 工具软件可以轻松地进行多项目的管理。

创建一个合并项目文件最好的办法是：打开一个新的或现有文件，然后将其他项目文件插入其中，不需要打开单个文件。可以更多地控制在合并文件中单个项目的顺序，还可以设置单个文件与合并文件的连接关系，也可以选择是否显示项目全部子任务。

如果在合并视图中希望看到的项目还没有打开，用插入法合并项目是最快的。在将项目插入到一个现有的项目中后，可以对插入的项目进行进一步的编辑，包括降级或升级插入项目、移动插入项目、修改插入项目的源文件。在插入一个项目之后，可以通过将其移到大纲中的一个级别上来创建分层结构。像通常那样降级或升级任务一样。使用 Project 2007 可以方便地移动已经插入的项目。

如果插入项目所链接的源项目被移动到其他文件夹或目录位置中，那么必须定位到这个新的位置。项目被合并到一个更大的项目文件中之后，可以很容易地把它们用 Project 2007 的四种相关性链接起来。我们知道，Project 中任务相关性有 4 种类型的链接。"完成—开始链接"是指任务日必须在任务 A 完成之后才能开始；"开始—开始链接"是指任务日必须在任务 A 开始之后才能开始；"完成—完成链接"是指任务日必须在任务 A 完成后才能完成；"开始—完成链接"是指任务 B 必须在任务 A 开始之后才能完成。Microsoft Project 默认的链接类型是"完成—开始链接"，用户也可以根据需要在一个任务的开始建立"开始—开始链接"或在一个任务完成时建立"开始—完成链接"或

"完成—完成链接"。

如果插入项目时弄错了地方，如果是最后一步可以简单地使用 Undo 命令即可；如果你并没有意识到错误或者后来改变主意了，那么你还可以从合并文件中删除已插入的项目。

如果在当前一段时间管理多个项目中的一组资源，则可以创建一个只包含资源信息的项目文件，其中没有任务。然后，在分配资源时，可以让所有的项目都使用这个项目的公共资源库。在排定其他项目日程时，还能以当前信息来更新此资源库。从而使资源库得以更新。

资源库文件被创建之后，每一个要共享的资源项目必须与它建立连接共享资源库。在与其他项目共享资源时，定期地查看和更新资源库是十分必要的。有时会需要查看某项特定资源在其工作的所有项目中的工作分配。

本章小结

项目选择和优先级排列过程是对项目创造的期望价值和投入进行分析，以选择出对组织最有利项目的过程。项目经理在进行多项目管理时，应当更青睐那些有最高优先权的项目。优先等级的确定要根据企业的战略安排来确定。一般根据项目的重要和紧急程度来安排优先级。对于企业战略得以实施的最重要且最紧急的项目一般排在最高级，依次类推。在确定优先等级之后，再根据排序来确定综合计划中资源的合理分配。

在多项目管理中，尽量错开多个 ITO 接包项目间在同一时间对同一资源和人员的争夺是一个有效的管理方法。如果无法解决时间差问题时，一般可采取增加资源或确定项目资源优先使用的途径来解决。但是，几个项目可能需要同一批工作人员资源，这就存在如何共享同一个资源库的问题。共享资源可以借助 Project 工具软件来进行。

本章关键词或概念

项目选择

优先级排列

共享资源

Project

本章思考题

一、简答题

【问题 1】组织在项目之初，为什么必须进行项目选择？

【问题 2】创建资源库的意义是什么?

二、案例分析题

燕京啤酒集团于 1999 年开始实施 ERP,先后在总部及分公司获得成功,实现了经营管理思想和方法的克隆。燕京啤酒集团经过二十多年快速、健康地发展,已经成为中国最大啤酒企业集团之一。

随着对 ERP 系统应用的不断加深,MES(生产执行系统)作为 ERP 系统的执行机构的重要性和必要性逐步显现出来。啤酒酿造系统是一个大跨度系统,从麦芽糖化到酒花煮沸到发酵到灌酒再到装箱出厂,需历经 30 多道工序,花费近一个月的时间。对于这样一个复杂连续的生产过程,MES 能够提升啤酒酿造过程的控制质量和运行质量,并实现经营管理与生产的紧密结合。

MES 系统是燕京啤酒集团实现资源共享与优化的一个实例。燕京啤酒集团目前正在实施供应链优化策略,大量的专业软件包不断被采用。特别是生产控制系统,分别由不同的厂商提供,造成企业新的信息"孤岛",这就需要 MES 集成平台对应用系统进行集成并提供一致的共享信息。同时,在企业信息系统架构中,主要通过 MES 系统实现与供应链优化系统的信息集成。

MES 系统在燕京啤酒的应用效果表现在以下三个方面。

直接经济效益方面,啤酒生产企业实现生产成本的信息化控制和管理可以实现"降耗、节支、增效"。降低生产成本,是生产制造企业一项永恒的主题。MES 系统实施在燕京啤酒生产物流、生产过程、节约建设几方面每年所产生的直接经济效益约为 1386 万元。

间接经济效益方面,它支持以财务管理为中心的企业管理新机制的建立,全面支持 ERP 系统的运转;提高了整个企业计算机管理系统和软件应用系统的集成度,彻底解决了长期存在的信息"孤岛"现象,企业内外信息资源得到了充分共享;生产计划部等生产管理部门可以通过计划和调度跟踪,优化资源利用,有效控制库存、降低转运和储存成本;通过工艺管理和标准控制等功能的使用,MES 能将产品的加工所需的产品数据、产品标准、工艺规程或相关信息连同作业指令一起送达相应的加工单元,并对活动的过程、结果和环境等进行符合规定要求的信息收集和记录等。

社会效益方面,MES 系统在燕京啤酒集团的成功应用产生了良好的社会效益,带动整个啤酒制造业信息化发展以及先进管理思想的运用,为实施"以信息化带动工业化"的战略做出了应有贡献,有利于全社会对创新观念的重视。

请结合以上案例,谈谈资源共享对企业管理的体会。

附录一　思考题参考解答要点

第1章　ITO概述

一、简答题

【问题1】"十一五"期间，在全国建设 10 个具有一定国际竞争力的服务外包基地城市，推动 100 家世界著名跨国公司将其服务外包业务转移到中国，培育 1000 家取得国际资质的大中型服务外包企业，创造有利条件，全方位承接国际（离岸）服务外包业务，并不断提升服务价值，实现 2010 年服务外包出口额在 2005 年基础上翻两番。这是 2006 年商务部发布的"千百十工程"中的工作目标。

【问题2】信息技术外包（ITO，Information Technology Outsourcing）是指企业以长期合同的方式委托信息技术服务商向企业提供部分或全部的信息功能。常见的信息技术外包涉及信息技术设备的引进和维护、通信网络的管理、数据中心的运作、信息系统的开发和维护、备份和灾难恢复、信息技术培训等。

二、案例分析题

1. 统一平台，统一标准。电子政务的实施，是为达到转变政府职能的目的，以更好地为民服务，提高政府的监管水平和工作效率，这取决于平台建设的效率高低（平台的技术优势＋平台的应用性＋平台的可扩展性）。中企通信提供的网络平台和管理模式，使证监会有效利用了原有网络资源，并在原有基础上获得更好的效能。

2. 享受到专业的服务。中企通信的专业网管服务可以使证监会更加全身心地专注于主体业务，消除了证监会在网络实施、故障排除过程中与多家设备或服务提供商协调的繁琐工作。证监会不再需要和众多分部所在地电信局直接交涉以解决各种技术和服务问题，中企通信的网络管理中心为证监会解决了所有相关问题。

3. 加强了网络的管理水平。当今在电信、IT、网络领域高新技术不断涌现，知识更新速度加快，管理任务更加复杂与多元化，而专业公司的技术队伍可以保证系统的整体管理水平。

4. 获得安全保障。由于中企通信提供了 7×24 的全程主动式监控模式，并有完备的应急处理机制，故尔能够确保网络系统的安全运行。

5. 大大节约成本。"自给自足"的建设，需求规划设计、准备工具、匹配设备设施等等成本会很高，这种成本不仅仅体现在"硬"的方面，同样也体现在"软"的方面，如管理成本。证监会将系统建设外包出去，不仅节省了"硬"成本，更节省了人员、培训和管理等方面的长期性投入。

6. 降低风险程度。外包给富有经验的团队进行全面服务，通过可管理的方式，将建设过程中独立设计、采购、实施的风险大大降低。

综上所述，中国证监会监管系统建设技术外包项目是花钱少、效率高的工程，是一个以需求为导向的网络与应用系统。

中国证监会的信息化工作和中企通信的技术外包服务模式开创了一条探索政府信息化的新路子，具有在政府部门加以推广的重要意义：

1. 在政府信息化的大方向下，很多国家部委现在纷纷要求建设自己的网络与应用系统，但技术力量过于分散，并大量存在重复建设现象，这就需要一批像中企通信这样机制好、同时拥有企业核心竞争力、完善的信息化应用技术外包业务流程和管理体系的公司，参与国家的信息化建设。

2. 中企通信的技术服务模式代表了未来的发展方向，这种服务体现了信息技术这种高新技术深入到社会各领域后，服务的社会化和专业化。IT 服务外包已经成为政府和企业信息化过程中提高效率、精简机构、缩减开支、专业化服务的必然趋势。

3. 政府信息化不单纯是运用技术手段，而是和制度的改革更加紧密地结合在一起，随着信息化建设的深入开展，政府管理职能和技术服务职能将一分为二，政府部门专注于自身的管理职能，将体制的完善与信息化建设同步进行，最终加快体制改革的进程。这才是政府信息化的终极目的。

第2章　ITO项目立项

一、简答题

【问题1】需要对该ITO项目的技术可行性、经济可行性和社会可行性这三个方面进行可行性研究。

【问题2】是。例如，地铁EAM项目中，参与需求调研的业务人员多达20人，在项目分项验收过程中，彦哲公司提交的验收文件需要找地铁公司人员确认签字，而地铁公司负责人说他不理解这个需求，不能做验收签字。如果彦哲公司所编制的需求定义书记录了提供需求的地铁公司人员姓名，则可以顺利找到该人员沟通需求，并确认项目产品是否满足了需求。

二、案例分析题

【问题1】

1. 根据了解到的情况来看，发包方重视硬件设备，对软件并未有过多的重视，导致自身组织架构混乱，并且影响到系统需求的提出。

2. 目前欲接包方已经开发完成，并且正式上线，所以A公司不宜再以欲接包方的身份介入。

3. A公司可以以信息监理的身份介入项目，作为公正的第三方把问题找出来，并协助系统真正上线。

【问题2】

根据评估报告可以知道，要以信息监理的身份介入项目，A公司目前有时间空闲的信息系统监理师，专家库中也有可用的医疗信息化方面的专家，由此判断此项目可行。

【问题3】

项目目标：系统真正上线，医院方签字认可。

项目范围：系统现状评估，发包方需求挖掘及确认，上线测试。

第3章　ITO项目投标

一、简答题

【问题1】ITO项目招标单位一般比较关注投标单位的认证资质，涉及有：

ISO9001、CMMI、ISO20000、ISO27001、系统集成资质等。

【问题 2】在 ITO 项目投标阶段的工作要点有：资质认证准备、项目投标、客户信用评估、合同签订。

二、案例分析题

根据案例的描述，作为售前工作的王某，为了拿单，过度的承诺客户，造成项目紧张。因此，王某应该继续负责与建设方的沟通工作。

(1) 与客户高层继续沟通，了解客户对项目实施情况的反映，维护客户关系，发掘新的项目机会。

(2) 参加周例会，或至少每周收一次周报以了解项目的进展和问题。

(3) 参与可能发生变更的前期评审工作。

(4) 负责或者协助收款。

第 4 章　ITO 接包项目启动

一、简答题

【问题 1】ITO 接包项目启动主要步骤有以下几个：进行 ITO 接包项目启动阶段风险评估；召开 ITO 接包项目启动会议；制定 ITO 接包项目章程；制定初步范围说明书。

【问题 2】项目范围说明书的内容包括：

- 项目和产品目标
- 产品或服务需求和特征
- 产品验收标准
- 项目边界
- 项目需求和可交付成果
- 项目约束条件
- 项目假设
- 最初的项目组织
- 初步识别的风险
- 进度里程碑
- 初步的工作分解结构 WBS
- 数量级成本估算
- 项目结构管理需求

- 正式批准的需求

二、案例分析题

【问题1】只是双方领导开了会，确定项目范围说明书，于是就启动了项目，不妥。

原因：

1. 没有进行 ITO 接包项目启动阶段风险评估。

2. 没有制定项目章程。

3. 制定初步范围说明书。

【问题2】

- IT 系统的目标
- IT 系统的需求和特征
- IT 系统验收标准
- IT 系统项目边界
- 最初的项目组织
- 初步识别的风险
- 进度里程碑
- 初步的工作分解结构 WBS
- 数量级成本估算
- 项目结构管理需求
- 正式批准的需求

【问题3】不妥。

这是项目启动外部会议，参加人员应该由此项目的干系人组成，应该包括发包方 IT 决策者、发包方 IT 系统使用者、接包方项目负责人、接包方项目组组成人员等。

第 5 章　ITO 接包项目计划

一、简答题

【问题1】工作分解结构 WBS 是详细的项目范围定义的表示方法，详细描述了项目所要完成的工作。WBS 以整个项目的可交付物进行项目元素的层次分解，WBS 分解的最底层元素是工作任务或工作任务包，这些最低层分解项是能够在进度、资源、成本、质量等方面被较准确评估和跟踪的。WBS 有助于项目干系人对项目进行跟踪检查。

【问题2】编制项目进度计划主要需要经历以下八个步骤：（1）项目描述。（2）项目分解。（3）工作描述。（4）工作责任分配表制定。（5）工作先后关系确定。（6）绘制网络图。（7）工作时间估计。（8）进度安排。

二、案例分析题

【问题1】张工安排测试计划的编制时机不对。测试计划和测试用例的编制应当与软件系统的概要设计、详细设计同步进行。

测试计划不够全面，还应当包含系统整体测试、运行测试。运行测试是对应用软件系统整体功能的全面检验，也是最能够说明软件系统质量的测试环节。

系统测试计划、确认测试计划应当在需求分析阶段制订，测试用例、测试说明应当在概要设计阶段制定。

集成测试计划应当在概要设计阶段制订，测试用例、测试说明应当在详细设计阶段制订。

单元测试计划应当在详细设计阶段制订，测试用例、测试说明应当在编码阶段制定。

【问题2】在定制软件开发项目中，根据测试结果判定软件系统的质量是不够的，因为软件系统中的缺陷可能由于多种原因而未在测试中被发现，如测试环境与运行环境的区别、测试人员的能力问题、测试计划和测试用例的局限及缺陷。

由于软件系统质量、功能、性能具有很强隐蔽性的特点，用户往往不大可能根据项目开发小组的测试结论来进行项目的验收。最好让用户组织对项目进行试运行，以试运行的结论来作为验收的依据之一是比较有说服力的。

【问题3】（1）在进行需求分析的时候，同步制定功能确认测试计划和测试用例，同步制定系统整体测试计划和测试用例。

（2）在进行软件系统概要设计的时候，制定集成测试计划和测试用例。

（3）在进行软件系统详细设计的时候，制定单元测试计划和测试用例。

（4）在项目计划验收日期前，提前与用户协商系统试运行计划，并对用户进行充分的培训，包括领导和一般操作人员，让系统接受实际运行的考验，在试运行过程中暴露出来的问题，及时进行解决。以软件系统实际运行所表现出来的功能、性能来说服用户对项目进行验收，这通常是更可行的方法。

第 6 章　ITO 接包项目执行

一、简答题

【问题 1】影响项目质量的因素主要有五大方面：人、材料、设备、方法和环境。

【问题 2】项目团队一般经历四个发展阶段：第一阶段是项目团队的组建阶段；第二阶段是项目团队的磨合阶段；第三阶段是项目团队的正常运作阶段；第四阶段是项目团队的高效运作阶段。

二、案例分析题

【问题 1】不妥当。因为小张只是系统熟练的计算机人才，属于专家类别，不适合担任这么重要的管理角色，并且他的职位也偏低，恐怕不能很好地调度资源。A 公司应该任命总裁办成员负责这个项目，至少是名副总裁。

【问题 2】不可行。因为小刘的职位太低，项目经理要起到沟通协调的作用，职位太低就不能起到很好的协调作用，这个项目中要和财务、销售、生产等部门的最高负责人沟通。项目经理至少应该由信息部门的最高负责人来担任。

【问题 3】初步分析结果：

1. 项目指导委员会：项目的最高权力机构，强有力的指导委员会对项目成功极为重要。

职责：做出最高决策，承担调动资源、解决组织方面的问题、推荐管理变革、监督项目目标等。

人员要求：拥有通过各级管理推动项目和有效解决问题的权力。

2. 项目经理：项目经理是项目管理组的负责人。

职责：计划、指导和整合团队成员的工作，努力达到项目目标。

人员要求：具有领导能力、业务理解能力和沟通能力。

3. 项目管理组：项目管理组管理所有的项目小组。

职责：负责项目总体实施、在各项目小组之间做好沟通协调、培训和指导项目小组工作等。

人员要求：参与各自领域的项目，是各个模块的代表，熟悉各自领域的业务。

4. IT 支持组：

职责：为整个项目提供 IT 技术上的支持。

人员要求：具有相关的 IT 能力。

5. 项目小组：具体实施各个模块的小组。

职责：确定管理需求、分析现有业务流程、制定未来业务流程、对未来业务组织设计提出建议、培训和支持。

项目人员获取方法有以下几种：

1. 从公司内部的各业务组织获取，这是主要获取方式。

2. 招聘新员工，这个方法成本高。

3. 聘请外来顾问，这个方式短时间成本很高，但是看整体还是很合算的。

4. 雇佣临时工，这种方式很经济。

第 7 章　ITO 接包项目控制

一、简答题

【问题 1】造成项目范围变更的原因主要有：

● 项目外部环境发生变化。例如，地震的影响导致彦哲地铁 EAM 项目设计的变更；国家货币紧缩政策导致地铁投资缩减。

● 项目范围定义不周，有错误或者遗漏。例如，彦哲地铁 EAM 项目的 WBS 分解，分解项过粗（大概 200 项），导致很多工作任务在计划中遗漏，而根据后续的补充和完善，WBS 分解达到了 350 项，可见项目范围定义遗漏工作项达到了 40％以上。

● 项目实施过程的偏差。项目实施过程难免出现偏离项目范围基线的情况，对于所造成的偏差，应当及时分析并采取措施予以纠正。

● 新的技术、手段和方案的应用。IT 新技术发展迅猛，新技术的应用可改善项目建设进程，但也存在风险。

● 项目组织发生了变化。例如，彦哲地铁 EAM 项目发包方人员调整或领导班子换届，项目组成员更换，导致项目建设思路发生重大变更，从而导致项目范围变更。

● 项目发包方对项目或者项目产品的要求发生变化。需求变更，增加或减少了地铁 EAM 项目的功能需求，从而导致项目范围变更。

【问题 2】常用的风险监控方法有：

（1）风险审计：专人检查风险监控机制是否得到执行，并定期做风险审核，在大的阶段点重新识别风险并进行分析，对没有预计到的风险制定新的应对计划。

（2）偏差分析：与基准计划比较，分析成本和时间上的偏差。例如，未能按期完工、超出预算等都是潜在的问题。

（3）技术指标：比较原定技术指标与实际技术指标之间的差异。例如，测试未能达到性能要求，缺陷数大大超过预期等。

二、案例分析题

【问题1】小丁在接到任务后开始项目计划的编制工作，编制的计划应包括：

（1）项目总计划（包括范围计划、工作范围定义、活动定义、资源需求、资源计划、活动排序、费用估算、进度计划以及费用计划）。

（2）项目辅助计划（质量计划、沟通计划、人力资源计划、风险计划、采购计划等）。

【问题2】根据《中华人民共和国招投标法》第48条：中标人应当按照合同约定履行义务，完成中标项目。中标人不得向他人转让中标项目，也不得将中标项目肢解后分别向他人转让。

中标人按照合同约定或者经招标人同意，可以将中标项目的部分非主体、非关键性工作分包给他人完成。接受分包的人应当具备相应的资格条件，并不得再次分包。

中标人应当就分包项目向招标人负责，接受分包的人就分包项目承担连带责任。

本案例中，A公司将子项工程分包给B，B又将其分包给C，显然违背了招投标法的这一条款。根据条款中的内容："中标人应当就分包项目向招标人负责，接受分包的人就分包项目承担连带责任。"A公司显然要承担责任，同时B公司也负连带责任。

【问题3】本题中，在项目执行过程中，项目发生的变更，程序员老张擅自修改了已进入基线的程序，作为项目经理的小丁不应该默许他的操作，且修改后的东西没有经过评审。

项目中缺乏变更控制的体系，需要建立变更控制流程，确保项目中所做的变更保持一致，并将产品的状态、对其所做的变更，以及这些变更对成本和时间表的影响通知给有关的项目干系人，以便于资源的协调。同时，项目团队所有成员要清楚变更程序的步骤和要求。

提出以下建议：

（1）建立配置管理体系。

（2）建立变更请求流程。

（3）组建变更控制委员会。

【问题 4】（1）从项目管理 9 大知识领域出发简单阐述本项目。

（2）从本项目管理较弱的部分进行重点的阐述，如对法律法规的理解（招投标管理）、项目进度管理、项目变更的控制。配置管理及进度计划的变更将导致质量和成本的变化，描述进度、质量、成本三要素之间的关系。

第 8 章　ITO 接包项目收尾

一、简答题

【问题 1】项目收尾（Project Conclusion）包括合同收尾和管理收尾两部分。

【问题 2】阶段管理收尾工作的重要性主要体现在如下几个方面：（1）阶段管理收尾是项目的重要评审点；（2）阶段管理收尾是与客户进行沟通的好时机；（3）阶段管理收尾是收集、整理保存记录的好时机；（4）阶段管理收尾为项目收尾提供最基本的数据。

二、案例分析题

【问题 1】S 省公司的做法不正确，因为项目的收尾工作非常重要，S 省公司却没有重视，在大概看过系统演示，没有做真实环境的真实数据测试就草草签字确认，这样是不严谨的。

【问题 2】项目验收是项目移交的前提，移交是项目收尾阶段的最后工作内容。项目收尾工作项目全过程的最后阶段，如果没有这个阶段，一个项目很难算全部完成。

第 9 章　多项目接包操作实务

一、简答题

【问题 1】任何组织的能力是有限的，任何组织的资源也是有限的。组织在完成其最具竞争力优势的项目时，其所获得的利润也是最高的。当组织选择了其不具备核心优势的项目时，将会导致组织内部资源利用效率的大幅下降，有时甚至会背上沉重的包袱。所以，组织在项目之初，必须认真地进行项目选择，有所不为才能有所为。

【问题2】如果在当前一段时间管理多个项目中的一组资源，则可以创建一个只包含资源信息的项目文件。其中没有任务，然后在分配资源时，可以让所有的项目都使用这个项目的公共资源库。在排定其他项目日程时，还能以当前信息来更新此资源库从而使资源库得以更新。

二、案例分析题

企业内部项目的资源高效配置、协同工作，可以实现项目间的优势互补，达到原有资源增值，实现价值创造。

同一个企业内部，尤其是集团型企业，如果资源整合的好，可以使信息流畅、资源共享，有利于节约成本、提高效率、增强企业竞争力。

要想整合自己企业的内部项目资源，实现共享，首先要界定自己企业的内部项目资源包含的内容，找到原来阻碍资源共享的问题，在正确理念的指导下进行适合企业本身的软硬件建设，进行必要的研发，同时制定保证系统很好运营实施的措施。

附录二 模 拟 试 卷

一、单项选择题（每题 2 分，共 60 分）

1. 创建 WBS 的输入包括（1）。

A. 项目管理计划

B. 成本估算

C. WBS 模板

D. 项目范围管理计划

2. 下面针对项目整体变更控制过程的叙述不正确的是（2）。

A. 配置管理的相关活动贯穿整体变更控制始终

B. 整体变更控制过程主要体现在确定项目交付成果阶段

C. 整体变更控制过程贯穿于项目的始终

D. 整体变更控制的结果可能引起项目范围、项目管理计划、项目交付成果的调整

3. 某活动在关键路径上，其总浮动时间为（3）：

A. 小于 0

B. 等于 0

C. 小于自由浮动时间

D. 大于 0

4. 人力资源计划编制的输出不包括（4）。

A. 角色和职责

B. 人力资源模板

C. 项目的组织结构图

D. 人员配备管理计划

5. 作为乙方的系统集成项目经理与其单位高层领导沟通时，使用频率最少的沟通工具是（5）。

A. 状态报告

B. 界面设计报告

C. 需求分析报告

D. 趋势报告

6. 关于系统建设项目成本预算，下列说法中不正确的是（6）。

A. 成本总计、管理储备、参数模型和支出合理化原则用于成本预算

B. 成本基准计划是用来衡量差异和未来项目绩效的

C. 成本预算过程对现在的项目活动及未来的运营活动分配资金

D. 成本基准计划计算的是项目的预计成本

7～8. 某工程包括 A，B，C，D，E，F，G，H 八个作业，各个作业的紧前作业、所需时间和所需人数如下表所示（假设每个人均能承担各个作业）：

作业	A	B	C	D	E	F	G	H
紧前作业	—	—	A	B	C	C	D, E	G
所需时间（周）	2	1	1	1	2	1	2	1
所需人数	8	4	5	4	4	3	7	8

该工程的工期应为（7）周。按此工期，整个工程至少需要（8）人。

（7）A. 8   B. 9   C. 10   D. 11

（8）A. 8   B. 9   C. 10   D. 11

9. 可行性研究主要从（9）等方面进行研究。

A. 技术可行性，经济可行性，操作可行性

B. 技术可行性，经济可行性，系统可行性

C. 经济可行性，系统可行性，操作可行性

D. 经济可行性，系统可行性，时间可行性

10. 项目范围变更控制，包括（10）。

A. 一系列正规的证明文件，用于定义正规项目文件的变更步骤

B. 一系列文档程序，用于实施技术和管理的指导和监督，以确定和记录项目条款的功能和物理特征、记录和报告变更、控制变更、审核条款和系统，由此来检验其与要求的一致性

C. 审批项目范围变更的一系列过程，包括书面文件、跟踪系统和授权变更所必需的批准级别

D. 用于项目需求获取的一些措施，如果没有执行这些措施就不能被变更

11. 以下关于项目干系人管理的叙述中，（11）的表述是不正确的。

A. 对项目干系人的管理，由项目团队每个成员分别负责

　　B. 项目干系人管理提高了干系人的满意度

　　C. 项目干系人管理帮助解决与干系人相关的事宜

　　D. 项目干系人管理加强了人员的协调行动能力

12. 关于活动资源估算正确的叙述是（12）。

　　A. 进行活动排序时需要考虑活动资源估算问题

　　B. 活动资源估算过程与费用估算过程无关

　　C. 活动资源估算的目的是确定实施项目活动所需的资源数量

　　D. 企业基础设施资源信息可以用于活动资源估算

13. 团队成员第一次违反了团队的基本规章制度，项目经理对他应该采取（13）形式的沟通方法。

　　A. 口头

　　B. 正式书面

　　C. 办公室会谈

　　D. 非正式书面

14. 某单位有很多项目机会但没有足够的资源来完成所有的项目，这就需要项目经理领导团队来建立一个筛选和确定项目优先级的方法。在建立项目筛选模型的众多准则中，此时最重要的准则是待开发的系统（14）。

　　A. 功能强大

　　B. 容易使用

　　C. 容易实现

　　D. 成本低廉

15. 你管理着一个项目，这个项目中的团队成员有不同的技能与专长。你想要鼓励你的团队成员在一些项目问题上只是共享，以尽可能做出最佳决策。最为合适的管理风格是：（15）。

　　A. 放任型

　　B. 民主型

　　C. 独裁型

　　D. 指示型

16. 团队建设活动包括管理与采取一些特别的个人行动来提高团队的绩效。很多行动产生的附属效应也可能使团队绩效的提高。以下哪一个例子表明某些行动也能使团队绩效提高？（16）

　　A. 确定团队绩效的目标，停下次要的工作以审查达到这些目标的最佳方法

　　B. 将所有的团队成员集中到一个地点办公

C. 建立一个基于团队的奖励与表彰系统

D. 让非管理层的团队成员参与到计划编制过程中来

17. 项目每个阶段结束时进行项目绩效评审是很重要的，评审的目标是 (17)。

A. 决定项目是否应该进入下一个阶段

B. 根据过去的绩效调整进度和成本基准

C. 得到客户对项目绩效认同

D. 根据项目的基准计划来决定完成该项目需要多少资源

18. (18) 不是项目成本估算的输入。

A. 项目进度管理计划

B. 项目管理计划

C. 项目成本绩效报告

D. 风险事件

19. (19) 不是成本估算的方法。

A. 类比法

B. 确定资源费率

C. 工料清单法

D. 净值分析法

20~21. 下图为某工程进度网络图，结点 1 为起点，结点 11 为终点，那么关键路径为 (20)，此工程最快 (21) 天完成。

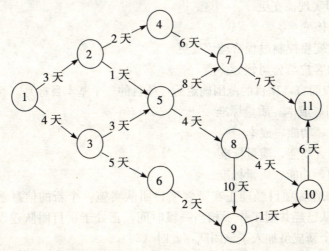

(20) A. 1—3—5—8—9—10—11

     B. 1—2—4—7—11

C. 1－3－5－7－11

D. 1－2－5－8－10－11

(21) A. 18

B. 28

C. 22

D. 20

22. 以下关于工作分解结构的叙述，错误的是（22）。

A. 工作分解结构是项目各项计划和控制措施制定的基础和主要依据

B. 工作分解结构是面向可交付物的层次型结构

C. 工作分解结构可以不包括分包出去的工作

D. 工作分解结构能明确项目相关各方面的工作界面，便于责任划分和落实

23. （23）描述了项目范围的形成过程。

A. 它在项目的早期被描述出来并随着项目的进展而更加详细

B. 它是在项目章程中被定义并且随着项目的进展进行必要的变更

C. 在项目早期，项目范围包含某些特定的功能和其他功能，并且随项目的进展添加更详细的特征

D. 它是在项目的早期被描述出来并随着范围的蔓延而更加详细

24. 小王是某软件开发公司负责某项目的项目经理，该项目已经完成了前期的工作进入实现阶段，但用户提出要增加一项新的功能，小王应该（24）。

A. 立即实现该变更

B. 拒绝该变更

C. 通过变更控制过程管理该变更

D. 要求客户与公司领导协商

25. 一般而言，项目的范围确定后，项目的三个基本目标是（25）。

A. 时间、成本、质量标准

B. 时间、功能、成本

C. 成本、功能、质量标准

D. 时间、功能、质量标准

26. 小王作为项目经理正在带领项目团队实施一个新的信息系统集成项目。项目团队已经共同工作了相当一段时间，正处于项目团队建设的发挥阶段，此时一个新成员加入了该团队，此时（26）。

A. 团队建设将从震荡阶段重新开始

B. 团队将继续处于发挥阶段

C. 团队建设将从震荡阶段重新开始，但很快就会步入发挥阶段

D. 团队建设将从形成阶段重新开始

27. 某项目成本偏差（CV）大于 0，进度偏差（SV）小于 0，则该项目的状态是（27）。

A. 成本节省、进度超前

B. 成本节省、进度落后

C. 成本超支、进度超前

D. 成本超支、进度落后

28. 在实际沟通中，（28）更有利于被询问者表达自己的见解和情绪。

A. 封闭式问题

B. 开放式问题

C. 探询式问题

D. 假设性问题

29. 项目沟通中不恰当的做法是（29）。

A. 对外一致，一个团队要用一种声音说话

B. 采用多样的沟通风格

C. 始终采用正式的沟通方式

D. 会议之前将会议资料发给所有参会人员

30. 下列选项中，项目经理进行成本估算时不需要考虑的因素是（30）。

A. 人力资源

B. 工期长短

C. 风险因素

D. 盈利

二、简答题（每题 5 分，共 20 分）

1. 什么是信息技术外包？

2. ITO 项目招标单位一般比较关注投标单位的哪些认证资质？

3. 编制项目进度计划主要需要经历哪几个步骤？

4. 常用的风险监控方法有哪几个？

三、案例分析题（每题 10 分，共 20 分）

1. 某银行信息系统工程项目，包含省级广域网工程、储蓄所终端安装工程、主机系统工程、存储系统工程、备份系统工程、银行业务软件开发工程等若干子项目。此工程项目通过公开招标方式确定承建单位，科盈信息技术有限

公司经过激烈竞标争夺，赢得工程合同。合同约定，工程项目的开发周期预算为 36 周。

由于银行对于应用软件质量要求很高，科盈公司也非常重视工程质量，安排有资深资历的高级工程师张工全面负责项目实施。在工程正式开工之前，张工对工程项目进行了分解，根据工程分析，张工认为此工程项目质量、进度的关键在于银行业务定制应用软件的开发。除工程整体的开发计划外，张工还针对应用软件开发制定了详细的开发计划，定制应用软件的开发周期为 36 周。网络工程、终端安装工程、主机系统工程、存储系统工程、备份系统工程等与应用软件开发并行实施。

张工对工程项目在需求分析、概要设计、详细设计、编码、单元测试、集成测试等各个环节要求均非常严格。根据张工安排，需求分析、概要设计均安排有多年工作经验的高级软件工程师担任，各个阶段的阶段成果均组织了严格的评审，以保证各个阶段成果的质量。

在软件编码及单元测试工作完成之后，张工安排软件测试组的工程师编制了详细软件测试计划、测试用例，包括集成测试、功能测试、性能测试、安全性测试，等等。

张工在安排软件测试任务的时候，在动员软件开发小组时宣讲："软件测试环节是软件系统质量形成的主要环节，各开发小组，特别是测试小组，应重视软件系统测试工作"。因此，张工安排给测试组进行测试的时间非常充足，测试周期占整个软件系统开发周期的 40%，约 14.5 周。在软件系统测试的过程中，张工安排了详细的测试跟踪计划，统计每周所发现软件系统故障数量，以及所解决的软件故障。根据每周测试的结果分析，软件系统故障随时间的推移呈明显的下降趋势，第 1 周发现约 100 个故障，第 2 周发现约 90 个故障，第 3 周发现 50 个故障……第 10 周发现 2 个故障，第 11 周发现 1 个故障，第 12 周发现 1 个故障。于是张总工断言软件系统可以在完成第 14 周测试之后顺利交付给用户，并进行项目验收。

【问题1】请问张工的软件开发计划中是否存在问题？为什么？

【问题2】张工根据对定制软件系统测试的跟踪统计分析结论，得出项目可于计划的测试期限结束后达到验收交付的要求，你认为可行吗，为什么？

【问题3】若你是本项目的总工，你将怎样改进工作，以提高软件系统开发的质量，保证工程项目按期验收？

2. 都成市电力公司准备在其市区及各县实施远程无线抄表系统，代替人工抄表。经过考察，电力公司指定了国外的 S 公司作为远程无线抄表系统的无线模块提供商，并选定本市 F 智能电气公司作为项目总包单位，负责购买相应的无线模块，开发与目前电力运营系统的接口，进行全面的项目管理和系统集成工作。F公司的杨经理是该项目的项目经理。

在初步了解用户的需求后，F公司立即着手系统的开发与集成工作。5个月后，整套系统安装完成，通过初步调试后就交付用户使用。但从系统运行之日起，不断有问题暴露，电力公司要求F公司负责解决。可其中很多问题，比如数据实时采集时间过长、无线传输时数据丢失，甚至有关技术指标不符合国家电表标准等等，均涉及到无线模块。于是杨经理同S公司联系并要求解决相关技术问题，而此时S公司因内部原因退出中国大陆市场。因此，系统不得不面临改造。

请指出F公司在项目执行过程中有何不妥。

请说明项目经理应采取哪些办法解决上述案例中的问题。

附录三　课程教学大纲

一、大纲说明

课程名称：ITO 接包操作实务

课程性质：专业必修课

总学时数：54 学时，其中授课学时为 36 学时，案例讨论课时为 9 学时，上机课时为 9 学时。

总学分数：3 学分

适用专业：服务外包类相关专业、IT 项目管理类相关专业

前置课程：服务外包概论

二、课程特点

本书围绕实际的 ITO 接包项目而展开，理论联系实际，给出了具有很强实践性的具体建议。本书语言浅显、文字生动，蕴含了许多人文、心理、交流方面的知识，即使非技术背景的读者也能够轻松读懂大部分内容，从中受益。

在学术上，本书的主线索是笔者在信息技术外包基本知识的基础上，结合长期 ITO 接包工作的实际经验，剪裁出来的一个针对 ITO 接包的实用方法。

本书条理清晰、理论扎实、实践性强，可以帮助 ITO 接包人员快速应用到工作中，有效提高项目质量和效率。

与国内外已有图书相比，本书有以下特点：

(1) 作者多年从事 ITO 接包的经验总结，来源于实践，更具实用性。

(2) 理论联系实际，围绕真实的 ITO 接包项目展开。

(3) 读者阅读完整本书籍，就切实掌握了解整个 ITO 接包的全貌。

(4) 提供完整的 ITO 接包的操作实务，读者可直接用于实践。

三、课程教学目的与要求

《ITO 接包操作实务》是一门实用性很强的课程，通过本课程的学习，使学生掌握 ITO 的基本概念，初步具备从 ITO 项目立项与投标开始到 ITO 接包项目收尾等全生命周期如何进行 ITO 的接包工作和如何做好多项目的接包工作。

该课程的学习对象将来走向社会后有可能负责某类 ITO 接包项目，通过该课程的学习，使学生掌握 ITO 接包的理论与方法，使之对实际项目的运作从理论上得以升华，达到在今后的实践中，熟练运用 ITO 接包操作实务的思想方法解决实际项目管理中出现的问题。

四、课程教学方法与手段

本课程教学形式以面授结合案例讨论为主。

五、课程考试方法与要求

随堂练习；闭卷考试。平时作业 20%，考试 80%。

六、实践环节

用 MS Project 2007 对多个 ITO 接包项目进行管理。

七、学时分配

章　次	授课学时	案例讨论学时	上机学时	合计
第 1 章　ITO 概述	4	1		5
第 2 章　ITO 项目立项	4	1		5
第 3 章　ITO 项目投标	4	1		5
第 4 章　ITO 接包项目启动	4	1		5
第 5 章　ITO 接包项目计划	4	1		5
第 6 章　ITO 接包项目执行	4	1		5
第 7 章　ITO 接包项目控制	4	1		5
第 8 章　ITO 接包项目收尾	4	1		5
第 9 章　多项目接包操作实务	4	1	9	14
合计	36	9	9	54

八、授课内容与要求

第 1 章 ITO 概述

1.1 服务外包

1.2 信息技术外包（ITO）

1.3 软件外包

本章要求：

1. 了解服务外包的概念及其发展情况。

2. 了解我国的"千百十"工程和服务外包政策。

3. 掌握 ITO 的概念。

4. 了解软件外包的概念及其市场现状。

第 2 章 ITO 项目立项

2.1 项目案例

2.2 项目机会研究

2.3 项目可行性研究

2.4 需求开发与跟踪

2.5 项目论证与评估

本章要求：

1. 了解案例项目背景。

2. 对案例基本信息以及框架做到详细认知和理解。

3. 掌握信息技术接包立项阶段的工作要点。

4. 掌握项目机会研究与项目可行性研究的内容。

5. 掌握需求开发的过程，并了解如何做好需求跟踪。

6. 掌握如何做好项目论证与评估。

第 3 章 ITO 项目投标

3.1 招标要求

3.2 认证资质

3.3 项目投标

3.4 客户信用评估

3.5 合同签订

本章要求：

1. 了解招标单位一般都有哪些要求。

2. 了解招标文件的内容组成。

3. 了解投标单位一般关心哪些资质。

4. 掌握 ITO 项目投标阶段的工作要点。

5. 了解什么是投标保函。

6. 了解如何做好客户的信用评估。

7. 掌握合同签订过程中的注意事项。

8. 了解什么是 CWL。

第 4 章　ITO 接包项目启动

4.1　项目启动

4.2　项目章程制定

4.3　初步范围说明书制定

本章要求：

1. 了解 ITO 接包项目启动主要步骤。

2. 了解启动阶段风险评估的关键点。

3. 掌握项目范围说明书的制定要点。

4. 掌握项目章程的制定要点。

第 5 章　ITO 接包项目计划

5.1　项目计划制订

5.2　工作任务分解

5.3　项目进度计划编制

5.4　成本估算

5.5　风险识别与分析

本章要求：

1. 了解 ITO 接包项目计划阶段主要工作内容。

2. 掌握项目计划制定的步骤以及各步骤的要点。

3. 熟练掌握 WBS 的概念及制作要点。

4. 掌握项目进度计划的编制。

5. 掌握项目成本估算的方法。

6. 掌握风险评估的方法并熟练运用。

第 6 章　ITO 接包项目执行

6.1　指导与管理项目执行

6.2　实施质量保证

6.3　项目团队建设

6.4　项目干系人沟通

6.5　合作伙伴选择

本章要求：

1. 了解指导与管理项目执行的具体活动有哪些。

2. 了解质量控制的关键点。

3. 了解团队建设的工作要点及大致步骤。

4. 能够找出项目干系人都有哪些。

5. 了解如何选择合作伙伴。

第 7 章　ITO 接包项目控制

7.1　项目工作控制

7.2　变更控制

7.3　进度控制

7.4　成本控制

7.5　质量控制

7.6　风险控制

本章要求：

1. 了解项目工作控制的意义。

2. 掌握变更控制的要点。

3. 掌握进度控制的要点。

4. 掌握成本控制的要点。

5. 掌握风险控制的要点。

第 8 章　ITO 接包项目收尾

8.1　管理收尾

8.2　合同收尾

本章要求：

1. 了解管理收尾的概念和意义。

2. 掌握管理收尾的工作要点。

3. 掌握合同收尾的概念和工作要点。

第9章　多项目接包操作实务

9.1 项目选择和优先级排列

9.2 在项目间共享资源

9.3 借助 PROJECT 工具软件进行多项目管理

本章要求：

1. 掌握如何对多个项目进行选择和优先级排列。

2. 掌握如何在项目间共享资源。

3. 了解如何使用 Project 工具软件。

九、其他说明

本课程教师应熟悉 PMI 的 *The PMBOK Guide* 2008，在授课过程中需要讲述现代项目管理的五大过程组，同时需要参加过实际项目的运作，最好需要有 ITO 接包的背景，熟悉"项目管理专业人员（PMP）"考试，结合 MS Project 2007 的应用。

参 考 文 献

[1] 张友生，田俊国，尹建民主编．信息系统项目管理师辅导教程（上、下册）．北京：电子工业出版社，2005.9

[2] 李炳森．项目管理成功利器 Project 2007 全程解析：计划、管理和交流．北京：电子工业出版社，2008.8

[3] （美国）项目管理协会著，王勇　张斌译．项目管理知识体系指南（PMBOK®）（第 4 版）．北京：电子工业出版社，2009.4

[4] （美国）凯西·施瓦尔贝（Schwalbe, K.）著，邓世忠等译．信息系统项目管理（原书第 2 版），北京：机械工业出版社，2004.11

[5] 柳纯录主编，刘明亮副主编．信息系统项目管理师教程．北京：清华大学出版社，2005.3

[6] 李炳森．Project 2007 专案管理达人．台北：电脑人文化，2008.9

[7] 成虎．工程项目管理（第 2 版）．北京：中国建筑工业出版社，2001.6

[8] （美国）杰克．吉多　詹姆斯 P. 克莱门斯著，张金成译．成功的项目管理（原书第 2 版）．北京：机械工业出版社，2004.1

[9] （英国）乔丹（Ernie Jordan）赛尔库克（Luke Silcock）著，汤大马译．IT 风险——基于 IT 治理的风险管理之道，北京：清华大学出版社，2006.12

[10] 覃征，徐文华，韩毅．软件项目管理（第 2 版）．北京：清华大学出版社，2009.4

[11] 左美云．信息系统项目管理．北京：清华大学出版社，2008.5

[12] 张友生，李炳森．信息系统项目管理．北京：清华大学出版社，2011

[13] 李炳森．软件质量管理．北京：清华大学出版社，2011

[14] 大刚．软件外包市场的选择 [J]．IT 经理世界，2005（24）：24

[15] 林承节．软件和 IT 服务外包业与印度现代化模式 [J]．南亚研究，

2006（2）：36-39

[16] 姜凌，文俊伟，夏奇峰．中印软件外包业务比较研究［J］．经济师，2006（2）：87-89

[17] 李红．软件开发加速战略：外包［J］．软件世界，2006（22）：62-63［R］．University of Aarhus，School of Economics and Management，2007

[18] 陈其安，杨秀苕．基于代理人过度自信的委托代理关系模型研究［J］．管理工程学报，2007，21（1）：110-116

[19] 周嘉南，黄登仕．过度自信对经理业绩分享系数与风险之间关系的影响［J］．系统管理学报，2007，16（3）：269-274

[20] 庄伟刚，胡汉辉．基于不确定性决策的报酬制度［J］．科研管理，2004，18（2）：17-21

[21] Paul Milgrorn，John Roberts．经济学、组织与管理［M］．北京：经济科学出版社，2004：218-263

[22] 邓玉林，王文平，达庆利．基于可变风险偏好的知识型员工激励机制研究［J］．管理工程学报，2007，21（3）：29-33

[23] 李仲周．发展服务外包政府应该做些什么［J］．WTO经经济视角，2008，（8）．济导刊，2006，（11）．

[24] 程鹏，张俊杰．中国软件离岸外包行业分析［J］．产业［责任编辑：张今歌］与科技论坛，2008，（2）．

[25] 王迎．我国软件外包产业存在的问题及对策研究［J］．

[26] 王伟军．中日软件服务外包新动向与中国的政策选择［J］．世界经济研究，2007（6）：68-72